# ロシア革命とソ連の世紀

## 2 スターリニズムという文明

# ロシア革命とソ連の世紀

編集委員
松戸清裕
浅岡善治
池田嘉郎
宇山智彦
中嶋 毅
松井康浩

2

## スターリニズムという文明

岩波書店

［本巻責任編集］

松井康浩

中嶋　毅

# 刊行にあたって

二〇一七年にロシア革命は一〇〇周年を迎える。欧州列強を中心とする一九世紀的国際秩序の一翼を担っていたロシア帝国を崩壊させ、史上初の社会主義国家を生んだロシア革命は、その一因ともなった第一次世界大戦とともに世界秩序の転換をもたらした。以後の世界では、資本主義国とは異質なソヴィエト国家と、その影響を受けた革命運動や社会主義運動が常に意識されることになった。第二次世界大戦を経てソヴィエト連邦は超大国としてアメリカ合衆国と対峙するようになり、世界規模で資本主義陣営と社会主義陣営が対抗する冷戦構造が長く続いた。

しかし、社会主義陣営を構成していた東欧諸国で一九八九年後半に脱社会主義化の体制転換が相次ぎ、同年一二月には米ソが冷戦終結を宣言した。一九九一年一二月にはソ連が消滅し、ここに「短い二〇世紀」が終わったと言われ、自由民主主義と資本主義が最終的に勝利する「歴史の終わり」が到来したという見方さえ示された。

だが、約四半世紀を経た今日、非民主的な国はなお多く、欧米でも自由民主主義の危機が語られている。先進資本主義諸国の経済成長が鈍化する一方、共産党が支配し社会主義を標榜する国家資本主義の国ともいうべき中国が台頭している。民主化すると思われたロシアも、権威主義的な体制の下で欧米とは異なる路線での強国化を志向している。

このような混沌とした現在の状況は、国内でも国際的にも旧来の秩序が崩壊するなかで新体制の樹立に取り組んだロシア革命と、ソ連が存在し資本主義体制と社会主義体制が対抗していた時代を、イデオロギーに囚われずに再考する意義を高めている。本シリーズ「ロシア革命とソ連の世紀」は、一九一七年の二月革命や十月革命という事件のみに焦点を合わせるのではなく、革命を経て出現したソ連という国家の営み全体を広義の「革命の試み」と捉え、その歴史を多面的に描き出している。全体に通底するのは、ソヴィエト・ロシアとソ連の歴史が、未曽有の世界戦争の試練のなかで社会主義というユートピアの実現のために新たな文明を創造しようとし、「民族解放」を目指し、生活様式や文化、さらには人間そのものの変革さえも試み、これを通じて資本主義との競争に勝利することを目指すという、まさに革命的な取り組みを続けた歴史だったという認識である。

多くの矛盾や負の面を伴ったこの取り組みは、全体としては失敗に終わり、ソ連は消滅した。しかし、ソ連の「革命」は無意味ではなかった。体制の優劣を競う競争における最重要課題として進められた「社会主義的近代化」は、少なくとも一時的にはソ連と東欧の生活水準を大きく向上させ、先進資本主義諸国の福祉国家化を促した面がある。近年の福祉国家の「反転」現象は、社会主義陣営の敗北とも無関係ではない。また、超大国としてのソ連の経験は現在も旧ソ連諸国に深い影響を残しており、中国など新たに超大国・地域大国を目指す国々には参照材料を提供し続けている。さらに、ソヴィエト政権の「民族自決」「民族解放」の訴えとその実現への取り組みは、植民地支配下にあった諸民族を鼓舞し、第二次世界大戦後の旧植民地諸国の独立に大きな影響を及ぼした。民族自決は現代の世界における基本原理の一つとなったが、民族自決の要求と国家の領土保全・中央集権志向のせめぎ合いという、ソ連が直面し解決を迫られた問題は、民族紛争や領土紛争が相次ぐ現在の世界でも焦眉の課題であり続けている。

本シリーズはこうした認識に基づき、「世界戦争とユートピア」、「スターリニズムという文明」、「資本主義との競争」、「人間と文化の革新」、「革命と民族」という観点から五つの巻を構成した。全体として、具体的な歴史叙述と現代的な問題関心の連関が明らかとなるように意を用いつつ、ロシア革命とソ連における上記の意味での「革命」がいかなるものであったか、これらの革命が他の地域や二〇世紀の国際関係に与えた刺激や影響、そして現在の世界に残している影響はどのようなものか、その歴史からわれわれが学ぶべきことは何かを描こうと努めた。

二〇一七年六月

編集委員一同

# 目　次

目　次

## Ⅲ　国境を越えるスターリニズム

# 総説　スターリン体制の確立と膨張

松井康浩

## はじめに

近現代社会の優れた分析者であったジグムント・バウマンが繰り出したユニークな概念の一つに、「ガーデニング国家(gardening state)」がある。造園家／庭師(gardener)が庭園をデザインし、整備するように、「支配する社会を設計、育成、除草の対象とみる」国家のことである。バウマンによれば、このガーデニング手法の「邪悪な可能性を極限まで推し進めた」のがナチズムやスターリニズムであった。両者が実行した大量殺戮は「近代的精神の最も首尾一貫した、自由な表現」であり、「近代文明の合理化、設計、管理の夢と努力が抑制されず、制御されず、阻止されなかった場合、いったいなにが生じるかをそれらは体現している」のである(バウマン 2006: 18, 120–121; バウマンほか 2012, 176)。

バウマンがこの概念を案出するにあたり、著書で参照したナチズム思想家、リヒャルト・ダレの論文「婚姻法と育成の原理」がヒントになったのは間違いない。その論文でダレは、「人間は我々が育成しなければならない植物である」というフリードリヒ二世の言葉を引いて近代初頭にまでその発想の起源をさかのぼり、「造園家は植物の生育に適した状況を提供し、有害な影響は取り除き、……良き草花から養分と空気と光と日光を奪う雑草は容赦なく排除する。……ゆえに、育成の問題は政治思想にとって些事どころか、あらゆる思考の中心に据えられなければならない」と主張した(Darré 1978: 111, 115; バウマン 2006: 147)。

「育成」と「除草」が合わせ鏡になったダレの叙述に注目した場合、興味を惹かれるのは、大量殺戮の設計者であるスターリンが類似の発言を、かつここでは前者に限定して行っていたことである。一九三四年一二月に行われた金属労働者との接見の機会にスターリンは、「造園家(садовник)が好みの果樹木を育てるのと同じように、人々を優しく、注意深く、育成しなければならない」と語った(Сталин 1997: 14/49)。モスクワ郊外の別荘で過ごすことを好み、そこに菜園を作らせ、時にはバラの剪定などの庭仕事を行うこともあった独裁者の個人的趣味が(モンテフィオーリ 2010: 上 133, 下 288)、その発想を促したのかもしれない。しかしこの種の喩えは、スターリン個人の趣向に限られるものではなかった。一九三〇年代のソ連では、社会を庭に、指導者を造園家に喩えることは珍しくはなかったからである。三六年五月、共産党機関紙『プラウダ』は次のように書いた。「革命によって耕された我々の土地は何度も何度も新たな素晴らしい果実を実らせている。ソヴィエトの土地は広大で強力な庭園になった。そこでは人々の才能が花開き、偉大なるボリシェヴィキ造園家は、人々を好みの樹木であるかのように育てている」(Dobson 2009: 134)。もちろん、この造園家の筆頭がスターリンであった。浮浪児のコロニーを組織し、新しい人間作りに取り組んだ教育者アントン・マカレンコは、先のスターリンの一文を引いて、「偉大なる造園家、同志スターリンの言葉を思い起こそう」と述べている(Макаренко 1960: 21)。

本巻第四章が取り上げるように、人間の改造と新しい社会の創造は、スターリニズムの重要な構成要素であった。特に一九三〇年代前半は、人間の育成、再教育の試みに力点が置かれたが、その代表的な事業が統合国家政治局(OGPU)管轄下のプロジェクト「白海バルト海運河建設」で、大量の囚人がその建設現場に投入された。労働を通じて、犯罪者自らが社会主義建設の主体へと自己変革を遂げていく物語などを集めて編纂された『白海バルト海運河

——建設史』は、その英語版がニューヨークの出版社から刊行され、ソ連の「矯正」労働収容所の「成果」が広く国外に向けて宣伝された(Belomor 1935)。

なお、社会主義に代表される「社会設計主義」を痛烈に批判したフリードリヒ・ハイエクも、「自由主義者の社会に対する態度は、樹木を育てる庭師(gardener)のようなもの」と記し、類似の喩えを用いていたことに注意したい。もちろん、ここでのハイエクの喩えは、「社会の自発的な力をできるだけ多く利用し、強制を可能な限り少なくする」自由主義の基本原理の文脈に位置付けられている。しかし、「樹木の成長に最も適する条件を作り出す」庭師によって植物の自然の成長が促されるという理解は、単なる自由放任論ではなかった(ハイエク 1992: 24–25)。その意味で、このハイエクの庭師論とスターリンの先の発言は共鳴しあうところがある。実際、強制に拠らず、自ら社会主義建設の主体に成長していく新しい人間作りも試みられた以上、スターリニズムを抑圧や大量殺戮の側面だけで理解するのは妥当ではない。スターリン体制下のガーデニング国家は、バウマンが、そしてその先駆者であるダレが述べたように、「除草」と主体の「育成」を同時に推進したのである。

以上のごとく、バウマンのガーデニング国家論のコンセプトでスターリニズムを捉えようとした時、ひとつ問題となるのは、その議論がスターリニズムを近代＝モダニティに結び付けて理解するスタンスに著しく傾斜していることである。しかし、過去から今に至るまで、スターリニズム論は帝政ロシアとの連続性の側面にも注意を向けることが通例であった。たとえば、ある時期よく読まれたジュゼッペ・ボッファの『スターリン主義とはなにか』は、工業化や開発といったモダンの要素に言及するとともに、「ロシアの報復」の章も設け、帝政期ロシアとの連続性の要因にもしかるべき注意を払っていた(ボッファ 1983: 66–82)。また、グレイム・ギルの『スターリニズム』も、「ロシアの後進性」の節で、スターリニズムの歴史的起源の一つをロシアの伝統に求めている(ギル 2004: 3–10)。

日本の状況とは異なり、近年、諸外国の研究者は、スターリニズムに関する学術的作品を旺盛に発表してきた。特に英語圏では、バウマンの概念がしばしば用いられながらも、スターリニズムをモダンのプロジェクトとしてだけでなく、ロシアの伝統的要素とも結びつけて再考する試みが盛んである。これら一連の議論は、「近代(modernity)対新伝統主義(neo-traditionalism)」の対抗関係で把握されるのが一般的だ(David-Fox 2015)。新進気鋭の研究者が執筆した新しい論文を集めた『スターリニズム――新しい研究動向』を編集したシーラ・フィッツパトリックは、両者を以下のように紹介した。

「近代」のグループは、……西洋の経験のみに依拠する近代のステレオタイプは不適切であり、重要な別の形態としてソヴィエトの事例を挙げる。そこでは、計画、科学的な組織原理、福祉国家志向(welfare statism)、住民監視の技術のような国家統制的な現象と、他方で、自己や集団の規律化の例が強調される。

新伝統主義者は、……ソ連が「モダニティのもう一つのタイプ」を代表するという点をめぐって争うことはしないが、彼らの関心は、スターリニズムの一部でもあった「アーカイックな」現象にとりわけ寄せられる。嘆願、パトロン・クライアントのネットワーク、「ブラート〔コネ〕」のような、パトロン・クライアントとは別種のパーソナルな結びつきの遍在性、身分的カテゴリーの付与(ascribed status category)、クレムリン内の「宮廷」政治、権力の神話化……である。……このグループは、ロシアの歴史的先例それ自体によりも、なぜ、どのようにしてスターリニズムがそのような「新伝統主義」的現象を生み出したのかに関心を寄せる(Fitzpatrick 2000: 11)。

以上の整理は、スターリニズムがモダニティの要素と、ある部分はロシア的ともみなされうる伝統の要素の双方を兼ね備えたユニークな「文明」であったことを示唆する。フィッツパトリックの論集に結集した若い研究者にも大きな影響を与え、新しい研究動向の先端を切り開いた一人、スティーヴン・コトキンは、「文明としてのスターリニズム」の副題をもつ著作の中で次のように主張した。「スターリニズムは、資本主義を否定したその基礎の上に興隆した特殊な社会主義文明を表している。……スターリニズムは単なる政治システムの一つではない。ましていわんや、一人の個人による支配でもない。これは、価値一式、一つの社会的アイデンティティ、一つの生活様式である」(Kotkin 1995: 2, 23)。

本巻は、以上の特徴をもった「スターリニズムという文明」を一九二〇年代末の成立過程から検討し、社会主義的近代化、統治メカニズム、さらに、それが外の世界に越境する諸側面に光を当てる。本巻冒頭に位置するこの総説では、スターリニズムを「ガーデニング国家」によるモダンのプロジェクトと理解しながらも、そこに見られるアーカイックな側面や手法にも注意を払ってスターリン体制の確立と膨張の姿を概観したい。

## 一 「上からの革命」とスターリン体制の成立

### 「偉大なる転換」

一九二九年一一月、十月革命一二周年を記念してスターリンは、「偉大な転換の年」と題した論稿を発表した。過ぎ去ったこの一年に、「社会主義建設の全戦線で偉大な転換が起こった」ことを謳いあげたものである(スターリン 1954a: 12/139)。偉大なる転換を象徴するのは、急進的な工業化と農業集団化であった。二九年五月、野心的な工業化推進プランである第一次五カ年計画が最終的に採択され(その始期は二八年一〇月に設定)、狭義の「上からの革命」を意味する農業集団化も革命記念日の時点で本格化し始めていた。また、前年三月のシャフトィ事件を契機にした「ブルジョア専門家」攻撃の延長線上に、プロレタリア出自の専門家の育成や抜擢が開始されたことも、二一年に始まる新経済政策NEP(ネップ)下の階級協調路線からの転換を象徴していた。一九二〇年代末に、本巻がいう「社会主義的近代化」が全面的に開始されることになったのである。

ただ、この近代化路線が、OGPUによるテロルの行使や強制収容所の整備と相伴って進められたことがここでは最も重要である。つまりこの時期にこそ、工業化や集団化だけでなく、スターリニズム的モダニティが備えた中核的な諸要素が、一つのパッケージとして登場したのである。スターリン体制下の抑圧システムに最も通じたロシアの歴史家オレグ・フレヴニュークは、「その基礎はそれ以前に据えられていたけれども、一九二九―三〇年は、スターリン主義国家の構造――グラーグを含む――が加速度的かつ集中的に形作られた重大な転換点であった」(Khlevniuk 2004: 1)と論じている。このように、一九二〇年代末―三〇年代初頭は、文明としてのスターリニズムを考える上で決定的に重要な時期である。日本を代表するスターリニズム研究者であった溪内謙が、ソヴィエト権力が農民・農村の在り方を暴力的に作り変えた「上からの革命」にスターリニズムの根源を求めたことが改めて思い起こされる。また、溪内が、スターリニズムの本質を、強制的穀物徴発から農業集団化に至るプロセスで用いられた「ウラル・シベリア方式」、すなわち、共同体の伝統的集会の意思決定方式や農民共同体の営みを支えた「自己課税」の方式を強制的に活用したある種アーカイックな手法の中に見出そうとした点も特筆できる(溪内 2004)。

もちろん、工業化も集団化も、高い生産力の発展を前提とした共産主義イデオロギーを掲げるボリシェヴィキの選択肢に元より含まれており、ペースや規模、そしてその手法の残忍さを除けば、それに着手すること自体に目新しさはなかった。すでに一九二〇年代半ばにはスターリンの「一国社会主義論」も打ち出され、以下に見るように、社会主義的近代化に向かう基礎は二〇年代後半を通じて整備されていったからである。

### 一国社会主義論から社会主義的近代化へ

一国社会主義論が、トロツキーの「永続革命論」に対置して提起された事実は周知の事柄である。しかし、スターリンが仕かけたこの論争は、その後のソ連史の展開を考慮すると、権力闘争の文脈をはるかに超えた意味を有した。一九二四年四月から五月にかけて『プラウダ』紙上で発表された『レーニン主義の基礎について』の中でスターリンは、一国での「社会主義の完全な、最終的な勝利」には「少なくとも数カ国の革命の勝利が必要」だと留保を置きつつも、「自分の権力を固め、農民を指導することによって、勝利した国のプロレタリアートは社会主義社会を建設することができるし、建設しなければならない」ことを力説した（スターリン 1954a: 6/122）。その後、各種の機会を通じて議論を精緻化させながらスターリンは、二年後の『レーニン主義の諸問題によせて』では、「一国での完全な社会主義社会の建設の可能性」について再論し、建設に必要な「すべてのものを我々は持っている」ことを「争う余地なき真理」と宣言した。ただ、ここで注目されるのは、スターリンが「外国の干渉から、したがってまた、古い秩序の復活から全く安全であると考えることができるか」と改めて問いを立て、「否定的な答えが与えられなければならない」と記したことである。完全な社会主義建設が実現できると述べながら、対外的脅威とその干渉による「ブルジョア的秩序の復活」の可能性にも警鐘を鳴らしたわけである（スターリン 1954a: 8/85–86）。つまりここでいう「一国」とは、単独でも社会主義建設が可能なことを示すだけでなく、国家からなる国際社会で資本主義諸国に包囲され、孤立した国家＝ソ連を浮き彫りにする言葉でもあった。換言すれば、国際的な力の分布の中でのソ連の位置を「包囲」という言葉で理解したからこそ、工業化＝富国強兵の課題が導かれたといえる。

この時期、ネップの成果がピークを迎えたことも工業化の課題を後押しした。一九二〇年代の中葉は、第一次世界大戦と内戦、戦時共産主義政策による荒廃から経済が復興し、既存の工場や設備もフル稼働に近づいた時期である。それ故、新規投資の拡大なしには、さらなる工業の成長は望めなくなっていた。一九二五年一二月に開催された第一四回党大会は工業投資に重点を置く方向に舵を切り、「工業化の大会」と呼ばれた（カー 1977: 270–272）。スターリンは、本大会における「中央委員会政治報告の結語」で、「資本主義の包囲という情勢下での、独立した経済的発展をわが国に保障する道の問題を明らかにする」と述べて、次のように主張した。

農業国とは、農業生産物を輸出して設備を輸入するが、自分では、自力ではこの設備（機械その他）を生産しないか、あるいは、ほとんど生産しない国のことである。もし、設備や機械を自力では生産しないで、輸入せねばならないような発展段階にぐずついているならば、我々は、わが国が資本主義体制の付属物になってしまうのを、防ぐことはできない。だからこそ、我々は、国内で生産手段の生産を発展させるという方針を堅持しなければならないのである（スターリン 1954a: 7/357-358）。

そのころからスターリンは、ネップには二つの時期があり、いまや「第二期に入った」ことを強調し始めた。それはソ連が「本格的な工業化の時期に入った」ことを含意したが、それだけではなかった。その工業化の中心は「重工業（燃料、金属など）の発展に……生産手段の生産の発展に、自分自身の機械製造業の発展」にあり、この発展のうちにこそ、「資本主義国に包囲されているわが国に経済的自立性を保証し、わが国を世界資本主義の付属物になることから守る」道が見出せるのであった（スターリン 1954a: 8/149-150）。

以上のように、元来のイデオロギー、孤立意識、ネップによる経済復興があいまって、その頃から、スターリンらの間に工業化に向けた積極姿勢が目立ち始めた。もちろん、ネップ体制の根幹である農民との和解と結合はこの時点では引き続き重視され、農村により厳しい姿勢を示すトロツキー、ジノヴィエフらからなる反対派の論調とはまだ異なった。それでも、外国からの借款などが見込めず、工業化の原資を農村に求めざるを得ない以上、低価格で穀物を調達して工業化に余剰資金をまわし、かつ調達した穀物を輸出することで外貨を稼ぎ、工業化に必要な機械類を輸入する方針は必然的に強化されることとなった。

工業化路線が定着した一九二七年には、外部環境が暗転した。蔣介石の「上海クーデタ」により国共合作は崩壊し、中国共産党勢力は弾圧をうけ、イギリスとの外交関係も悪化して英ソ断交にまで至り、「戦争の脅威」が喧伝されるようになった。厳しさを増す国際環境も引き金となって、農民が穀物を公定価格で売ることを控え、二七年の一〇月以降、穀物調達上の困難が強まり、二七年末に事態はさらに深刻化した。一二月二四日付の地方党組織宛の党中央委員会政治局指令は、穀物調達の不首尾を批判し、それが「穀物輸出計画の脅威」になるばかりか、モスクワやレニングラードへの供給を脅かして大都市に「飢えを招く」可能性すら示唆した(ТСД 1999: 113)。実際、一九二九年初頭までに、モスクワなどの都市では食糧配給制が導入された。

穀物調達の失敗を危機と受け止め、強制力を行使してでも農民から穀物を取り上げることを断固として推進したのがスターリンである。現地の穀物調達機関の活動に満足できない党指導部は「全権代表」と呼ばれる都市の活動家を各地に派遣したが、二八年一月の党政治局決定は政治局員も各地方に派遣することとし、病気のオルジョニキッゼにかわってスターリン自らがシベリア地方党組織に向かった。スターリンも参加した秘密の会議は、投機や価格のつり上げをねらって穀物を「隠匿」「退蔵」する「クラーク(富農)」には、資産の没収や自由剥奪といった刑事罰を科すことを決定した。こうして、クラークとの闘争との旗印のもと、強制措置を行使した穀物徴発が各地で展開され、二月には穀物調達が「記録的な」水準に達した(奥田 1996: 6-9)。強制措置はひとまず功を奏したのである。

クラークに行使された暴力は、当初、危機を乗り切るための臨時の措置＝「非常措置」と呼ばれたが、結局は恒常化し、暴力の水準は高まった。機能しない現地のソヴィエトに代わり、全権代表が武器を振り回して農民を脅した。当然、農民の反発や抵抗は強まり、ネップの枠組みは崩壊寸前となった。ブハーリンやルィコフらネップの固守を主張するいわゆる「右派」は、二八年から二九年前半を通じてスターリンらと激論を繰り広げたが、党機関を掌握するスターリンが多数派を形成し、最後の大掛かりな党内闘争は「右派」の敗北で終わった。急進的な工業化とそれを支える農村における「非常措置」を押しとどめるものはなく、ＯＧＰＵが前面に登場して、その暴力の対象はクラークからソヴィエト政権の農村政策に反対する農民全体に広がった。その過程で農業集団化への道が切り開かれ、本節冒頭に述べた「偉大なる転換」＝「上からの革命」が始まるのである。

当時スターリンは、穀物調達が最大の政策課題であることに繰り返し言及している。一九三〇年八月二四日付のモロトフ宛の手紙では次のように語った。「ミコヤンの報告によれば、穀物調達は増加しており、日々、一〇〇万―一五〇万プード〔一プードは約一六・四キログラム〕の穀物が輸出されている。私は、これでは少ないと思う。……日々の輸出ノルマを最低三〇〇万―四〇〇万プードに上げねばならぬだろう。さもなければ、われわれは新しい金属製作工場(自動車工場、チェリャビンスク・トラクター工場等々)も持てなくなるおそれがある。……要するに、穀物の輸出をがむしゃらに増やさなければならないのだ」(リーほか 1996: 269-271)。

それ以前のモロトフ宛の手紙でも、「穀物問題がうまくいけば、国内政策でも対外政策でも万事うまくいく」と述べたように(リーほか 1996: 229)、農村から調達した穀物を輸出し、急ぎ工業化を進めることは、スターリンにとり譲りえない大原則であった。この原則を支えた思考様式が、一九三一年二月に行われたスターリン演説にくっきりと現れている。

テンポをいくらか緩め、動きを抑えることはできないかと時に尋ねられる。いや、同志諸君、それはできない。……テンポを抑えることは立ち遅れることを意味する。立ち遅れたものは打ち負かされる。……ロシア史の一面は、ロシアが立ち遅れのためにたえず打ち負かされていたことにある。蒙古のハンに打ち負かされた。……ポーランド＝リトアニアの地主に打ち負かされた。イギリス＝フランスの資本家に打ち負かされた。日本の貴族に打ち負かされた。……遅れた弱いものを打ち負かす、これが搾取者の法則である。……だからこそ我々は、これ以上遅れていてはならないのである。

過去には我々は祖国をもたなかったし、もつこともできなかった。だが資本主義を打倒して、権力が人民のものになった今では、我々は祖国をもっており、その独立を守っていくであろう。……諸君は、最短期間に祖国の立ち遅れを一掃して、祖国の社会主義経済の建設の大業で、真のボリシェヴィキ的テンポを発展させなければならない。これ以外の道はない。……我々は先進諸国に五〇年から一〇〇年立ち遅れている。この距離を一〇年で走りすぎなければならない。我々がこれを成し遂げるか、それとも押しつぶされるかである（スターリン 1954a: 13/59-61）。

連綿と続くロシアの敗北の歴史に埋め込まれた「搾取者の法則」が支配する世界で、ただ一つしかない社会主義の祖国の独立を守るためには、一〇年で先進諸国に追いつかなければならない。ここに、一国社会主義論の成熟形が見事に姿を現していた。

## テロルとグラーグ

繰り返し言及したように、穀物徴発から農業集団化の全過程で暴力が行使され、現地機関に代わって全権代表やＯＧＰＵが深く関与して強制措置が強化された。一九二八―二九穀物調達年度の最終期にあたる五―七月期には、資産の没収を伴う「クラークの清算」や遠隔地への追放措置も発動され始め、抵抗する農民による活動家への「テロ」行為には裁判抜きの銃殺も行われた（奥田 1996: 25, 31-32, 53）。以上のような各地で先行する抑圧を体系化したものが、三〇年一月三〇日付の政治局決定「全面的集団化地区におけるクラーク経営の清算措置について」および「クラークの追放・分離居住について」である。前者はクラークを三つのカテゴリーに分け、それぞれへの処分を定めた。第一カテゴリーの「反革命クラーク・アクチヴ」は強制収容所に送ることで即座に経営を清算し、テロ行為の組織者には処刑も辞さないとした。第二は「残余のクラーク・アクチヴ」、特に「もっとも富裕なクラークと半地主」が対象で、ソ連の辺境などに追放する、第三は地区内に残されるもコルホーズ経営外に住まわせることを規定した。後者の決定は、二月から五月までの四カ月間で、六万人の第一カテゴリーのクラークを強制収容所に、一五万人の第二カテゴリーのクラークを遠隔地に追放することをＯＧＰＵに命じた（ИА 1994: 148; 奥田 1996: 116）。

フレヴニュークがＯＧＰＵの内部資料に基づき示すところでは、一九三〇年の一年間に三三万人が逮捕され、二〇万八〇〇〇人が有罪となり、そのうちの一一万四〇〇〇人が収容所に送られ、二万人以上が処刑された。この数字は、二一―二九年の九年間のそれに匹敵したという。そして、以上の大多数がクラーク絶滅政策の犠牲者であった。同年一月から一〇月の期間に第一カテゴリーで逮捕されたクラークの数は二八万三七〇〇人に上ったからである(Khlevniuk 2004: 11–12)。

先の政治局決定で特筆すべきは、テロルの対象者をカテゴリーに分け、期限内に達成すべき数値目標を設定した点である。フレヴニュークが指摘するように、これは、一九三七年に始まる大テロルにおける「大規模作戦(mass operation)」に一つのモデルを提供していた(Khlevniuk 2004: 11)。第四章が取り上げた三七年七月三〇日付の内務人民委員部(NKVD。三四年にOGPUを吸収して設置)の作戦命令第〇〇四四七号「旧クラーク、刑事犯、その他の反ソヴィエト分子の弾圧作戦」は対象を二つのカテゴリーに分け、明確な数値目標を示して、それぞれの摘発行動を期日内に完了するよう各地のNKVD機関に求めるものであった。つまり、三七―三八年の大テロルの原型が、農業集団化の過程で形作られたのである。実際、三七年からの大規模作戦でも「旧クラーク」が主要対象となった。もちろん大テロルでは、旧クラークにとどまらず、政治エリート層、企業幹部、「反革命民族集団」など幅広い社会層が「除草」の対象となった(第五章参照)。

また、一九三〇年だけで一一万四〇〇〇人が収容所に送致されたように、グラーグのシステムもこの時期に飛躍的に整備、拡充された。既存のソロフキ収容所の囚人数は、二九年四月一日からの一年間に一万九八七六人から五万七三二五人へと増加し、新規の収容所建設を促した。三〇年の夏までに、北部、シベリア、極東、カザフスタンなどで収容所が建設を終えるか、その途上にあった(Khlevniuk 2004: 22)。農業集団化と農民弾圧を契機に一気に増加した収容所の囚人数は、一九三〇年代を通して増え続け、四一年一月には約一五〇万人に達した。三一年に比べ七倍以上の増加である(Khlevniuk 2004: 307)。

収容所の拡充が工業化の課題と密接に関係していた点も見逃せない。体制は囚人を各種の経済プロジェクトの労働力として全面的に利用したからである(本巻コラムa参照)。冒頭で触れた「白海バルト海運河建設」はOGPUが初めて所掌した大規模建設プロジェクトであった。三年及びそれ以上の刑を受けた囚人はOGPU(後NKVD)管轄下の収容所に送られたが、彼らは、木材伐採、道路・鉄道建設、鉱山、漁業など、様々な分野に投入された。中でも採金は、機械設備を輸入するための資金源として最重要分野であり、北東ラーゲリの囚人が、コルィマ川流域で金の採取にあたった(フレヴニューク 1998: 108–110)。第二次世界大戦後の日本人抑留者は、一九三〇年代以降に拡大したこの収容所労働システムの延長線上で酷使され、死に追いやられたのである(本巻コラムd も参照)。

## 社会主義的近代化への評価

以上のような莫大な犠牲をともなった農業集団化や工業化の「成果」をどのように評価すべきなのだろうか。ソ連時代の公式統計は、一九二八年から四一年の期間の経済成長率を年平均一三・九%とし、工業生産についてはさらに高い年平均一七・〇%と算出した。これが事実であれば、社会主義計画経済は、資本主義に対するオルタナティヴの資格を主張できるだろう。しかし、公式統計には早くから疑問が示されてきた。米国のCIAは、同期間の経済成長率について五・八%の推計を示している(栖原 1995: 55)。

体制崩壊後のアーカイヴの公開を契機にして、最新の経済学を組み合わせた研究が続々と登場した(上垣 2010)。新しい研究動向に通じ、かつ自ら推計を行った栖原学は、工業生産の年平均成長率につき以下の数字を示している。一九一三―二八年は〇・三%、二八―三二年は一〇・四%、三三―三七年が一五・八%、三八―四〇年が五・〇%である(栖原 2014: 17)。ネップ期には大戦前水準に戻るのがやっとだったが、第一次五カ年計画以降、急激に工業生産が伸びたことを数字は示している。つまり、スターリニズムの下での工業化のパフォーマンスは、公式統計ほどではなくとも十分高かったことになる。栖原自身は一九六〇年までのタイムスパンをとって評価を行い、「主要国としてはソ連工業の実績は他を圧しており、このソ連前半期〔一九二八—六〇年〕における生産の躍進ぶりに疑いをさしはさむ余地はない」と述べている（栖原 2014: 20）。

同様に最新の研究の一つであるロバート・アレンの著作は、一九二八—四〇年の国内総生産の年平均成長率を五・三％、工業生産のそれを一一・二％と見積もり、ソ連工業化のパフォーマンスの高さという点で栖原と同様の評価を示すが、アレンはより大胆な主張を交える。「農業集団化なしには、地方・都市間の移住はより少なくなり、都市もより小規模になり、工場の産出量も縮小しただろう。ソヴィエトの工業化は、農場から工場への急激な労働力移動に支えられ、集団化はそのプロセスを加速したのである」。「われわれが本章で示したことは、多くの人が一九三〇年代の経済発展により物質的に利益を得たということである。新しい行政エリートやスタハーノフ運動家はその利益獲得者であった。〔しかし〕工業都市へ移住した何百万もの人は、はるかに大きな利益享受者集団をなしている。一九三〇年代末までに、都市住民や工業労働者、教師や官僚は、ソヴィエト国家を支持するための経済的な理由を有することになった」（Allen 2003: 110, 152）。

確かに、識字率や教育水準の向上と教育サービス享受者の増大、文化施設の拡充など、都市では文化面での近代化も進んだ（本巻コラムb参照）。自然科学系の大学への進学を許され、卒業後に技術者や経営管理者のポストに就き、エリート層に抜擢される若者も少なくなかった。こうした社会的上昇移動を遂げた者が、スターリン体制の支持者になった可能性は高い。ただ、アレンの率直な物言いに見られる近代化の成果に接する際、我々が十分に心にとめておくべきことは、一九二〇年代末以降の工業化と集団化の過程で膨大な人的被害が生まれたことである。すでに記した犠牲に加え、三二—三三年にピークを迎えた農村の飢饉はすさまじく、四〇〇万—五〇〇万人が飢餓で死亡したと言われる（フレヴニューク 1998: 28）。農業集団化後のコルホーズに緊縛された農民が、全連邦共産党の略語＝ＶＫＰを読み換え、「第二次農奴制（Vtoroe krepostnoe pravo）」と揶揄したことも良く知られている。クラークをはじめ強制収容所の囚人となった者は、シャベルその他のきわめてプリミティヴな道具で労働を強いられた（David-Fox 2015: 5-6）。農村や収容所に広がるのは、モダニティというよりはアーカイックな光景であった。過酷な状況を生き残り、大都市に居住した、ないし大都市に移住できた者だけがアレンの言う利益を享受できたのである。

また、しばしば指摘される通り、量ではなく質に目を向けると、消極的な要素が増大する。典型的なのはグラーグ経済である。時に工業化への貢献が指摘されてきたグラーグに対しフレヴニュークは、「全体としてみれば、企図された工業化目標を達成することにグラーグが失敗したのはグラーグに固有の原因によるもので、予測可能であった。グラーグ経済は決して効率的ではなく、大規模かつ統制なき強制労働の搾取を通じてのみ生き残りえたのである」と批判している（Khlevniuk 2004: 185; 本巻コラム a参照）。

ポスト工業化という言葉すら古めかしく感じられる高度化した現代経済の状況に照らせば、第一章が主張するように、社会主義的工業化の方法は発展途上国のリーダーにすら訴えるところはなかろう。ただ、一九六〇年代に独立国となったアジア・アフリカ諸国の独裁者にとっては、スターリニズムの工業化モデルは、少なくともその当時、魅力的に映ったことはありうる。第二次世界大戦中に兵士や捕虜などとしてソ連を離れ、戦後に帰国しなかった人々に対して行われた調査によれば、彼らは、農業集団化や政治警察には厳しい態度をとるも、工業化の成果を認める人は多かったのである（第四章参照）。

## 二　スターリン体制——その統治のメカニズム

### 住民統治の手法

ここまでの記述から明らかなように、スターリン体制が残忍な抑圧システムであったことに疑いの余地はない。ただ、近代化の恩恵が、生き延びた都市住民には及んだことも否定できず、スターリン体制の統治のメカニズムについてはさらなる考察が必要となる。

統治の手法として、一般に、物理的強制、利益の供与・未供与、内面への働きかけの三つが考えられる。スターリン体制では第一の手法が目立つが、残りの二つも駆使された。農民には抑圧一辺倒だったように見えるが、第二章が取り上げるコルホーズ市場は、農民に認められた「住宅付属地」とともに彼らが生き延びることを可能にする農民への一定の譲歩であり、利益供与の面をもった。数度にわたり改定された労働法制により規律違反には厳罰が課されたが、都市に住む労働者には相対的に多くの利点があった。

平等を重視するイデオロギーに反して、当時のソ連では成果主義が顕著で、政策の優先順位に従った集団ごとの差別的取り扱いも目立った。穀物調達危機が深刻化するなか、一九二九年初頭までにソ連全土の都市に導入された食料配給制度は、所属する階級、都市の規模の別、産業分野に応じて位階的、差別的な処遇をするもので、エレーナ・オソーキナはそれを「消費のヒエラルキー」と命名している。労働者やその家族は、傾斜配分原則に従う四つのリストに分けられ、モスクワ、レニングラードなどの大工業都市は特別リストか第一リストに、地方の基幹産業以外の工業は第二、第三リストに割り当てられた。また各リストには下位のカテゴリーがあり、労働者は第一グループに、ホワイトカラー職員および労働者と職員の家族は第二グループに、一四歳未満の児童は第三グループに位置付けられた。

その他、党・国家官僚や赤軍兵士などの別リストもあり、それらの配給量は労働者全体よりも優遇されていた。また、この配給制度外で各工場に設置された食堂や商店では、その工場に勤務する労働者、職員、技術者に食事や消費物資が提供されたが、そこでも技師やノルマを超過達成する突撃労働者（後のスタハーノフ運動家）が優遇された。とはいえ、人口の多数を占める農民や、旧体制下のエリートや聖職者などの選挙権剥奪者は配給制度から排除されていたから、労働者はまだ恵まれていた（松井 2002: 100）。高等教育機会の獲得といった点でも労働者であることの意義は大きかった（第四章参照）。

配給制度は、飢饉を乗り越えたあたりから段階的に縮小され、一九三五年一月にはパンの配給制も廃止になった。消費生活の改善を受け、三〇年代中葉以降、消費を楽しむことを促す言説がふりまかれ、品ぞろえやサービス面で優れたモデル商店もモスクワなどには現れるようになった。「生活はより良くなった。生活はずっと楽しくなった」とスターリンが述べたのは三五年一二月のことである。実際にそれは、単なる掛け声ではなかった。スターリンのアイデアにより、三六年の夏、食品工業人民委員ミコヤンを先頭に欧米への視察旅行も行われている。米国の発達した食品関連産業に加え、フランスのブドウ園の訪問も対象に含まれた。ミコヤンの視察は、その時期着手されていた「ソヴィエト製シャンパン」ブランドの立ち上げにも寄与したが、それは、三〇年代末には、消費を楽しみ、生活を楽しむシンボルに位置付けられていった（松井 2002: 100; 松井 2010: 5; Микоян 1999: 300-309）。

平均的な都市住民が新しい消費文化を享受する貴重な機会になったのは、メーデーや革命記念日のような祝祭行事であった。また、三〇年代半ば以降、ヨールカを復活させた新年祝賀も公的に認められ、成人向けには舞踏会がカーニヴァルの名で催され始めた。一九三六年のスターリン憲法制定を記念して企画されたカーニヴァル以降、モスクワでは「カーニヴァル・ブーム」が巻き起こり、とりわけ、大テロルが席巻していた三七年八月五日の夜から六日の朝にかけてゴーリキー記念公園で開かれたそれは華やかなものであった。その様子を伝えた『イズヴェスチヤ』紙の記事は、「仮面のスリット越しに」とのタイトルをつけ、仮面の仮装をしてはしゃぐ人々を写真入りで報じている（松井 2010: 5–6）。

消費生活の改善や各種のイヴェントは、都市住民を体制に引き付ける効果を発揮したが、スターリニズム的統治の独自性は、社会主義社会とその建設を生きる主体へと人々を育成する創出的な力にもあった。すでに触れた白海バルト海運河建設は、犯罪者が社会主義建設の主体へと自己変革を遂げるプロジェクトに位置付けられ、第四章に登場するアブラム・ロッテンベルグはその主人公の一人であった。モスクワ地下鉄建設やマグニトゴルスクのような新興工業都市建設も類似のプロジェクトである。「文明としてのスターリニズム」を論じたコトキンは、マグニトゴルスクでの建設と生活を通じた「主体化」のテーマを扱っている。党、労働組合、コムソモールなど体制を支える公的機関と活動家・職員は、この建設現場に流れ込む新規の住民の育成に携わり、住民登録直後から実施される労働訓練や各種の研修の機会を利用して、ボリシェヴィキ独自の言葉でボリシェヴィキ的世界解釈、資本家の下での労働とは異なる社会主義労働の意義などを浸透させようとした。実際、それを真に受容したか否かにかかわらず、人々は「ボリシェヴィキ語」を用い、その価値体系の枠内で思考し、自らのアイデンティティを築きはじめた。あるいは少なくともそのようにふるまった。ソ連外の世界から遮断され、体制のフィルターを経ない情報が著しく限られたこともそれに寄与した。そのコトキンが引用する一通の手紙、模範的機関士の妻アンナ・コヴァリョーヴァが、同じ機関士の妻マルファ・グッジャに宛てた私信は、スターリニズムを生きた主体や社会的アイデンティティの一つの型を示している。

親愛なるマルファ。私たちは、マグニトカ〔マグニトゴルスクの愛称〕鉄道輸送の機関士の妻。あなたもおそらく知るように、マグニトカの全労働者が私たちの夫を非難しているわ。鉄道労働者が工業計画の履行を妨げているといって。……毎日、鉄道輸送に中断や停止が発生しているからよ。でも、市の工場輸送は計画履行に必要なすべてを備えているのだから、……最良の労働者として働く必要があるわ。私の夫は、そうした突撃労働者の一人……。彼は燃料や潤滑油を節約しながらも、いつもノルマを超過して履行している。夫の機関車はいつも清潔で、よく整備されているわ。
マルファ。あなたはいつも生活が苦しいと不平を言っている。でもそれはなぜなの？　あなたの夫、ヤコフ・ステパーノヴィチが計画を履行してないからよ。機関車を頻繁に停止させるし、彼の機関車は汚く、いつも燃料を過剰に使っている。……
まもなく、私たちのボリシェヴィキ党の第一七回党大会が開かれる。全鉄道労働者は、生産能力をフルに発揮して、マグニトカが勝利者の大会を祝えるよう働かなければならないわ。だからマルファ、あなたにお願いするの。あなたの夫に率直に話をし、私のこの手紙を彼に読んで。……突撃労働者のように誇りと意識をもって働かなければならないことを説得して。同志スターリンの言葉を理解させるのよ。労働は名誉、栄光、勇敢さ、ヒロイズムの問題だということを……(Kotkin 1995: 218-219)。

強制されて書いたわけではない私信のなかでボリシェヴィキ語を操り、夫の同僚の妻に働きかける筆者は、ソ連社会を生きる主人公として統治の一翼を担っているかのようだ。少なくとも、独裁者スターリンの下で支配される従属的な存在と自身を捉えてはいない。

このコトキンのアプローチをさらに推し進め、「主体化」の営みを他人の目に触れない「日記」の中に見出したのがヨヘン・ヘルベックである。彼は、出自や世代が異なる四人の人物の日記を特に詳しく検討し、スターリン体制を生きた人々がスターリニズムの価値に一体化し、その価値を内面化したアイデンティティを獲得するために、自らの改造に努める主体性を発揮した様相を描き出した(Hellbeck 2006: 12; 松井 2014: 12)。特に、ヘルベックの主人公の一人、ステパン・ポドルブヌィは、後に「クラーク清算」となった家族に生まれた人物だが、スターリニズムの価値を身につけるべく、日記の記述を通じて自身の政治的成長ぶりをチェックし、自己改造に取り組んだ。

階級的出自の「瑕疵」ゆえに、真正のスターリニストになろうとしたポドルブヌィの試みには痛ましさすら感じられるが、スターリン体制下での「主体化」実践は、内面への働きかけによる自己改造にとどまらず、より破壊的な形でも展開された。一九三七年からの大テロルに際しては、一般の労働者もテロルの一翼を担うべく駆り出され、スターリンの政治目的に沿った形で操作された。第五章が描き出すように、テロルが下からの幹部攻撃と結びつき、「民主主義」的様相をも呈しながら、現場をなお一層、恐怖と混乱に陥れた。

### スターリン独裁か、チーム・スターリンか

以上のように、スターリン統治下で人々は単に沈黙させられたのではなく、しばしばアクティヴな主体に転じ、社会主義建設はもとよりテロルにも参加した。先の手紙を書いたアンナ・コヴァリョーヴァは、スターリンの説く社会主義労働の意義を理解し、統治の一翼を担うかのような主体的な姿勢を示していた。しかし、国全体を動かす最終的な権力を握っていたのがスターリンだったことは間違いない。「スターリンは一貫して、とくに外交、国防、治安の諸問題で最終的な政策決定者であった」からである(富田 1996: 317)。

政治局会議の議事録や特別ファイル、指導者間の往信、回想録やインタビューなどの資料が出揃う中で、これまで一般に語られてきた「スターリン独裁」の実態について相当な解明が進んだ。スターリンの役割だけでなく、スターリンの周囲(インナーサークル)にいた指導者の地位や役割にも注意が寄せられ、「廷臣政治(court politics)」「チーム・スターリン」といった新たなコンセプトも打ち出されている(Fitzpatrick 2015)。

スターリン体制は、十月革命から内戦の過程で独裁的権力を掌握した共産党が築きあげた「党を核とする文明」の柱をなす党＝「国家」体制の別名である(石井 1995; 池田 2015)。党＝「国家」体制は、党機関が行う意思決定や人事の下にある共産党員および党員集団が、軍や治安警察も含む政府機関、労働組合やコムソモールなどの大衆団体、学術

団体といったあらゆる公的組織の意思決定の中枢を占め、トータルに統治を遂行する仕組みであり、一九三〇年代以降も公式にはその仕組みは変わることはなかった。統治機構の上層では、党中央委員会政治局が最高意思決定機関として君臨し、書記局や組織局とともに下位の党機関や政府の各省庁の上級ポストの人事(ノメンクラトゥーラ制度)を掌握することを通じて、党や政府組織などを動かした。しかし、経済建設が中心課題となった一九三〇年代には、政府機関が経済運営の重責を担い、人民委員会議議長(首相職)はもとより、重工業人民委員部、交通人民委員部など、特に重要な官庁のトップには、スターリンと長く活動をともにした政治局員が就任するケースが一般化した。独ソ戦直前には、スターリン自身も政府のトップである人民委員会議議長に就任した。同時に、三〇年代後半になると、党大会や中央委員会はもとより、政治局会議すらあまり開かれなくなり、スターリンを中心とする「インナーサークル」で意思決定が行われる傾向を強めた。

現在、議論の一つの争点となっているのは、インナーサークルのメンバーとスターリンの関係である。一九二〇年代の党内闘争の際にスターリンを支えたモロトフ、オルジョニキッゼ、カガノーヴィチ、ヴォロシーロフらに加え、三〇年代後半には、ミコヤン、マレンコフ、ジダーノフ、エジョフ、ベリヤ、フルシチョフ、ブルガーニンといったより若い世代が指導者集団に加わったが、要は彼らとスターリンの間の力関係の問題である。おおよその合意があるのは、一九三〇年代前半は、独裁というよりは寡頭制ないし「集団指導」とでもいうべき性格が残り、とりわけ重要官庁のトップにある政治力ある指導者は自身の部下を率い、政治局会議で自らの官庁的利害を主張し、時に激論も交わし、スターリンは、各指導者の間で調整者的役割を果たしていたことである。しかし、三四年末の党指導者キーロフの暗殺以降、スターリンは自身の権力に対する不安を高め、エジョフを治安警察のトップに据えて「大テロル」に乗り出し、その頃からスターリンと他の指導者との間の関係も大きく変わったと考えられている。この見方を主導するフレヴニュークは、スターリンは「大テロル」を通じて指導部の若返りを図り、長く盟友であったモロトフやカガノーヴィチらに対しても、家族・親族や身近なスタッフに逮捕・追放・処刑の措置を及ぼすことで彼らを屈服・服従させ、独裁体制を築き上げたとする(Khlevniuk 2009: xiii-xvi, 218)。

以前の著作でスターリンの側近を「奴隷」と呼んだフレヴニュークには異論も唱えられている。アーチ・ゲティは、フレヴニュークの研究をも根拠に据えて、「政治局員は奴隷ではなく、彼らのパワーはスターリンのそれが増大にするにつれて減じたりはしなかった。時に彼らはスターリンと論争し……、オルジョニキッゼ、モロトフ、ヴォロシーロフは一度ならずそれを行い、時には議論に勝利した」と主張する。その上で提起されたのが、「第一閣僚(prime minister)」としてのスターリンという指導者像であった(Getty 2005: 99)。

スターリンが、一般にある孤独な独裁者イメージとは異なり、仲間と仕事をするのを好んだことも評価を難しくする。そこから、「チーム・スターリン」といった見方も登場した。スティーヴン・ウィートクロフトは、一九二〇年代から五〇年代初頭までのスターリンの面会記録の分析から「チーム会議の定期性」を引き出し、「スターリンの活動スタイル(の特徴)は作業集団ないし編集チームの一員であるところにあり、一匹狼ではない」とし、チーム・スターリンの性格を強調した(Fitzpatrick 2015: 273; Wheatcroft 2004: 90)。なお、チーム・スターリンは仕事の面だけで見られたわけではない。彼らは、仕事を離れた場面でも家族ぐるみの付き合いを続けた。子供たちの交流もあり、恋愛関係や婚姻関係も結ばれている(Fitzpatrick 2015: 65, 194-195)。

ただ、一人でいることを好まないスターリンが連日のように開く夜中の宴会は、特に第二次世界大戦後のスターリン晩年の時期には、他の指導者にとって苦痛以外の何物でもないものとなった。気まぐれなスターリンの機嫌を損ねることのないよう気遣い、無理強いに応えて痛飲・暴食し、泥酔状態で明け方に自宅に送り届けられる政治局員やその他の指導者の姿をモンテフィオーリが描き出しているが、そこに見出されるのはチームというよりも、暴君にへつらわざるを得ない家臣の姿であった。そのことも考慮して、モンテフィオーリは「廷臣政治」と命名している(モンテフィオーリ 2010: 下 283-304)。

スターリンのチームメンバーは、スターリンの攻撃の矛先が自分や家族に向かうことを常に恐れていた。古くからスターリンの仲間であったモロトフらはスターリン死後まで生き延びることができたが、モロトフとミコヤンは、スターリン晩年にはチームから外され、あと少しスターリンの命が長らえたら、テロルの犠牲になったであろうと見積もられている。チーム・スターリンについては、フィッツパトリックの評価が妥当に思われる。

チームは集団であるが民主的である必要はない。キャプテンは独裁者に変わるかもしれない。……スターリンは自分のチームを同志的なやり方でも、残忍にも取り扱うことができた。スターリンはチームからプレイヤーを外すことができたし、殺すことすらできた。しかし彼は、チームなしで済ますことはできなかった(Fitzpatrick 2015: 278)。

スターリンのチームメンバーが独裁者スターリンを排除する可能性はあっただろうか。

その唯一の機会は、一九四一年六月二二日にドイツがソ連を急襲したその時であったかもしれない。ドイツの侵攻に衝撃を受けたスターリンは、メンバーの異論を退けて開戦時の国民向け演説をモロトフに任せ、その後、戦況が伝わるにつれ、意気消沈状態に陥った。スターリンが別荘にいて不在の下、全権力を集中させた「国家防衛委員会」の設置を構想したメンバーは、その長にスターリンを据えるべく、一同、スターリンの別荘を訪れた。訪問者の一人であったミコヤンは、その際のスターリンの様子を次のように回想している。

私たちを訝しげに見て、彼は尋ねた。「なぜここに?」　彼は警戒した様子で、発した問も、どこか相当に奇妙なものであった。本来は、彼自身が私たちを招集すべきだったのだから。私は次のことに疑いを持たない。彼は、私たちが逮捕に来たと判断したのだ(Микоян 1999: 391)。

しかし、メンバーはスターリンの排除を発想することはできなかった。「スターリンの名前は、国民の意識、感情、信頼にあまりにも大きな力」を及ぼしており(Микоян 1999: 390)、「スターリンを排除すれば、ソ連という国家そのものが持たないことを側近たちはよく知っていた」からである(横手 2014: 221)。

## 三　大祖国戦争と越境するスターリニズム

### 大祖国戦争の試練

独ソ戦(ルーマニアなどを含むドイツ同盟軍とソ連の戦い)は、ソ連では「大祖国戦争」と命名され、その名称が現在のロシアにも継承されている。第二次世界大戦の中でも最大の激戦の一つとして膨大な犠牲者を生んだこの総力戦は、社会主義的近代化とスターリン体制のパフォーマンスが試された重大な試練となった。

ドイツ同盟軍の急襲に不意をつかれ、混乱するソ連側は、初戦で甚大な被害を被った。ソ連領内奥深くに侵攻したドイツ同盟軍は、開戦から最初の三週間で、ラトヴィアとリトアニア、白ロシアとモルダヴィアのほぼ全域、ウクライナの大半を支配下に置いた。さらに、九月にはレニングラードを包囲し、一〇月にはモスクワ近郊にまで迫った。それに対し、立ち直ったスターリンは、国家防衛委員会の長として、軍の最高総司令官として指揮を執った。首都疎開の決定後もモスクワにとどまったスターリンの姿勢がソ連軍を鼓舞したのか、ドイツ側はモスクワを陥落させるには至らなかった(横手 1997: 257–265)。

ドイツ側は、戦略資源が豊富な南方を攻める方針に転じ、その重要拠点となるスターリングラードに向かい、一九四二年七月以降、攻勢を強めた。帝政期にはツァリーツィンと呼ばれ、内戦期の当地でのスターリンの活動にちなんでその名に改められたスターリングラードにおける戦いは凄惨を極めたが、四三年二月、ソ連側の勝利に終わった。ドイツ同盟軍に多大な損害を与えたこの戦闘はソ連軍の反転攻勢に向けた転換点となり、クルスクの戦いとも合わせて、独ソ戦の帰趨を決定づけたのである(横手 1997: 278)。その後、ソ連領土はもとより東欧諸国をナチス・ドイツから解放したソ連軍は、四五年五月、ベルリンを陥落させ、さらに、第九章が描き出すように、八月八日には日ソ中立条約を破棄して対日戦争を開始し、満洲、朝鮮、樺太、千島列島に攻め入った。

独ソ戦におけるソ連の勝利は、社会主義的近代化、なかでも工業化とそれを基盤にした軍事力の整備が、スターリンの言う「搾取者の法則」が支配する世界を生き抜くに十分な成果を上げたことを意味するだろう。緒戦の混乱から立ち直り、多数の工場を疎開させ、生産の復興を実現し、新しい兵器の増産も急ピッチで進んだ。さらに、アメリカ合衆国をはじめとする連合国からの兵器や物資の支援も、ソ連の戦いに相当な寄与をなしたと考えられる。しかし、物質的要因だけでソ連の勝利を説明するのは十分とは言えない。この戦争を、まさしく大祖国戦争として戦い、犠牲となった無数の人々の動機や心理は無視できない。人々はどのような考え、感情を抱いてこの戦争を遂行したのだろうか。

市民の日記を分析し、スターリン体制を生きた個人の主観性／主体性(subjectivity)に迫ったヘルベックは、スターリングラードで戦った兵士の動機や内面を探る新たなテーマでも成果を上げた。利用された史料は、この戦いの終盤(一九四二年一二月と四三年一月)に二回にわたって当地を訪れたモスクワの歴史家集団が実施した現地の人々――将官、コミッサール、兵士、看護師、料理人など――への聞き取り調査の記録＝トランスクリプトである。この調査を企図し、歴史家集団を率いたのはモスクワ大学の教授イサーク・ミンツ(1896-1991)であった。しかし、二一五人へのインタビュー記録などからなるこの貴重な資料は公刊されなかった。一般兵士の意識に照準を合わせた成果が戦後さらに強まった指導者崇拝に合致せず、そしてなによりも、同じく強まった反ユダヤ主義の動きがユダヤ人ミンツの社会的地位を脅かしたからである(Hellbeck 2015: 436-437)。

しかし、関係者の配慮で科学アカデミーのアーカイヴに保管され続けたこの資料に刻まれた兵士の声は、彼らが人の命をぞんざいに扱った非道な体制の「犠牲者」というよりも、様々な葛藤を抱えつつも、祖国ソ連や家族のために自ら戦った主体であったことを示している。生きて捕虜となった兵士やその家族に厳しい懲罰を課すとした命令二七〇号、怖気づいて後退する兵士を後ろから射殺する部隊の編成を指示した命令二二七号といった強制力が働いたことは否定できない事実だが、それだけを軸に兵士の意識や行動を説明するのは十分ではない。ヘルベックが強調するのは、前線では共産党やコムソモールが大きな影響力を有し、兵士を鼓舞する上で果たしたその役割も大きかったということである。コムソモール員や党員が、とりわけ重要な戦闘の際には部隊の中に組み込まれた。第三九ライフル部隊の政治部長のヤコヴ・ドゥブロヴスキー中佐は「軍の道徳的背骨となったのは共産党員、とりわけコムソモール員だった」とインタビューに答えている(Hellbeck 2015: 43)。また、戦争中、党員になる兵士が急増したが、とりわけ激しい戦いに赴く直前、すなわち生きて戻れない可能性が高いとき、入党申請を行う兵士が増大した。「もし殺されれば、君は政治意識のないままに死ぬことになる。もしコムソモール員として死ねば、君は名誉ある死を迎えられる」という働きかけが、戦闘に臨む若者にとって意味を持ったのである(Hellbeck 2015: 33-34, 38)。ヘルベックの議論を敷衍すれば、「党を核とする文明」が人々の意識やアイデンティティに深く浸透し、それが大祖国戦争の勝利をある面では支えたことになる。

### 「ソヴィエト帝国」の中心に位置するロシア

ソ連の人的損失が約二七〇〇万人に達したといわれる独ソ戦は、多民族国家ソ連の戦いでもあった。軍人犠牲者の三分の二はロシア人だったが、総人口に占めるロシア人比率(六割弱)に比べてその数字が突出していたわけではなかった(第六章参照)。つまり、ロシア人だけでなく、多民族から構成された軍人・兵士がソ連の旗印のもとに戦い、多くの犠牲者を出したわけである。確かに、ドイツ側にたって戦う民族部隊が編成されたこと、ドイツ占領地区で対独協力者が少なからず出たこと、それに対し、戦後スターリンが懲罰的に複数の民族集団をまるごと中央アジアやシベリアに追放する苛烈な措置をとったことは事実である。ただそれでもこの戦争は、多民族国家ソ連が一つのネイションを構築することにかなりの程度成功していたことを示した。

ただ、公民的ネイション形成が進んだとはいえ、ロシア帝国を継承した多民族国家であるソ連におけるロシアやロシア人の地位およびその他の民族との関係はセンシティヴな問題でありつづけた。戦争が近づく一九三〇年代後半から、特に大祖国戦争を契機として、この問題の取り扱いに変化が生まれたことはよく知られている。第三章が明らかにするように、革命以来軽視されてきたロシア・ソ連史＝自国史の研究・教育が一九三〇年代半ばころから復活し、それとともに、これまで全面的に否定、批判の対象とされてきた帝政ロシアの各民族支配が、オスマン帝国やポーランドに支配されるのに比せば「より小さな悪」であった、とする歴史認識へと変化を見せていった。ロシア（人）中心のスタンスや見解が徐々に公然化したことになる。独ソ戦がはじまるとそれは加速化し、ロシア正教会の復権も図られた。また、開戦後最初の革命記念日前日のモスクワ市ソヴィエトの祝賀式典で演説したスターリンは、スヴォーロフやクトゥーゾフといった帝政ロシアの著名な将軍に言及し、「偉大なるロシア民族」という言葉も用いた（Сталин 1997: 15/79; 横手 1997: 265, 280）。この流れの頂点に位置するのが、独ソ戦終結後の五月二四日に催された赤軍部隊司令官を祝したレセプションでのスターリン演説である。その短い乾杯の挨拶の中でスターリンは、ソ連人という言葉と区別されたロシア人という言葉を何度も、計八回、用いた。

私は、わがソ連人（советский народ）の、何よりもロシア人（русский народ）の健康を祝して乾杯したい。ロシア人の健康を祝してまず乾杯する理由は、ロシア人は、ソ連を構成する全民族の中で最も傑出した民族（нация）だからである。……

わが政府は少なからず誤りを犯した。一九四一―四二年には絶望的な状況を迎えた時があった。わが軍は、ウクライナ、白ロシア、モルダヴィア、レニングラード州、バルト地域、カレリア共和国の村や町を放棄した。他に出口がなかったので放棄したのである。他の民族であれば政府にこう言っただろう。あなたがたは我々の期待に応えなかった。去りたまえ。我々は別の政府を打ち立て、ドイツと講和を結び平和を確保する。しかし、ロシア人はこの道を進まなかった。政府の政策を信じ、ドイツの断固たる打倒のために犠牲を引き受けたのである。ソヴィエト政府に対するこのロシア人の信頼こそが、人類の敵、ファシズムに対する歴史的勝利を確実にした決定的な力であった。この信頼ゆえにロシア人に感謝する。ロシア人に乾杯(Сталин 1997: 15/228)。

ただし、大戦を経るなかでロシア民族中心主義が体制の根幹に据えられたとまでは言えないだろう。ソ連体制終焉まで、ジグザグはありながらも、その種の動きには一定の制約がかけられ続けたからである。多民族国家を取り結ぶ理念は共産主義であり、大祖国戦争を通じて強化された「ソヴィエト愛国主義」であった。ただ、第六章が解明したように、その愛国主義の思想史的起源にはロシアの批評家ベリンスキーがおかれ、ロシアの民族性とソヴィエト愛国主義が截然と切り離されるわけではなかった。

## 膨張するスターリニズム

ロシア人を指導的民族とするソ連=「ソヴィエト帝国」は、大祖国戦争の勝利を通じてその広大な領域を引き続き統治するとともに、そのウイングを外に向けて拡張していった。それ以前からスターリンは国境の外側にも干渉し、影響力を確保してきたが(寺山 2015; 寺山 2017)、一九三九年九月に第二次世界大戦が開始されて以降、領土の拡大に着手した。ドイツと分けあったポーランド、バルト諸国、フィンランドの一部、ルーマニアのベッサラビアを支配下に置いた。さらに、第八章と第九章が描き出すように、戦前から満洲とソ連の国境沿いでつばぜり合いを繰り返してきた日本への参戦を通じて、樺太、千島を支配権に収めたことは言うまでもない。第二次世界大戦を契機にしたこの領土の獲得は、本論のコンセプトに従えば、「庭」の境界を外に押し広げる試みと受け止められる。

この庭の拡大を、アナーキーな国際社会における力の分布と自らの能力をおし測りながら、安全保障を確固たるものにする近代主権国家ソ連の行動と捉えるのが一般的理解かもしれない。だがしかし、その行動と動機には、地続きの外部に膨張を続けてきた帝政ロシアの拡張主義に似たアーカイックな特徴をみてとることも可能である。モロトフは、後の回想の中で、「外相としての私の任務は祖国の版図を拡大することにある。この点で、スターリンと私は完全に意見が一致していた。もし、アラスカを取り戻す機会があれば飛びついただろう。……ロシアの歴代皇帝が戦争によって領土を拡大したことは喜ぶべきだ。そのおかげで、資本主義との戦いがやりやすくなった」とまで語っている。モンテフィオーリが言うように、ソ連指導部は「帝国主義的膨張主義とボリシェヴィズムとの間に何らの矛盾も感じていなかった」のである（モンテフィオーリ 2010: 下 273）。

もちろん、安全保障の観点は常にスターリンの頭にあった。第一〇章が大祖国戦争後のソ連の対東欧政策を考察しているが、東欧を経由して侵攻を受けた歴史的経験がその政策に大きく作用していたことは間違いない。しかし、東欧に緩衝地帯を作る試みはソ連の「膨張主義」と受け止められ、英米の指導者から強い警戒と非難を受けた。その代表例が、チャーチルのフルトン演説、鉄のカーテン演説であった。そして、それに対してスターリンが次のように反論した事実はやはり注目に値する。

つぎの事情を忘れてはならない。すなわち、ドイツ人はフィンランド、ポーランド、ルーマニア、ブルガリア、ハンガリーを通じてソ連を侵略したのである。これらの国には、その当時、ソ連を敵視する政府が存在したからこそ、ドイツ人はこれらの国を通じてその侵略を行うことができたのである。……しかし、ソ連はその損失を忘れるわけにはいかない。ソ連が将来におけるその安全保障を望んで、これらの国がソ連に誠実な態度をとる政府をもつように努めている事実に、いったいどんな驚くべきことがあるのか、聞きたいものである（スターリン

1954b: 41)。

庭の外側に隣接する政府に影響力を確保し、安全を確実なものとするスターリンの政策は防御的なものだったのかもしれない。だとしてもそれは冷戦の要因となり、対外的脅威の解消とは正反対の効果をもたらした。しかし同時にそれは、ロシア帝国を上回るプレゼンスをソ連が国際社会で誇示する一里塚でもあった。つまりソ連は、ロシア帝国の単なる二番煎じ的な継承者ではなかった。というのも、地続きの東欧や中国をはじめとするアジアに影響力を拡大したことに加え(第七章も参照)、世界各地にそのイデオロギーや開発モデルを伝播させたからである。庭の境界をはるかに超え、世界中に種子を飛ばし、時にその地に植え付け、第二次世界大戦後の世界にスターリニズム文明を開花させたのである。

## おわりに

モダニティは……「伝統」社会から「近代」社会への移行といった社会学的なプロセスではなく、地政学的プロセスである。大国の列に加わるのに必要なものを獲得するか、それとも大国の餌食になるかの問題なのだ(Kotkin 2014: 63)。

長大なスターリン伝を書き進めるコトキンは、その最初の巻でこのように述べている。この見方は特に新奇なものではなく、一九世紀から二〇世紀前半の世界を生きた政治指導者や知識人であればだれしも自覚せざるを得ない歴史的現実であったろう。しかし、この現実をスターリンほど理解し、かつ、自国民に無慈悲ともいえる犠牲を負わせて近代化を実行に移した指導者は少ない。その国民的犠牲をものともしない姿勢を支えたのは、スターリンのバックボーン、すなわち共産主義のイデオロギーであった。共産主義イデオロギーと結びついて展開されたモダンのプロジェクトが、スターリニズム文明へと導いた。

ただ、共産主義も近代イデオロギーの一種だとすると、スターリニズムは徹頭徹尾、モダンな現象になってしまう。しかし、近代文明、共産主義を目指したとしても、それはあくまで指導者の意図であり、意図がそのまま実現したわけでは無論ない。「新伝統主義者」に分類されるテリー・マーチンが、「近代化はソヴィエト的意図の理論で、新伝統主義は、彼らの意図しない帰結の理論である」(Martin 2000: 176)と論じたことは注目に値する。本論で言及したように、スターリニズムの実践にはアーカイックな側面が多々看取されるからである。スターリニズム研究者の一人、ゲティは、中央から地方に至る個々の権力者とその取り巻きの間のパーソナルかつクラン(氏族)的な結合様式に焦点を合わせ、スターリニズムをモスクワ公国にまでさかのぼる伝統的支配様式の文脈で論じ、新伝統主義の主唱者となった(Getty 2013)。ゲティが着目した権力者のクランに加え、政治指導者と芸術家とのパトロン・クライアント関係、日常生活に広がるコネの世界、封建的身分にも似た農民の地位など、伝統的な諸関係の再生がスターリン時代に広く見られたことは間違いない。さらに新伝統主義の見方は、現在のロシアをも射程に収めた議論として魅力を放っている。すなわち、プーチン政権に見出せるクラン的関係——レニングラード閥やKGB閥など——は、チーム・スターリンや革命前のロシア史にもその起源を見出せるだろう。

以上を踏まえれば、スターリニズムを、モダニティの観点から、その一つの重要なバリエーションとして理解するだけでなく、ロシア革命による切断を乗り越え、ロシア史の連続性の観点から考察の対象とする大きな意義が認められることになろう。本巻は、両者の観点をも交えたスターリニズム再考の試みである。

## 文　献

池田嘉郎(二〇一五)「ソヴィエト・ロシアの国制史家　石井規衛」池田嘉郎・草野佳矢子編『国制史は躍動する——ヨーロッパ

とロシアの対話』刀水書房。

石井規衛(一九九五)『文明としてのソ連』山川出版社。

上垣彰(二〇一〇)「ソ連経済史研究の新しい流れ」松井康浩編『二〇世紀ロシア史と日露関係の展望』九州大学出版会。

奥田央(一九九六)『ヴォルガの革命――スターリン統治下の農村』東京大学出版会。

カー、E・H(一九七七)『一国社会主義　ソヴェト・ロシア史　一九二四―一九二六』第二巻(経済)、南塚信吾訳、みすず書房。

ギル、グレイム(二〇〇四)『スターリニズム』内田健二訳、岩波書店。

スターリン、I・V(一九五四a)『スターリン全集　第六巻〜第一三巻』スターリン全集刊行会訳、大月書店。本文中では順に巻／頁を記す(訳語を一部変更)。

スターリン、I・V(一九五四b)『スターリン戦後著作集』スターリン全集刊行会訳、大月書店。

栖原学(一九九五)「ソ連の経済実績再考――G・ハーニン推計とその含意」『比較経済体制学会会報』第三三号。

栖原学(二〇一四)「近代経済成長の挫折――ソ連工業の興隆と低迷」『比較経済研究』第五一巻第一号。

渓内謙(二〇〇四)『上からの革命――スターリン主義の源流』岩波書店。

寺山恭輔(二〇一五)『スターリンと新疆　一九三一―一九四九年』社会評論社。

寺山恭輔(二〇一七)『スターリンとモンゴル　一九三一―一九四六』みすず書房。

富田武(一九九六)『スターリニズムの統治構造――一九三〇年代ソ連の政策決定と国民統合』岩波書店。

ハイエク、フリードリヒ(一九九二)『隷従への道』一谷藤一郎・一谷理子訳、東京創元社。

バウマン、ジークムント(二〇〇六)『近代とホロコースト』森田典正訳、大月書店(訳語を一部変更)。

バウマン、ジグムントほか(二〇一二)『《非常事態》を生きる』高橋良輔ほか訳、作品社。

フレヴニューク、O(一九九八)『スターリンの大テロル』富田武訳、岩波書店。

ボッファ、ジュゼッペ(一九八三)『スターリン主義とはなにか』坂井信義訳、大月書店。

松井康浩(二〇〇二)「スターリン体制下の消費と社会的アイデンティティ」『歴史学研究』第七六八号(増刊号)。

松井康浩(二〇一〇)「一九三〇年代モスクワの都市文化と都市的共同性」『ロシア史研究』第八六号。

松井康浩(二〇一四)『スターリニズムの経験――市民の手紙・日記・回想録から』岩波書店。

モンテフィオーリ、サイモン・セバーグ(二〇一〇)『スターリン――赤い皇帝と廷臣たち(上)(下)』染谷徹訳、白水社。

横手慎二(一九九七)「大祖国戦争」田中陽兒・倉持俊一・和田春樹編『世界歴史大系　ロシア史3』山川出版社。

横手慎二（二〇一四）『スターリン——「非道の独裁者」の実像』中公新書。
リー、ラーズほか編（一九九六）『スターリン極秘書簡——モロトフあて・一九二五年—一九三六年』岡田良之助・萩原直訳、大月書店。
Allen, Robert C. (2003), *Farm to Factory: A Reinterpretation of the Soviet Industrial Revolution*, Princeton N. J.
Belomor (1935), *Belomor: An Account of the Construction of the New Canal between the White Sea and the Baltic Sea*, New York.
Darré, Richard W. (1978), Marriage Laws and the Principles of Breeding, *Nazi Ideology before 1933: A Documentation*, introduced and translated by B. M. Lane and L. J. Rupp, Austin.
David-Fox, Michael (2015), *Crossing Borders: Modernity, Ideology, and Culture in Russia and the Soviet Union*, Pittsburgh.
Dobson, Miriam (2009), *Khrushchev's Cold Summer: Gulag Returnees, Crime, and the Fate of Reform after Stalin*, Ithaca.
Fitzpatrick, Sheila (1999), *Everyday Stalinism: Ordinary Life in Extraordinary Times: Soviet Russia in the 1930s*, New York.
Fitzpatrick, Sheila (2015), *On Stalin's Team: The Years of Living Dangerously in Soviet Politics*, Princeton N. J.
Fitzpatrick, Sheila ed. (2000), *Stalinism: New Directions*, London.
Getty, J. Arch (2005), Stalin as Prime Minister: Power and the Politburo, in Sarah Davies and James Harris eds., *Stalin: A New History*, New York.
Getty, J. Arch (2013), *Practicing Stalinism: Bolsheviks, Boyars, and the Persistence of Tradition*, New Haven.
Hellbeck, Jochen (2006), *Revolution on My Mind: Writing a Diary under Stalin*, Cambridge, Mass.
Hellbeck, Jochen (2015), *Stalingrad: The City That Defeated the Third Reich*, New York.
Khlevniuk, Oleg V. (2004), *The History of the Gulag: From Collectivization to the Great Terror*, New Haven.
Khlevniuk, Oleg. V. (2009), *Master of the House: Stalin and His Inner Circle*, New Haven.
Kotkin, Stephen (1995), *Magnetic Mountain: Stalinism as a Civilization*, Berkeley.
Kotkin, Stephen (2014), *Stalin: Paradoxes of Power 1878–1928*, New York.
Martin, Terry (2000), Modernization or Neo-traditionaism? Ascribed Nationality and Soviet Primodialism, in David L. Hoffmann and Yanni Kotsonis eds., *Russian Modernity: Politics, Knowledge and Practices*, London.
Wheatcroft, Stephen G. (2004), From Team-Stalin to Degenerate Tyranny, in E. A. Rees ed., *The Nature of Stalin's Dictator-*

*ship: The Politburo, 1924-1953*, Basingstoke.

ИА(1994), *Исторический архив*. № 4.

Макаренко А. С.(1960), *Сочнения в семи томах. Том 4.* М.

Микоян А. И.(1999), *Так было. Размышление о минувшем.* М.

Сталин И. В.(1997), *Сочнения. Т. 14-15.* М. 本文中では順に巻／頁を記す。

ТСД(1999), *Трагедия советской деревни. Коллективизация и раскулачивание. Документы и материалы. Том 1. май 1927-ноябрь 1929.* М.

# I

# 社会主義的近代化

# 1　社会主義的工業化——理念・実績・評価

上垣　彰

## 序——問題意識

本章では、「社会主義的工業化の方法は、ソ連の政治的指導者が自賛していたほど効果的に、ソ連の工業化に貢献した」といえるか、また、「発達した市場経済国家は別として、市場システムが定着していない発展途上国に関しては、社会主義的工業化戦略がなお有効であるという命題は正しいか」、これらの問題を、社会主義体制七四年のソ連史の経験に即して再考する。ただし、歴史的経験に即してという場合、あまりにも詳細な歴史的事実に拘泥することは、かえってその経験の今日的意義を見失わせる結果を招きかねない。むしろ、近年著しい発展を遂げた「開発経済学」、「経済成長論」、「経済統計論」の成果を踏まえて、それとソ連の歴史的経験との関係に大きな注意を払いたい。

まずは、「社会主義的工業化」とは何かを、当事者たちの発言と「開発経済学」・「経済成長論」の知見とを比較することによって明らかにしよう。

# 一　理念――社会主義的工業化とは何か

## スターリンとガーシェンクロン

一九二七年一二月、ヨシフ・スターリンは、全連邦共産党第一五回党大会における中央委員会政治報告を行った。この中で彼は、前回の第一四回党大会(一九二五年一二月)以降の二年間に、ソ連の農業生産も、工業生産も、戦前水準を回復したことを確認し(スターリン 1953: 10/312)、「一般にわが工業、とくにわが社会主義工業は、その発展テンポでは、資本主義諸国の工業の発展においつき、これをおいこしている」(スターリン 1953: 10/320)と、党の政策の成果を誇った。ここでスターリンは、この「空前の発展テンポ」が何によるものかを簡潔に述べている。以下、箇条書きにしてみよう。

(1)大工業が国有化されているため、社会全体の利益という見地から発展する可能性があった
(2)それは、集中化された工業であって、私的資本主義工業にうち勝てた
(3)運輸、信用、外国貿易が国有化されており、全国家予算を計画的に国営工業の発展のために利用できた
(4)国営工業が引渡し価格を引き下げることができ、そのため国内市場を拡大することができた
(5)前記の価格引き下げ政策のため、都市と農村、プロレタリアートと農民とが接近する可能性をひらいた
(6)国有化工業は、労働者階級に立脚しているために、技術と労働生産性を容易に発展させ、生産と管理の合理化を実現できた(スターリン 1953: 10/320-321. 細かい表現上のニュアンスは省略して、スターリンの主張点を筆者が適宜まとめて叙述した)。

これらの主張を以下では、歴史的文脈からは距離をおいて、開発経済学・経済成長論の知見を背景に再解釈してみ

たい。すなわち、アレキサンダー・ガーシェンクロン（Gerschenkron 1962）、ラグナー・ヌルクセ（Nurkse 1953）、アルバート・ハーシュマン（Hirschman: 1958）らの理論、また、ロバート・ソロー（Solow 1956）やポール・ローマーのモデル、さらに最新のダロン・アセモグルの教科書（Acemoglu 2009）の叙述と前記の主張を対比させてみるわけである。

さて、開発経済学・経済成長論の知見を背景において、前記スターリンの主張を再解釈する際に、まず参照されるべきは、ガーシェンクロンの後進経済の工業化に関する「命題」である。彼はいう（Gerschenkron 1962: 353-354）[1]。

ある国の経済が後進的であればあるほど、

(A)工業化は、製造業部門の相対的に急速度の成長を伴った突然のスパートとして、不連続な過程として開始される傾向がある

(B)工業化の過程で、工場と企業の双方において、その大きさがより強調される

(C)消費財よりは生産財がより強調される

(D)住民の消費水準はより強く抑圧される

(E)生まれたばかりの工業に資本と経営上の指針を供給するために設計された特別の制度的要素（銀行や国家機関）がより大きな役割を果たす、またその場合、その制度的要素はより強制的でより包括的である

(F)農業が、成長する工業にその製品の市場を提供するという意味で、何らかの積極的役割を果たす割合はより少ない。

さらに、ガーシェンクロンは、(A)―(F)を追求することによって、後進国が発展できるのは、

(G)先進諸国で開発された最新の技術をそのまま借用できる「後進性の利益」が存在するからである（Gerschenkron 1962: 51）

とも論じた。

注意すべきは、これら命題は、ヨーロッパ経済史の経験からガーシェンクロンが導きだした認識論であり、「後進国ならこのような工業化を行うべきである」とする当為論ではないという点である。また、ガーシェンクロン理論の不備について今日的視点からなされる批判も少なくない。しかし、ガーシェンクロンの(A)―(G)は、それを後進国工業化論の理念モデルと解釈して、スターリンの(1)―(6)を評価する際の参照基準としてみるならば、両者の奇妙な「符合」と無視できない「違い」の故に、大変興味深いものに見えてくる。

(A)は、スターリンが直接言及していない問題である。しかし、従来のロシア帝国の政策体系とは切断された地点から、革命政権が急速な工業化を行って資本主義諸国に追いつき追い越すというスターリンの演説で表明された政策方針を考慮するなら、(A)は(1)―(6)の当然の前提であったと考えられる。

(B)は(1)および(2)に対応している。(1)と(2)の趣旨は、集権的な国営大工業が、国の経済発展の推進力であったとするものであり、このことを(B)は「大きさ」という簡単な言葉で表現していると解釈できる。ただし、(B)には「国営」に対する明示的な言及はない。しかし、ガーシェンクロンは、まさに帝政ロシアを例に挙げて、工業化を担う主体として国家、政府の意義を強調している(Gerschenkron 1962: 16–21)。

(C)はマルクス経済学理論史の中で重要な問題である。というのも、マルクス自身が資本論の中で生産財産業の消費財産業に対する優先的発展という「理論」を提起しているからである。スターリンも当然そのことは知っていたはずであるが、第一五回党大会の時点でそれを彼がどの程度意識していたかは不明である。実際、(1)―(6)にはこのことに関する明示的な言及はない。[2] むしろ、この問題はのちのトロツキー／プレオブラジェンスキー理論とスターリンとの関連性の中で重要性を増す。

(D)に関しては、(4)で製品価格低下と市場の拡大に言及しているところを見ると、スターリンはこの時点ではガーシェンクロン命題とは正反対のことを主張していると判断できる。しかし、これも、のちのスターリンによるトロツキー／プレオブラジェンスキー理論の「受容」の中で事態は急展開していく。

(E)は、(3)に呼応する。(E)は明示的に「計画経済」に言及しているわけではないが、制度的インフラストラクチャーを国家が掌握することによって、経済を計画的に運営することができるというアイディアにおいて、両者には通底するものがある。

(F)は、プロレタリアートと農民の接近を強調し(箇条書きの(5))、「労農同盟論」を唱えるスターリンの当時の構想とは方向性が異なる。しかし、(D)の場合と同様に、スターリンはのちに自らの立場を急転させることになる。

(G)は、外国の技術を「借用する」ということであるから、スターリンの(6)とは方向性を異にする。というのも、(6)は自前の技術を発展させて労働生産性を高めることが、工業の国有化のために可能になったとの主張だからだ。

以上をまとめると、一九二七年一二月のスターリンの主張は、革命権力が急速な工業化を開始する、そのためには集権化された国営大工場を原動力とする、また制度的インフラストラクチャーを国家が掌握して計画的に経済を運営することによってそれを促進する、という三点において、ガーシェンクロンの主張と方向性を同じくしていた。他方、消費抑圧や農業・農民の軽視を明確に否定している点では、それとは異なる。さらにスターリンは自前の技術革新に期待していた点で、ガーシェンクロン流の「後進性の利益」論には与していない。なお、生産財生産の優越という命題を、この時点で、スターリンがどのように考えていたかは不明である。

このようなスターリンの立場は、その後、大きく変転していくこととなる。そのことを語るためには、まず、レフ・トロツキーとエヴゲーニー・プレオブラジェンスキーの主張を検討する必要がある。

### トロツキー、プレオブラジェンスキーと「スターリン理論」

周知のように、スターリンとトロツキーとの対立は、すでに一九二四年の時点で決定的なものとなっていたが、その主な論争点は二つ、すなわち一国社会主義の存立可能性と工業化の方針である（Carr 1959: 3–51）。第一にトロツキーは、ソ連が一国だけで社会主義体制を存続させることは困難であると考え、先進国における社会主義革命の成功になお期待を持っていたが、それが当時のスターリンの方針と齟齬をきたした（Trotsky 1936: 3–73）。トロツキーの一国社会主義不可能論は、先進国革命に賭ける運動体としての革命国家の政治学と解釈できる。トロツキー理論のこのような側面＝革命運動論にのみ注目するなら、本章の問題関心、すなわち工業化の問題とそれは無関係にみえる。しかし、この議論には我々にも逸することのできない一側面がある。それは、先進国革命に期待するということは、先進国の経済援助の下に、豊富な資本と技術を取り入れてソヴィエト・ロシアの工業化に資する可能性を開くことになるという側面である。実際、トロツキーがスターリンらを批判して強調したのは、資本主義諸国の経済の強さであり（Trotsky 1936: 47–51）、それとの関係において「一国社会主義」の可能性を否定したのである。彼は言う。「諸国間の相互依存関係の極度の強さ」のもとでは、「生産諸力は国境とは両立し難」く、「社会主義社会は、最も先進的な生産諸力、農業を含む種々の生産過程に電力と化学を利用すること、また近代的技術の最高の諸要素を結合し、一般化し、最大限に発展させることの上にのみ建設されうるのである」（Trotsky 1936: 52）。これは、前述のガーシェンクロンの「後進性の利益」論につながる。

スターリンとトロツキーとの第二の論争点である工業化の方針の問題は、右の一国社会主義の存立可能性の問題と有機的に繫がっている。というのも、E・H・カーが巧みにまとめているように、一国社会主義が可能かどうかは、「急速な工業化政策によってソ連邦を自給できる経済単位にしようとする「工業」学派と農産物輸出の拡大によって国外から必要な工業製品輸入をまかなうことを主唱する「農業」学派とのあいだの論争」に直接関わっていたのだが、「後者はあきらかに一国社会主義を否定」しているからである（Carr 1959: 50）。一国社会主義路線を取る限り、急速な工業化策はかなり確度の高い選択肢となる。しかし、問題の状況はねじれており、急速な工業化を唱えつつ、一国社会主義論を批判していたトロツキーを、スターリン、ジノヴィエフ、カーメネフの三人組は、「超工業化論者である」、「農業・農民を軽視している」と批判していたのである。では農業・農民を重視しながら工業化を行うためにどうすれば良いのか、スターリンらに確たる方針があったわけではない。

この問題は、「小農民および手工業者の余剰生産物の一部の収用」と「資本主義的蓄積からの控除」によって、いわゆる「社会主義的原始蓄積」を行うとしたプレオブラジェンスキーの理論の登場によって、鮮明な理論問題となった（Preobrazhensky 1965: 88）[3]。彼の理論は、工業製品と農産物との不等価交換（農産物を工業製品と比較して相対的に低価格で買取るという価格政策）を通じて、農業から工業へと「価値の汲み移し」を行うことによって工業化の資源を得ることを主張するものであり、それがトロツキー派の理論的基礎となっていく。プレオブラジェンスキー理論に従う限り、急速な工業化と農業・農民の重視は両立不可能となる。

しかし、歴史は皮肉にも思わぬ展開をすることとなる。スターリンは、トロツキーおよびプレオブラジェンスキーの政治的権力を奪い取ったあと、プレオブラジェンスキー流の「社会主義的原始蓄積」政策を事実上採用するに至ったのである。一九二八年七月九日の全連邦共産党中央委員会総会でスターリンは、農民層が不等価交換によって損を被っている事実を「貢租（дань）」という言葉まで使って認めた上で、当分はその政策を継続し、工業化のテンポを維持・強化せざるをえないのだと主張した（スターリン 1953: 11/158; Кузьминых 2014: 267）。一九二七年から二八年にかけての穀物調達危機、それを受けたスターリンの「左」旋回、そして、この中央委員会総会におけるスターリンの発言等を見たプレオブラジェンスキーは、自らの主張が共産党のスターリン主流に認められたものとみなして、一九二九年六月二八日、かつてのトロツキー派の指導者カール・ラデック、イヴァル・スミルガとともに、自分たちは左翼反対派（トロツキー派）と袂を分かつことを言明し、ボリシェヴィキ党の隊列に復帰することを請う書簡を党中央統制委員会に送付し、認められた（Кузьминых 2014: 269–273）。

ところでこの「貢租」という言葉が象徴するのは、国民の大多数を占める農民の消費水準を、当分の間、低く抑圧しておくというスターリンの方針である。ここにおいて、スターリンはガーシェンクロンの(D)命題を肯定することとなった。

スターリンが実行したことは、プレオブラジェンスキーの想定をはるかに超えるものだった。第一次五カ年計画と農業集団化とをほぼ同時に発動したからである。前者は、生産財生産に重点を置いて機械大工業を急速に建設することを目指したものであり、その発展の計画上のスピードはトロツキー／プレオブラジェンスキーの想像力を凌駕していた。後者は、強制的手段（集団化に反対した農民を辺地に追放することまで含む）を用いた小家族農業経営の解体とその集団農場への統合を、これも急速なスピードで実施しようとするものであり、農村における富農（クラーク）からの価値の収奪にのみ関心を集中させていたプレオブラジェンスキーの予想を超えていた。

## スターリン「社会主義的工業化論」の成立

一九二九年一一月七日、『プラウダ』は、スターリンの「偉大な転換の年」という論文を掲載した。その趣旨は、労働生産性、工業建設、農業建設の各分野で、過去一年間に「偉大な転換」が生じたとするものである。我々の問題関心にとって重要なことは、「重工業の基本建設のための蓄積の問題」が解決された、「生産手段の生産」が「急速な発展テンポをとった」とスターリンが語っていることである（スターリン 1953: 12/142）。筆者は、本節冒頭で、一九二七年段階のスターリンが、「生産財生産重視」を明確には主張していなかったという意味で、ガーシェンクロン命題とはややずれた位置に立っていたことを指摘したが、この時期に、彼は、ガーシェンクロン命題にさらに近づいたことになる。

農業建設に関しては、スターリンは、「小規模の個人農業経営から……先進的な集団農業へ……新しい技術に立脚するアルテリとコルホーズへ……最後に、何百というトラクターとコンバインを装備した巨大ソフホーズへとすすむ発展途上で、根本的な転換がおこった」と述べている(スターリン 1953: 12/146)。ここで、「何百というトラクターとコンバインを装備した巨大ソフホーズ」とガーシェンクロンの命題(F)、すなわち「ある国の経済が後進的であればあるほど」「農業が、成長する工業にその製品の市場を提供するという意味で、何らかの積極的役割を果たす割合はより少ない」との関係はいかなるものだろうか。たしかに、トラクターもコンバインも、工業部門から農業部門へ提供されるものである。しかし、スターリンはそもそも農業と工業との市場的関係を断ち切ったところで、現物としてのトラクター等を、巨大農場に提供することを想定している。「農業が、工業製品市場として積極的な役割を果たす」という場合、それは、所得の向上した農民層が工業消費財を購入することによって、工業の発展にも寄与するという関係が想定されており、スターリンは(そしてガーシェンクロンも)これを否定するのだから、ガーシェンクロン命題(F)はスターリンの当時の構想と方向性を同じくするものといえよう。

なお、スターリンはこの論文の中で、労働生産性の向上が「労働者階級の……創造的な創意と……強力な労働熱意の展開」によってもたらされたと論じ、また、自前の技術カードル(幹部要員)を育成する必要性を訴えており(スターリン 1953: 12/140-141, 144-145)、後進性の利益を利用する(つまり先進国から技術を借用する)気は毛頭なかった。[4] ただしスターリンの理念にもかかわらず、歴史の現実を見ると、ソ連が外国技術の輸入を模索せざるをえなかったことは明らかである。この点に関しては後述する。

以上からいえるのは、後進性の利益の利用という無視できない重要問題に関しては留保せざるをえないが、それを除くと、スターリンは一九二七年から二九年までの二年間に、大きくガーシェンクロン命題に近づいたということである。スターリンは、一九三三年一月に開催された「共産党中央委員会・中央統制委員会合同総会」において、「第一次五カ年計画の総結果」と題する演説を行った。ここで彼は、「厳重な節約政策」によって工業化への資金を蓄積し、それを重工業の復興に役立てたこと[5](スターリン 1953: 13/202)、ソ連に大工業を成立させたこと(スターリン 1953: 13/200, 204)、農業の大規模化・機械化を果たしたこと(スターリン 1953: 13/213-216)を誇った。

では、スターリンの「工業化論」は、ガーシェンクロンが定式化した後進国工業化のパターンの一亜種に過ぎないのだろうか。この問いに対する筆者の答えは「イエス」であり、同時に「ノー」である。「イエス」であると筆者が考えるのは、まずは「一亜種」であると断じてしまった方が、これまで説明してきたことから明らかなように、問題の所在が明快になるからである。このことは、今日ガーシェンクロン理論が発展途上国の近年の成長(と非成長)を説明できないと批判されていること(末廣 2000: 37-41)と、ソ連・ロシア経済の現代化が一部の発展途上国の実績にも遅れをとっていることとの間には、共通の問題が存在するとの仮説につながる。

「ノー」であると筆者がするのは、スターリンの「工業化論」には、ガーシェンクロンの定式化したパターンの枠組みには収まりきらない特殊な要素が、すでに言及した「後進性の利益の利用」の問題の他にも、存在するからである。それは「階級原理の強調」と「市場の要素に対する敵対」である。

「階級原理の強調」は、経済学の言葉に翻訳すると、特定の社会層(貧農、プロレタリアート、職員等＝階層Aとしよう)の厚生を別の社会層(資本家、ブルジョアジー、旧体制からの専門家、富農等＝階層Bとしよう)の厚生より価値の高いものとし、国民経済全体の集計された付加価値額(ＧＤＰやＧＮＰ)および一人当たりのその額の増大には、必ずしも、重きを置かない価値観といえる。場合によっては、階層Ａの厚生総額の増加と階層Ｂの厚生総額の減少が同時に発生しており、かつ、両者の厚生の和は(それぞれの厚生総額とその和が計算できるとして)むしろ減少しているような状態でも、それは社会の「進歩」として是認され、それを促進する政策が持続されることとなる。[6]

このような価値観は、スターリン工業化論をガーシェンクロンのそれと区別する第二の特徴である「市場の要素に対する敵対」と表裏一体の関係にある。その理由は、上記価値観において軽視される社会層Ｂは、市場における活動でこその厚生水準を向上させることができる層だからであるが、それだけではない。右の価値観の一つの特徴は、厚生の比較や集計の方法における恣意性にあるが、その合理的な比較や集計は、競争的市場（完全競争である必要はないが）における価格付けを前提として初めて可能になるからである。

このようにして、スターリンの「社会主義的工業化論」が成立した。その内容は、ガーシェンクロンの後進国工業化の七命題のうち「後進性の利益の利用」だけを除外して、それに「階級原理の強調」と「市場の要素に対する敵対」を付け加えたものである。

## 開発経済学・経済成長論の視角から

スターリンの工業化論を、その後西欧・北米・日本で発展した開発経済学や経済成長論の視角から見ると、何がいえるだろうか。実はこの問題に関しては、中兼和津次による重要な先行研究がある（中兼 2012）。筆者もこれを参考にしつつ、筆者独自の観点も付け加えて、「開発経済学および現代経済成長理論とソ連」について論じることとしよう。

なお、ここで用語の定義をはっきりさせておこう。一般に、経済成長（economic growth）と経済発展・経済開発（両者とも development of an economy）とは異なるとされる。筆者も次のような定義のもとに両者を区別している。すなわち前者は、ある経済領域の実質所得総額（例えばＧＤＰで計測される）とその一人当たりの値とが持続的に増大していく現象であるのに対して、後者は経済成長をその内に含むが、さらに広範な社会現象、すなわち産業構造の変化・都市化・人口構造や消費構造の変化、さらには文化の変容まで含む社会の構造変動を指す[7]。工業化はこの両者とは異なる。工業化は、経済成長と経済発展とをもたらす一手段であって、抽象理論として考えれば、経済成長・経済発展を獲得するために必ず工業化に依らねばならないとはいえない。しかし、近代以降の世界経済史の経験は、工業化がほとんど唯一の経済成長・経済発展の手段であったことを教えている。実際、ある国で工業化が開始されると、それまでの伝統経済のもとでの停滞から経済は解放されて、急激な経済成長が開始されるという例が数多く観察されるのである。スターリンの社会主義的工業化論も、右で説明した工業化の方法によって、建前上は、経済成長（国民の厚生水準の資本主義諸国のそれを上回る向上）と経済発展（独自の理想社会すなわち共産主義社会の建設）とをソ連にもたらすという構想であったと考えることができる。

さて、第二次大戦後の開発経済学の流れの中で、最初に大きな論争点となったのは、開発途上国の経済成長路線として、均衡成長路線が有効か、不均衡成長路線が有効かという問題であった。ラグナー・ヌルクセは、低開発国（underdeveloped countries）の「貧困の悪循環」の基本原因を「投資誘引の弱さ」と捉え、その困難は「広範な異種産業にほぼ同時に資本を投入する」ことによって解消できるとする「均衡成長のアイディア」を主張した（Nurkse 1953: 4-31）。これに対して、アルバート・ハーシュマンは、「不均衡の連鎖」「一連の均衡からの離脱」が「発展の理想的パターンである」とする「不均衡」理論を唱えて、ヌルクセを批判した（Hirschman 1958: 50-75）。

我々の問題意識からいって非常に興味深いのは、ハーシュマンがフェリドマン＝ドーマーの成長モデルを、自らの理論を補強するものとして、肯定的に引用していることである。フェリドマン＝ドーマーの成長モデルとは、アメリカの経済学者エヴセイ・ドーマーが、すでに一九二〇年代にソ連で出版されていたグレゴリー・フェリドマンの論文を再発見し、それを簡潔なモデルに仕上げたものである。それは、消費財生産部門と生産財生産部門に経済を二分するモデルであり、経済全体の投資は、後者の生産能力に規定されるというものである（Hirschman 1958: 73）。

このモデルは、ドーマーが、イギリスの経済学者ロイ・ハロッドとともに（ただし、独立に）築き上げたハロッド＝ドーマー成長モデルがその背景にある。フェリドマン＝ドーマー成長モデルおよびハロッド＝ドーマー成長モデルとその社会主義経済との関係については中兼が詳細に論じているので（中兼 2012: 44-50, 54-59）、ここでは繰り返さない。ただし、確認しておく必要があるのは、これら成長モデルと前項までに説明したスターリンの社会主義的工業化路線との親近性が強いことである。(8) すなわち、ガーシェンクロン、プレオブラジェンスキー、スターリン、ハロッド＝ドーマー、フェリドマン＝ドーマー、そしてハーシュマンは、一つの共通項、不均衡的な重工業重視路線で繋がっているのである。

一九五六年、ロバート・ソローは画期的な論文を発表した(Solow 1956)。ソローはこの論文で、資本と労働とを生産要素とする生産関数を構成し、経済成長のメカニズムを簡潔な関数の体系でモデル化できること、技術進歩の経済成長に対する意義をそのモデルの中で明示できることを示した。ソロー・モデルは、われわれの問題意識にとって重要な意味をもっている。というのも、それがハロッド＝ドーマーの成長モデルの批判として考案されたものだからである。ソローはこの論文で、ハロッド＝ドーマーのモデルが、生産要素の比率を固定的に考え、生産において労働を資本と代替する可能性を否定している点を批判した(Solow 1956: 65)。

それに対して、ソローは、①一次同次、②生産要素の代替可能性、③各生産要素に関し限界生産物逓減、④技術進歩の外生性という基本アイディアに基づいて、生産関数をたとえばコブ＝ダグラス型あるいはＣＥＳ型と特定することによって、数々の興味ぶかい命題を提示して見せたのだった(Acemoglu 2009: 26–71)。

このソローのモデルは非常に抽象度の高い理論であって、これをスターリンの政策論と直接比較することはできない。しかし、右に示したガーシェンクロンからハーシュマンに至る研究史の流れの中で盛んに議論されてきた問題設定、すなわち、消費抑圧と投資資金の蓄積、工業部門と農業部門との価値移転、重工業(生産財生産工業)優先策の有効性等をいわばブラックボックスに入れたまま、ソ連の経済成長の要因をソローの簡潔なモデルに依拠しつつ探ることは、無意味ではない。というのも、ソ連経済史の近年における再吟味は、ソ連の工業化は果たしてその生産(あるいはＧＤＰで計測されるような付加価値)を、ソ連の党・政府リーダー達が誇るほど急速に発展させることができたのか、その実績と資本・労働・技術進歩とはいかなる関係があったのかという単純な問題の重要性を示しているからである。

これは、経済発展の問題に深入りせず、経済成長の問題に関心を集中させることを意味する。実際、欧米の多くの研究者がこの問題に取り組んできた。

なお、「技術進歩の外生性」を仮定するソローのモデルに対して、ポール・ローマーの一九八六年の論文を嚆矢として、それを修正する試みがなされるようになり、これが欧米における経済成長論のルネサンスを引き起こしたことは注目しておいてよい。これによって、技術進歩そのものを内生化したモデル（内生的成長モデル）の現実説明力が議論の焦点となり、数多くの研究が生み出された（Acemoglu 2009: 387-457; 二神 2012: 107-131）。それらモデルの内容は非常にテクニカルなもので、ここでそれらを詳細にフォローする余裕はないが、このルネサンスによって、技術進歩と経済成長との関係はそもそもいかなるものであるのか、技術革新（innovation）と技術伝播（diffusion of technology）とは何によって引き起こされるのか、それらはそれぞれ経済成長とどのように関係しているのか、これらの問題が、従来と比較してはるかに深いところで議論されるようになった。そして、これらの問題はすべてソ連における工業化と密接に関係している。この点に関しては、のちにもう一度触れることにしよう。

## 二　実績——経済統計学の新しい試みに基づいて

### 工業生産指数

栖原学は膨大な資料を駆使して、一八六〇年から一九九〇年にいたるロシア帝国およびソ連の工業生産指数を確定する試みをおこなった（栖原 2013）。その方法は、物量データに基礎をおいた二段階ウェイト方式とでも呼ぶべきものであり、示された推計結果は、厳密な理論的裏付けに基づいた、現時点で最も信頼できる時系列データであると評価できる。栖原推計による工業生産指数の伸びを、従来の統計や推計のそれと比較すると、一九二八―五五年に関しては、公式統計よりははるかに低いが、ウォレン・ナターやノーマン・カプラン＝リチャード・ムーアステンの推計より若干高い（最終年の指数で測った比較。栖原 2013: 342）。一九五〇―九〇年に関しては、公式統計は言うに及ばず、CIA推計や有名なグリゴーリー・ハーニン推計[9]（一九八〇年まで）よりも低い（栖原 2013: 430）。また、栖原は自らの推計結果を、他国の工業生産指数と比較している（栖原 2013: 567）。ソ連前半期（ここでは一九二八―六〇年）の実績は誇るべきもの（一〇・三倍）で、日本（七・八倍）をもはるかに上回る。後半期（一九六〇―九〇年）においては、日本の実績（七・八倍）をはるかに下回るもので、米国、ドイツ、フランスの実績とあまり違わない（二・五倍前後、すなわち年平均成長率三・一〇％）。さらに、工業部門別の栖原推計を検討すると、ソ連前半期（一九二八―六〇年）には、機械、化学部門が恐るべき成長を遂げたが（四〇倍以上）、軽工業、食品工業はそれほどではない（四・六―四・七倍）。後半期（一九六〇―九〇年）には機械、化学もそれほど成長しなかったが（それぞれ二・二倍、五・五倍）、軽工業、食品工業がそれに代わって重視されたわけでもない（一・八倍、二・七倍）（栖原 2013: 622-623）。

以上から明らかなことは、「初期の外延的成長 Extensive Growth のためには社会主義的工業化の方法は効果があったが、次の段階で内包的成長 Intensive Growth を促進させる効果はなかった」という従来から主張される命題は栖原推計によっても否定されない、という点である。しかし、これが、「初期の段階の工業化路線は誤りではなかった、問題は第二段階への転換の様式である」といった命題や、「発展途上国では、まずは、外延的成長を目指すべきであり、その方法として社会主義的工業化を真似ることは一つの政策選択として、有効である」といった命題を直接導くかどうかとなると、大きな疑問である。そもそも、「外延的成長・内包的成長」の定義をはっきりさせない限り、この命題の評価も難しい[10]。

## 総要素生産性（ＴＦＰ）と要素代替

ソローのモデルでは、生産高（Ｙ）は、資本量（Ｋ）、労働量（Ｌ）および外生的に与えられる技術水準（Ａ）によって規定される（コブ＝ダグラス型だとＹ＝$AK^{\alpha}L^{1-\alpha}$）。ただし、実際の分析においては、Ａの値は実証データからはわからず、Ｙ、Ｋ、Ｌが確定した後に、残差としてしか計算できない。経済成長理論ではこれを「総要素生産性ＴＦＰ（Total Factor Productivity）」という。

ソ連のＴＦＰ、すなわち技術進歩の経済成長への貢献を計算する試みはこれまで盛んに行われてきた。ここではギュル・オファーのサーヴェイ論文が示した数値を紹介しておこう。それによれば、ソ連のＴＦＰの年平均成長率は次のように推移した。一九二八―四〇年一・七％、一九四〇―五〇年一・六％、一九五〇―六〇年一・六％、一九六〇―七〇年一・五％、一九七〇―七五年〇・〇％、一九七五―八〇年マイナス〇・四％、一九八〇―八五年マイナス〇・五％（Ofer 1987: 1778）[11]。これらは、生産要素（資本Ｋ、労働Ｌ、そしてここでは土地も考慮している）投入の成長率の数字（具体的な数値の引用は省略）と比較して、はるかに小さい。「外延的成長」を資本や労働という生産要素の量的拡大を基盤とする成長、「内包的成長」をソロー的な意味での技術進歩を基盤とする成長と定義するなら、これらのデータは、ソ連前半期のみならず、後半期においてさえ、ソ連では「外延的成長」が追求されていたこと、その効果は一九七〇年頃にはほぼ限界に近づいていたことを示している。

しかし、このようなＴＦＰだけに注目する研究を批判する論者もいる。マーチン・ワイツマンである。彼は、要素間（資本と労働）の代替の弾力性が、ソ連経済では、（コブ＝ダグラス型生産関数が想定するように）一・〇ではなく、もっとずっと低い値（〇・四〇三）であって、そのため、一方の生産要素だけを不均衡に増大させて、生産を引き上げようとしてもその効果は非常に低いと主張した[12]（Weitzman 1970: 679）。ワイツマンの論文は、大きな論争を引き起こし、それに反対する論者も多かったが、我々の実感に適合的といえる。ロバート・アレンは、三〇年後にワイツマンの議論を復活させ、代替の弾力性が低いもとで資本投資を増大させた一九七〇代以降の成長路線は、余剰労働力の不足のために、挫折したと論じた(Allen 2001: 868-873)。

なお、ソ連経済不振の原因をTFPの低下に求めることと、代替の弾力性の低さに求めることとは、矛盾するわけではなく、両方の事態が同時に生じたと考えてもよい。TFP計算の試みやワイツマンの議論が示唆する重要なことは、社会主義的工業化を一旦本格的に開始してしまうと、「外延的成長」の「内包的成長」への転換は、そう簡単な事業ではなくなるという点である。

次に労働生産性についてはどうか。Кудров(2003)は、リチャード・ムーアステンとレイモンド・パウエル、ソ連中央統計局、T・ヘレニャーク(アメリカ合衆国センサス・ビューロー)などの生産高や労働人口の統計や推計をもとに、一九二八―八七年の長期にわたるソ連の労働生産性(ソ連経済全体および一九五〇年以降は工業・建設・農業・サーヴィス等の部門別)の時系列を示している。それによると、年平均のソ連経済全体の労働生産性の伸びは、一九二八―五〇年一・三五%、一九五〇―六〇年三・三九%、一九六〇―七〇年二・五八%、一九七〇―八〇年〇・九五%、一九八〇―八五年一・〇八%であった(Кудров 2003: 62-67 の表の数字を筆者が再計算した)。前節で紹介したコブ＝ダグラス型の生産関数の式を用いると、労働生産性は、式の両辺をLで割ったものになる(労働生産性[Y/L]＝A(K/L)$^{\alpha}$)。したがって、労働生産性は技術水準(A)すなわちTFPと資本労働比率(K／L)すなわち労働者一人当たりの資本装備率との関数となる。もし、先のオファーのTFPのデータとこの労働生産性のデータを単純に結びつけることが許されるなら、一九五〇―七〇年(このデータによれば労働生産性の成長は幾分高かったのに、オファーのデータによればこの時期にもTFPの成長率は低かった)の経済成長は労働者数に比して資本投資を不均衡的に増大させたことによってもたらされたものであると考えることが可能である。ただし、その効果も、七〇年代以降低下していくのである。このことは、アレンの議論に適合的である。部門別のデータで興味深いのは、建設およびサーヴィス部門の労働生産性の伸びの低迷である。建設部門の労働生産性の年平均の伸び率は、一九六五—七五年に一・〇％、一九七五—八〇年にマイナス〇・一％であり、サーヴィス部門では一九五〇年以降八〇年までマイナスであった（Кудров 2003: 68）。クドロフの掲げた別の表を見ると、この両部門への労働投入量の伸びは他の部門に比して大きいことがわかる。すなわちソ連では非効率な労働力配分が行われていたのである。

以上、経済統計学の近年の成果を考慮すると、ソ連の工業化は、資本や労働の投入を基盤とする「外延的成長」路線が事実上一九七〇年以降も続いたこと、その効果は徐々に減じていったこと、ＴＦＰを上昇させることによって成長を促すという意味での「内包的成長」への転換は失敗したこと、その転換は、資本・労働の投入配分の調整と技術進歩の促進の適切な組合せによってしか実現できないが、それはガーシェンクロン＝スターリン的な社会主義工業化を開始してしまった体制にとっては、そもそも非常に困難であったことがわかる(13)。

## 三　評価——比較の視点から

### エマージング・エコノミー

前節の注(10)で紹介したマディソンのＧＤＰ推計によればソ連は一人当たりのＧＤＰで、一九六九年に香港に（六三年以降抜きつ抜かれつしつつ、六九年以降抜き去られた）、七四年にシンガポールに、八三年に台湾に、八八年に韓国に抜かれた（Maddison 2006: 278, 304-305）(14)。これらは社会主義的工業化のあり方に根本的反省を迫る事実である。これらエマージング・エコノミー諸国の共通性は、対外開放路線を積極的に採用して、それを発展のきっかけとしたことである。このことは、ガーシェンクロン命題からは論理必然的に輸入代替・国内市場重視策が導かれることを考慮すると、大きな意味を持つ。

もっと重要なのは、中国との比較である。筆者は別のところで、「中国は鄧小平の改革開始以後、修正ガーシェンクロン型（あるいは反ガーシェンクロン型と言ってもよい）工業化を追求することによって「世界の工場」となることに成功した」と主張した（上垣 2013: 52）。鄧小平以後の中国は、ガーシェンクロン命題とは合致しない政策を実行してきたからである。筆者は、ソ連（および体制転換後のロシア）と中国との違いの焦点は国内経済と対外経済との関係にあると考えている。中国では、主要輸出産業が、労働集約的産業から、ある程度資本集約的であり国内経済への波及力の強い産業へと移行するというダイナミックな転換が実現した。その転換の過程を促進したのは、経済特区の実験、直接外国投資の受入れ、国際金融取引への関与等であった（上垣 2013: 52）。このことは、ソ連史の文脈では一国社会主義の問題につながる。

## 一国社会主義と技術革新・技術伝播

一国社会主義は、スターリン工業化論の理念的構成要素であるが、実際には、外国と無関係に工業化が図られたわけではない。革命直後のコンセッション（村上 2004）から始まって、一九三〇年代前半までの、工場建設・モデル製品の購入・ライセンスの購入その他による欧米企業との関係（Шпотов 2004; Шпотов 2005; Мухин 2013）、さらに一九七〇年代のドイツ・日本等のシベリア資源開発への参加までの例が示しているように、ソ連の工業化が外国との関連なしに実施されたわけではない。なかでも、第二次大戦期の武器貸与法によるアメリカ合衆国の対ソ協力は、社会主義的工業化の実績はいかなるものであったかという我々の問題意識とも関連する重要な史実である。というのもその評価如何によっては、「スターリンの工業化のおかげでヒトラーのドイツにソ連は勝てた（その意味ではソ連における外延的成長にも意味があった）」という一般に流布している言説の真偽が問われかねないからである。[15]

このような先進市場経済国家との経済関係は、ソ連の技術進歩にどのように寄与したのだろうか。右のエマージング・エコノミーとの比較からは、先進諸国の技術がソ連に定着し、その生産向上に役立ったようには見えない。このことには、技術革新・技術伝播のメカニズム、労働者の陶冶、それに起業家精神の涵養の問題が関わる。

あるロシアの最新の軍事技術史研究によれば、ネップ期から第二次大戦直前までのソ連のアメリカからの航空機技術の導入は全体として効率的なものであったという。ソ連のアメリカからの技術取得は、専門文献・カタログ・見本・飛行機部品ユニットの購入から始まって（第一段階）、ライセンスの取得（第二段階）、そして生産システム（コンベヤーや連続型抜き機）そのものの購入へと進んだ（第三段階）（Мухин 2013: 448–467）。この著者は言う。「ソ連の技術者にとって最も重要だったことは、航空機の見本や装備品そのものではなく、労働生産性を高め熟練労働力の必要性を減じるような技術上のアイディアであった」（Мухин 2013: 467）。しかし、別の論者によれば（一九二五年から三五年にかけての戦車の技術導入に関するもの）、「ソヴィエト国家は最高の効率的経済であるといったイデオロギーのもと」、「完成品の取得に頼らずに、入手した見本から自分の力で製品を作り出そうとする」ような「輸入代替」の志向が強かったことも指摘している（Верещак 2013: 246–247）。このような志向がその後の時期まで続いたのかどうか、移転された軍事技術が民生品生産分野へも波及しソ連経済全体の技術力を向上させたかどうか、これらについてはなお詳しい研究は進んでいない。しかしある論者は、技術移転の困難さを的確に指摘している。「最新の技術と設備は最大限には利用されなかった。その理由は、技術習得の困難さ、カードルの不足、供給の中断、原材料と建設作業の低い質、時代遅れの運輸網、初歩的な仕事に関する杜撰さであった」（Шпотов 2005: 190）[16]。

先に、ローマーがソローの議論を修正して、技術進歩を内生化する理論を発表したと指摘した。ローマーのモデルの要点は、技術の「非対抗性（nonrivalry）」を強調することである。技術の「非対抗性」とは、ある生産者が効率性増大のために何らかのアイディアを利用しても、他の生産者が同じアイディアを利用することは妨げられない（労働力や機械と異なってアイディアは使っても無くならない）という事態を指す（Acemoglu 2009: 413）。彼によれば技術知識の蓄積は企業の経済活動の副産物であり、彼は、その知識が「非対抗性」のためにスピルオーヴァーしていくことによって、技術水準（A）が経済システムの中で内生的に決まってくることをモデル化したのである（Acemoglu 2009: 399, 413）。Aの内生化は必然的に、ソロー・モデルとは異なって生産関数の収穫逓増と規模の効果[17]の存在を導く（Acemoglu 2009: 414）。このことは、その分析に当たって、独占的競争の理論が援用されねばならないことを導く。もちろん、技術の「非対抗性」と言っても市場経済下においては技術アイディアは純粋な公共財ではない。ここから知的所有権の確立と特許制度の整備という問題が出てくる（Acemoglu 2009: 414）。このような議論はソ連経済史の現実と強い関連性がある。ソ連では、技術が秘匿され分断されることによって、まさにその「非対抗性」は確保されていなかった。また技術アイディアの開発が個人と組織の所得を上昇させる経路が存在しないことによって、技術進歩のインセンティヴが社会に組み込まれていなかった。そのため、システムの中から技術を生み出し、また生み出された技術を伝播させていく力がなかったという仮説が成り立つからである。

技術革新・技術伝播の問題に関しては、以上とは別に、下部の技術職員や一般労働者が積極的に新技術の習得に関与し、また、場合によっては彼らが独立して新しい事業を始めるという動きが大きな原動力となるという側面も重要である。ポール・グレゴリーとケイト・ジョウは、「いかにして中国はロシアに勝ったのか」という興味深い論文のなかで、中国成功の原因を、新政策開始の直前にすでに生まれていた民間の半合法的な下からの経済的イニシャティヴを、リーダーたちが暗黙のうちに認め、そのことが経済単位間の激しい競争を生み出した点に求めている（Gregory and Zhou 2009）。中国では、激しい競争のなかで、豊かになりたいという人々のダイナミックな動きが、国民経済全体の技術水準を引き上げてきたのだと想像できる。丸川知雄は、「先進国ではその可能性を十分に開花させることができなかった脇道の技術のなかから自らの国情に合ったものを選択した」として、中国の独自の産業発展の姿を特徴づけている。また、「オープンな垂直分裂」という独特の用語によって、自動車産業のような分野においてさえ、小規模メーカーが併存可能な競争的産業構造の特色を描いている(丸川 2007: 77, 181-229)。中国の技術は、「稚拙で不法な模倣」として揶揄されることがあるが、むしろ、外国技術の伝播の一つの方式として、総合的に捉える必要がある。

このことを可能にしたのは、「階級原理」を明確に放棄し、市場を容認するメッセージ(「白猫でも黒猫でもネズミを取ればよい」、「豊かになれ」)を発しながら、ガーシェンクロン命題とは異なる政策を追求した指導者のイニシャティヴであった。ソ連とその後のロシアで、このようなイニシャティヴがはたして発揮されただろうか。

## おわりに

冒頭の問題意識に戻ろう。第一の問題すなわち「社会主義的工業化の方法は効果的にソ連の工業化に貢献したか」に対しては、本論文が示した種々のデータと史実がそれを否定している。第二の問題すなわち「発展途上国に関しては、社会主義的工業化戦略がなお有効であるという命題は正しいか」に対しても、否定的に答えざるをえない。社会主義的工業化によって一旦「外延的」成長路線をとるとそれを「内包的」成長路線へと転換するのは容易ではないからである。いわゆる「重厚長大」技術とは根本的に異なる情報通信技術の急速な発展と国際金融取引の爆発的な増大というガーシェンクロンが想定していなかった現代の状況を考慮すると、ソ連の経験が発展途上国のモデルになるということはますますありえない。

(1)　Gerschenkron (1962) の叙述を筆者の観点から簡潔に要約した。したがって、日本語訳の当該箇所の表現とは若干異なる。

(2)　ただし、すでに一九二六年二月にスターリンは、重工業の発展が本質的問題だとしつつ、資本蓄積の率とその源泉の問題の重要性も指摘している(Carr 1970: 381-382)。スターリンの発言はその都度の彼の政治的顧慮との関連に注意しつつ評価すべきだろう。

（3）プレオブラジェンスキーの理論を集大成した著書『新しい経済』は一九二六年に出版されたが、同趣旨の論文は一九二四年に発表されていた（『共産主義アカデミー通報』第八号）（Preobrazhensky 1965: 224）。

（4）資本主義諸国から借款・クレジットを受け入れる気もなかった（スターリン 1953: 12/143）。この点は、一九二九年四月の演説でも強調していた（スターリン 1953: 12/111-114）。

（5）ただし、ここで「節約」という用語は、農民からの収奪によって工業化を実現したのではないとの（事実とは異なる）主張を含意している。

（6）実際には、「階級原理の強調」は、このような分配の問題としてではなく、生産現場の問題として、たとえば党員企業管理者と非党員専門家との間の、そして一般労働者と非党員専門家との間の管理・運営権の問題として顕在化した（中嶋 1999: 209-243）。しかし、この中で、非党員専門家が「階級原理」に基づいて排斥され、場合によってはシベリアへ送られたとするなら、彼らの消費水準は急落したわけであり、これは分配の問題でもあったわけである。

（7）中兼（2012: 3）の叙述を参考にした。

（8）中兼は、ハロッド＝ドーマーの成長理論がそもそもソ連経済の経験をヒントに作成されたものであることを指摘したイースタリーの著書に言及している（中兼 2012: 45）。

（9）Harrison（1993）を参照せよ。

（10）工業部門のみならず他の生産部門の生産も加味した付加価値の合計すなわちGDPのソ連に関する推計は、現在なお、信頼に値するものがないが、アンガス・マディソンが主導したOECDの長期経済統計推計によれば、一九六〇―九〇年にソ連の一人当たりのGDPは二・四二倍増加した（年平均成長率三・〇〇％。一九九〇年は下落の激しい年であったので、一九六〇―八九年で計算すると二・五〇倍）（Maddison 2006: 304）。これは栖原推計による工業生産の成長率とほぼ同じであって、このことは、同時期に、農業の生産も工業と同程度に成長していた（停滞していた？）ことを示している。

（11）生産関数はコブ＝ダグラス型。

（12）ワイツマンの論文は一九七〇年の出版であり、既述のローマーを嚆矢とする内生的成長モデル登場以前のものであることに注意する必要がある。

（13）このことと、ソ連とロシアが石油・天然ガスのモノカルチャー国家であることとの関係はここでは論じていない。

（14）なお、日本には一九六〇年に抜かれている。

(15) 通説をむしろ支持する立場からの主張であるが、ハリソンの主張は興味深い（Harrison 2000: 116–117）。
(16) しかし、この論文も歴史上のごく短い時期（一九二八―三三年）に関する考察。
(17) ローマー・モデルでは結局、労働投入量（L）が大きければ、成長率は大きくなるということになる（Acemoglu 2009: 439）。これには「事実に反する」という批判がある（二神 2012: 176–177）。

## 文　献

上垣彰（二〇一三）「工業化――その中期的評価」上垣彰・田畑伸一郎編『ユーラシア地域大国の持続的経済発展』ミネルヴァ書房。

末廣昭（二〇〇〇）『キャッチアップ型工業化論――アジア経済の軌跡と展望』名古屋大学出版会。

スターリン、I・V（一九五三）『スターリン全集　第一〇巻〜第一三巻』大月書店。本文中では順に巻／頁を記す。

栖原学（二〇一三）『ソ連工業の研究――長期生産指数推計の試み』御茶の水書房。

トロツキー（一九九二）『裏切られた革命』藤井一行訳、岩波文庫。

中兼和津次（二〇一二）『開発経済学と現代中国』名古屋大学出版会。

中嶋毅（一九九九）『テクノクラートと革命権力――ソヴィエト技術政策史 一九一七―一九二九』岩波書店。

二神孝一（二〇一二）『動学マクロ経済学――成長理論の発展』日本評論社。

丸川知雄（二〇〇七）『現代中国の産業――勃興する中国企業の強さと脆さ』中公新書。

村上隆（二〇〇四）『北樺太石油コンセッション 一九二五―一九四四』北海道大学図書刊行会。

Acemoglu, Daron (2009), *Introduction to Modern Economic Growth*, Princeton and Oxfordshire.

Allen, Robert C. (2001), The Rise and Decline of the Soviet Economy, *Canadian Journal of Economics*, vol. 34, no. 40.

Carr, Edward Hallett (1959), *A History of Soviet Russia, Socialism in One Country 1924-1926*, Vol. 2, London.（南塚信吾訳『一国社会主義　ソヴェト・ロシア史 一九二四―一九二六』第一巻（政治）、みすず書房、一九七四年）

Carr, Edward Hallett (1970), *A History of Soviet Russia, Socialism in One Country, 1924-1926*, Vol. 1, Baltimore.（南塚信吾訳『一国社会主義　ソヴェト・ロシア史 一九二四―一九二六』第二巻（経済）、みすず書房、一九七七年）

Gerschenkron, Alexander (1962), *Economic Backwardness in Historical Perspective*, Cambridge USA.（絵所秀紀・雨宮昭彦・峯陽一・鈴木義一訳『後発工業国の経済史――キャッチアップ型工業化論』ミネルヴァ書房、二〇〇五年）

Gregory, Paul R. and Kate Zhou (2009), How China Won and Russia Lost, *Policy Review* (Hoover Institution), no. 158 (Internet Version).

Harrison, Mark (1993), Soviet Economic Growth Since 1928: The Alternative Statistics of G. I. Khanin, *Europe-Asia Studies*, vol. 45, no. 1.

Harrison, Mark (2000), Wartime mobilisation: a German comparison, in John Barber and Mark Harrison eds. *The Soviet Defence-Industry Complex from Stalin to Khrushchev*, Basingstoke.

Hirschman, Albert O. (1958), *The Strategy of Economic Development*, New Heaven and London.（小島清・麻田四郎訳『経済発展の戦略』巌松堂出版、一九六一年）

Maddison, Angus (2006), *The World Economy*, Paris.

Nurkse, Ragnar (1953), *Problems of Capital Formation in Underdeveloped Countries*, Oxford.（土屋六郎訳『後進諸国の資本形成（改訳版）』巌松堂出版、一九六六年）

Ofer, Gur (1987), Soviet Economic Growth: 1928–1985, *Journal of Economic Literature*, vol. 25, no. 4.

Preobrazhensky, E. (1965), *The New Economics*, translated by Brian Pearce, Oxford.（救仁郷繁訳『新しい経済——ソビエト経済に関する理論的分析の試み』現代思潮社、一九六七年）

Solow, Robert M. (1956), A Contribution to the Theory of Economic Growth, *The Quarterly Journal of Economics*, vol. 70, no. 1.（福岡正夫・神谷伝造・川又邦雄訳『資本　成長　技術進歩』竹内書店、第一章、一九七〇年）

Trotsky, Leon (1936), *The Third International after Lenin* [Translated by John G. Wright], New York.（対馬忠行訳『レーニン死後の第三インターナショナル』現代思潮社、一九六九年）

Weitzman, M. L. (1970), Soviet Postwar Economic Growth and Capital-Labor Substitution, *American Economic Review*, vol. LX.

Верещак М. И. (2013), Роль иностранной технической помощи в создании и развитии советской бронетанковой промышленности (1925–1935), *Экономическая история ежегодник 2013*.

Воейков М. И. (2014), Концепция экономического развития Е. А. Преображенского, *Проблемы современный экономики*. № 1 (49).

Кудров В. М. (2003), Об альтернативных оценках производительности труда в СССР, *Экономическая история ежегодник 2003*.

Кузьминых Я. С. (2014), Роль Е. А. Преображенского в процессе трансформации троцкистской оппозиции в 1928–1929 гг.,

*Государственное управление. Электронный вестник*. Выпуск № 42.

Мухин М. Ю.(2013), Советско-американское сотрудничество в области авиастроения в 1924–1941 гг., *Экономическая история ежегодник 2013*.

Шпотов Б. М.(2004), Переплаты ли Советский Союз компании Форда? (К вопросу о цене индустриализация), *Экономическая история ежегодник 2004*.

Шпотов Б. М.(2005), Участие американских промышленных компаний в советской индустриализации. 1928–1932 гг., *Экономическая история ежегодник 2005*.

コラム……a

# 収容所労働はソ連工業化に貢献したのか

上垣　彰

アレクサンドル・ソルジェニーツィンは、ソ連強制収容所における自己の体験に基づいた長編ルポルタージュ『収容所群島』の第一部を「牢獄産業」（Тюремная промышленность）と名付けた。この言葉からは、巨大な経済システムとしての強制収用所群というイメージが想起される（ただし、ソルジェニーツィン自身は、あらゆる階層の人々が滔々たる流れとして収容所へ送り込まれる下水道のようなシステムを指して「産業」と言っているようだが）。実際、ソ連強制収用所の経済的意義については、ナウム・ジャスニーの一九五一年の論文をはじめとして、西側諸国で古くから多くの研究がある。スタニスラフ・スヴィアニェヴィッチ（彼もソ連強制収用所収監の経験者である）は一九六〇年代にはやくも、強制収容所労働が労働力を農村から工業・建設部門へ移転させる一要素だったと指摘していた。一旦途絶えたかに見えたこの研究の流れは、近年、アルヒーフ資料を用いつつ、強制収容所労働をソ連の経済開発事業における労働力の問題としてとらえようとする新しい傾向として復活している。ロシア、アメリカ、イギリス、ドイツ等の国際研究グループ（その中心的役割を担うのは、米ヒュースト ン大学のポール・グレゴリーとスタンフォード大学フーバー研究所である）によって推進されているこの新しい研究は、「強制収容所労働研究のルネサンス」とでもいうべきものである。その成果は、英語とロシア語の二冊の本に結実している（両者には重複する部分とそうでない部分がある）。この二冊の論説のなかから興味深い論点を紹介していこう。

グレゴリーは主に一九四〇年から一九五三年までの史料に基づいて、強制収容所労働のマクロ的分析を行っている。彼はここで、強制労働はソ連全体の労働力の二％程度にすぎなかったが、特定の分野、例えば、建設では二〇％、金・ダイヤモンド採掘では一〇〇％であったという数字を示して、強制労働のソ連経済における比重を確定している。サイモン・エルツは、収容所労働システムの経済的動機を強調する。彼は「囚人労働力の利用こそスターリン収容所システムの第一の目的」であったとし、「収容所の管理者たちは囚人たちを、生産課題を達成するために必要な資源と見なし」ていたという。これらからは、収容所システム構築には経済的動機が大きな位置を占めたし、実際そのソ連経済における意義は小さくなかったということになる。筆者（上垣）自身の研究によっても、一九三〇年代後半から木材（林業では強制労働が大きな役割を担った）輸出がソ連貿易において大きな位置を占めたことがわかっており、その代金収入による輸入の実現を考慮すれば、ソ連工業化に対する収容所労働の意味は小さくなかったと言える。

しかしオレグ・フレヴニュークは、別の観点を提出している。彼によれば、安価な費用で国家の工業化を実現するという意図は実現しなかったと主張する。強制労働の利用が集中した大型建設プロジェクト(運河、鉄道、水力発電所)は、現実には完成されずに放置されるか、完成したものも経済的意義の小さいものが多かったからだ。フレヴニュークは、いわば「効率」の観点から、強制労働はソ連を工業化するのにそれほど貢献しなかったとしているわけである。アンドレイ・ソコロフによれば、スターリン死後に内務人民委員ラヴレンチー・ベリヤが強制収容所縮小のイニシャティヴをとったのは、その経済的非効率性を自覚していたからだという。

ただし「強制労働は自由雇用労働と比較して生産性が低い」と一般にいえるかどうかは簡単に答えの出せる問題ではない。手取り早い労働者動員の方法としては意味があったとの考えもありうる。我々は、強制収容所の現場においてさえ幾分の「経済的動機付け(賃金支払い)」は存在した一方で、狭義の強制収容所以外でも労働者達を強制的に働かせる方法は存在したという点を自覚しつつ、広範な経済総体における強制的労働の意義を確定していく必要がある。


上垣彰(二〇一〇)「ソ連経済史研究の新しい流れ」松井康浩編『二〇世紀ロシア史と日露関係の展望——議論と研究の最前線』九州大学出版会。

Gregory, Paul R. and Valery Lazarev (2003), *The Economics of Forced Labor: The Soviet Gulag*, Stanford, Calif.

Jasny, Naum (1951), Labor and Output in Soviet Concentration Camps, *Journal of Political Economy*, vol. 59, no. 5.

Swianiewicz, Stanisław (1965), *Forced labour and economic development: an enquiry into the experience of Soviet industrialization*, London and New York.

Бородкин, Леонид И., Паул Грегори, и Олег В. Хлевнюк ред. (2008), *Гулаг: Экотмика принудительного труда*. M.

# 2　農業集団化——コルホーズ体制下の農民と市場

日臺健雄

## はじめに

一九二〇年代後半から三〇年代にかけてのソ連では、ネップの廃止とスターリン体制の確立という、ソ連史を通じて画期となる出来事が起きた。この時期には、農業の全面的な集団化という、当時の世界では類例を見ない大規模な社会改造もおこなわれた。農業集団化はこれまで多くのソ連史研究者の関心を集め、その歴史的過程や意義を問う研究の蓄積が分厚く形成され、日本でも、溪内謙と奥田央に代表される研究者が世界的な水準の研究をおこなっている。その一方で、集団化後のソヴィエト農村については、欧米やロシアでは研究の蓄積が進んでいるが、日本における研究情況は相対的に手薄だといえる。

そこで本章では、第一節で穀物調達危機と全面的な集団化の動きについて先行研究に依拠しながら概観した上で、第二節で集団化後の農村とコルホーズ農民をめぐる情況について検討していく。そこでは、ネップ期の市場を媒介とした国家と農民との関係を背景に、国家に対して穀物の「売り惜しみ」をおこなう農民に対し、ボリシェヴィキ権力が強制力をもって穀物調達や集団化を遂行していく一方、集団化後にコルホーズ農民に対して攻勢だけでなく一定の譲歩もおこなう過程が描かれる。この過程で権力は、コルホーズの組織としてのあり方を定め法的効力を有する模範定款について、三五年に新たな条文を採択し、コルホーズ農民に対して住宅付属地を割当て、そこでの個人副業経営を公認した。しかし、コルホーズ農民は住宅付属地での耕作や出稼ぎ労働による現金収入の獲得を志向し、共同地での耕作が忌避され、権力が設定した法的規範である定款に違反する行為を広範におこなった。これらの行為について、ユーラシア国家としてのソ連を代表する一例として、地理的にヨーロッパとシベリアの境界に位置するスヴェルドロフスク州の事例を検討する。

コルホーズ農民が住宅付属地での耕作で生産した農産物は、自家消費されるとともに、都市部を中心に権力による公認の下で設置されたコルホーズ市場において販売されたが、第三節では、このコルホーズ市場をめぐる動きについてみていく。このコルホーズ市場という存在は、計画・指令経済の全面化の限界を示すものであり、いわば「計画経済に埋め込まれた市場メカニズム」として機能していた。

## 一　穀物調達危機と全面的集団化

### 前　史

ソヴィエト政権は、自らが労働者と農民の双方を代表するという正統性を担保するためにも、農村部にも権力機構の末端の機関として村ソヴィエトを組織していた。しかしその実態は、たとえば村ソヴィエト議長をみると、その報酬は低額であり、また農作業に従事する時間が削られることから、自発的な担い手に欠けることが多かった。そのため一九二〇年代中頃まで、選挙の方法として順番制や籤引き制すらとられ（奥田 2015: 14）、村ソヴィエトの活動はおおむね低調であった。このように村ソヴィエトの活動が低調であった背景には、二〇年代初頭のソヴィエトに一村型が多く、農村共同体と領域が重なり、共同体の意思決定がなされるスホード（村会）と村ソヴィエトとが分離していないケースが多く見られたことが指摘されている（奥田 2015: 9）。

一九二三年以降、ソヴィエトの統合の動きが活発化し、一村型のソヴィエトの数は減少し多村型のソヴィエトが増加していった（奥田 2015: 26）。統合によって多村型ソヴィエトに移行したソヴィエトでは、地方権力と住民との乖離が強まった。その乖離を「上から」埋めようとしたのは、たとえば議長の選挙キャンペーンなどに際して上部機関から送り込まれた全権代表ないし全権委員（以下「全権」と略す）であった。ソヴィエトの統合は多くの小規模なソヴィエトの廃止をともなう一方、統合されたソヴィエトは「みずから合議体としての性格をもつことができなかった」（奥田 2015: 35）。各村から選出されたソヴィエト代表は、統合されたソヴィエトの議長からの指示を受け取り、農業税の徴収、統計資料の提供などの業務を遂行したが、村の内部でのソヴィエト代表の権威は、共同体の土地団体代表よりも低かった。「権力対農民」という図式において、「土地団体代表は「農民」のなかにあり、村ソヴィエト代表は「農民」のなかにあって「権力」の役割を果たすよう期待されていた」存在であり、「全権は「権力」の代表であった」（奥田 2015: 35）のである。そして、ボリシェヴィキ権力のもつ非農民的性格により、「全権」の非農民的要素がもたらされた。この非農民的性格は、のちに「反農民的」性格へと転じていく。

### 穀物調達危機

第一次五カ年計画での急速な工業化路線を実施するためには、資本蓄積が必要とされた。その原資として重視されたのは、穀物や木材などの輸出による外貨収入であった。輸出による差益を最大化するために国家の調達機関が穀物の買い上げ価格を低く抑えたことを主因として、また農村部における工業製品の流通が少なく農民の貨幣入手の需要が低迷していたことも作用し、一九二七年秋、農民による調達機関に対する穀物の販売量が減少した。その結果、二七年一二月には穀物の輸出はほとんどゼロとなった（奥田 2016: 84）。

この危機的状況に際して権力の側は、調達価格の引上げや工業製品の流通量の増加といった市場を通じた経済的な手段ではなく、行政的・指令的手段や司法的手段を用いて穀物の販売(供出)をおこなわせた(「非常措置」と呼ばれる)。スターリンは一九二八年の一月から二月にかけてシベリアに赴き、穀物調達危機の原因が「クラーク(富農)」による価格吊り上げの意図での売り惜しみにあるという認識を示した上で、投機の罪を規定したロシア共和国刑法第一〇七条の適用を促した。本条文や関連法の直接的な適用対象となった農民は、農民全体の一部にすぎなかった。しかし、残りの大部分の農民も「供出行動、未納金納入などにおいて恣意的権力の不断の脅威にさらされた」のである(溪内 2004: 99)。

また、国家による行政的・指令的手段での穀物調達を側面から促進するために、農村部における購買力の削減と貨幣入手の需要増加が図られた。具体的には、農業税や保険金などの未納金の完済キャンペーンに加え、自己課税(学校、道路などの建設費や行政費などに充てるために共同体が構成員に課した税)の採択や、農民公債(農民経営復興公債という名称の割増金付き公債)の購入といったキャンペーンが展開された(奥田 2002: 56)。穀物調達や未納金完済など諸種のキャンペーンを村レベルで遂行するにあたって、「全権」が上部機関から下部機関へと派遣されたが、それは一九二八年初頭以降、「システム」化した。この「システム」とは、「すべての地方のすべての村ソヴェトに対して、あらゆる機会をとらえて、全権を派遣する」(奥田 2016: 85)というものである。

## 集団化の加速

一九二九年三月二〇日、全連邦共産党(ボリシェヴィキ。以下「党」と略記)政治局において、重点的な調達地区であるウラル、シベリア、カザフスタンを対象に、農村共同体のスホードでの意思決定を(形式的に)伴う方式(1)で穀物調達を一時的に実施する方針が決定された(溪内 1996: 125)。また、穀物調達の強化と並行して、集団化が加速した。一連の過程で多くの「全権」が派遣され、スホードにて穀物供出や集団化の決定を採択させていき、穀物供出や集団化の「自発性」が擬制された。決定に従わない農民の多くはクラークとみなされ、共同体の決定への違反という形で制裁が加えられた。彼らからは、貯蔵されていた穀物が没収された。農産物の供出義務を果たさなかった農民は遠隔地に追放された。貧農や労働者、コムニスト、コムソモール員がコルホーズの建設キャンペーンを農村部で展開した。彼らは「土地、労働との結びつきの希薄な社会グループ」であり(奥田 2012: 228)、農業生産活動を忌避し都市への志向が強い若者も多く含まれていた。

集団化の加速に対し、農民は各地でさまざまな形をとって抵抗をみせた。一九三〇年一月から三月までに、農民の蜂起は二二〇〇件以上、参加者は八〇万人を数えた(富田 1996: 23)。それらの抵抗にもかかわらず集団化は強制力をもって実施され、ソ連全体での集団化率は三三年一月時点で六一・八%となった(2)。また、集団化が加速した二九年時点で既にヴォルガ流域において深刻な飢饉が発生していたが、天候が不順となった三二年から三四年にかけてソ連の広範囲にわたり激烈な飢饉が襲った。飢えた農民は播種用の種子すら食べ尽くし、木の皮や人肉すら食す者も出てきた。飢饉による犠牲者の総数については諸説あるが、数百万人規模にのぼった。都市においても配給が減少し、これに対して住民が抗議行動に出る場合もあった。たとえばイヴァノヴォでは、三二年四月、街頭で大規模な抗議行動が展開された(Davies 1996: 188–191)。この都市住民の動きを受けて、権力は五月に、コルホーズ市場の公認を含む「ネオ・ネップ」と呼ばれる政策を打ち出した(Davies et al. 2004: 111–112, 120)(この点については第三節で詳述する)。

集団化は、このように農村だけでなく都市においても大きな影響をもたらしたが、第二次五カ年計画の最終年である三七年までに、農民経営の九三%、播種面積の九九・一%がコルホーズに統合された。

### コルホーズと共同体

集団化により大多数の個人農はコルホーズに強制的に加入する(させられる)こととなったが、そのコルホーズの規模をみると、一九二〇年代末までは複数の村にまたがる巨大なものが志向された。これは規模の大きさと生産効率の高さが比例するとの想定にもとづいたものであったが、実際には経営の一体性に欠けるなどの要因によって期待されたような生産効率を示すことはなく、三〇年三月以降、巨大なコルホーズは分割され、多くのコルホーズは従来の村＝共同体と区域を同じくするものとなった。

なお、ロシアの共同体は複数の性質を兼ね備えていたが、土地利用に関する農民の団体という観点からみると、集団化によってコルホーズの共同地において国家から課された義務を果たすために耕作するようになったことで、土地は事実上国家のものとなり、「共同体はこうして死滅したというべきである」(奥田 1996: 683)。ただし、農民は長年共同体に属し、行動様式も共同体のなかで育まれてきたことから、その慣行は一朝一夕では消滅しなかった。たとえばコルホーズからの脱退に際し、共同体的な土地の割替の慣行と同様に、農戸の「口数」に比例して土地が分割される例や、住宅付属地を口数原則で分割しようとする傾向もみられた(奥田 1996: 684)。

## 二　農民に対する権力の攻勢と譲歩

### 権力による農民への攻勢

一九三三年初頭、農民に対して穀物の義務納入制が導入されたが、これは市場価格をはるかに下回る固定価格(一〇分の一ないし一二分の一)で国家に対し定量の穀物を引渡すことを義務付けるものであり、農民にとって収奪的な制度であった(奥田 1996: 579)。さらに、義務納入や機械・トラクター・ステーション(エム・テ・エス、ＭＴＣ)への現物支払いの基準となる収穫高の算定にあたっては、実際の収穫量ではなく、「生物学的基準」すなわち倉庫納入量と区別された、立ち毛で計測された収穫量で、収穫の際に損失や窃盗が存在しないと仮定されたものが適用された（奥田 1996: 579）。これは収穫高の過大評価となり、必然的に国家への納入量や支払い量が水増しされることとなった。

また、コルホーズ員に労働を促すための制度として、一九三〇年代半ば以降、「作業日」にもとづく支払い方式が推奨された。この方式は、作業の内容や困難度などを考慮した係数を実際の作業時間に乗じて「作業日」を算出した上で、コルホーズが得た収益を「作業日」に応じて構成員に分配するというものである。ただし、コルホーズが穀物の国家への引渡しなどで得られる収益はわずかなものであり、そのわずかな原資を分配することは、コルホーズ員の労働のインセンティヴとはほとんどなり得なかった。

義務納入制にみられる農民への厳しい政策を遂行するため、国家権力は農民に対する政治的な監視機関として、一九三三年一月にエム・テ・エスおよびソフホーズに政治部を設置した。政治部はコルホーズの幹部を多数逮捕するなど強権的な措置をとり、現地の党・国家機関との間で紛争が生じることも多かったため、エム・テ・エス政治部は翌三四年一一月に廃止が決定された。しかし、エム・テ・エス政治部の活動家の一部が政治部の廃止後にエム・テ・エスの副所長に就任するなど、農民に対する政治的な監視体制は維持された。

### 新たな農業アルテリ模範定款の策定

一九三五年二月には、新たな農業アルテリ模範定款が第二回コルホーズ突撃員大会において策定された。新定款には、各コルホーズが国有地を無期限（永久）に利用する権利を確認する内容も含まれていた（第二条）が、これは、農民の土地に対する執着ともいえる強い感情に応えるものであり、国家権力の側の農民に対する「譲歩」ともいえた。(3) また、コルホーズには、共同での作業という「社会化」された要素のほかに、住宅付属地での耕作という「個人経営」

的要素があった。三二年春以降、コルホーズおよびコルホーズ員は、国家による調達計画の達成後、コルホーズ市場において生産物の販売が認められていたが、住宅付属地の利用に対する法的根拠も三五年の新たな模範定款で明記されたのである。

新定款の策定過程をみると、三五年二月に開催された第二回コルホーズ突撃員大会において採択された後、同年七月に「農業アルテリに対する土地の無期限（永久）利用権確認証書の交付について」の法制化を経て、コルホーズ毎に模範定款をもとにして数値等を具体化した定款の草案が作成され、各コルホーズの総会において審議・採択され、採択された定款は国家登録された（日臺 2012b）。定款の内容は、住宅付属地の面積など個々のコルホーズの条件を考慮して具体化された部分を除いて、原則として「模範」として示された定款の文面がほぼそのまま適用された[4]。

模範定款において、個別の違反ならびに罰則は以下の通り規定された。すなわち、「コルホーズおよび国家の社会的財産の窃取、アルテリの財物および家畜ならびに機械・トラクター・ステーションの機械類に対する妨害をした場合など」について、「コルホーズ制度の基礎を破壊するような犯罪行為」とした上で（第一八条）、この条項への違反に対する処罰は裁判の対象になった。この違反に際してはコルホーズ外部の機関の手に委ねられることから、他の違反と比較して「高次[5]」の違反と位置づけることができる。

一方、「共有財産に対する不経済ないし不注意な態度、正当な理由のない欠勤、不良な作業ならびにその他の労働規律および定款に対する違反」（第一七条）については、コルホーズの理事会が下記の罰則を科すこととされた。すなわち、作業のやり直し、警告、戒告、総会における譴責、掲示板への記載、五作業日以内の科料、下級作業への配置換え、一時的な就業禁止などである。これらの処罰にはコルホーズ外部の機関が関与することがないことから、第一八条の違反と比較して「低次」の違反と位置づけることができる。

## 定款違反顕在化の経路

定款に対する低次の違反行為については、既述のように、コルホーズの内部で一連の処理過程が完結するため、コルホーズが組織的に違反行為を実施ないし容認している、もしくはコルホーズ員(幹部も含む)の定款への理解が浅く、違反行為を違反とは認識しない場合、定款自体の効力そのものが疑問視される情況すら生じることになる。その結果、違反が顕在化する経路は、コルホーズの外部、具体的には州ないし地区の執行委員会や党組織による巡回指導・監査や、コルホーズ員による外部組織への投書が主たるものとなった。前者の例では、定款違反に対する権力の側の統制が強化された一九三九年には[6]、たとえばスヴェルドロフスク州[7]では、二九の検査項目を列挙した一覧表(その中には、共同地から住宅付属地へ切り取った面積や、規定を上回る家畜の頭数などの項目が含まれる)をもとに、州執行委員会に所属する指導員が巡回して違反の実態を記録する動きがみられた。

後者についてみると、コルホーズ農民はさまざまな機関に投書を送っていた(松井 2014: 8)。たとえば、党中央が発行する『農民新聞』編集部に対する投書には、コルホーズの幹部による不正行為を告発する内容が含まれていた(日臺 2012c)。投書の内容は不正の告発にとどまらず、なかには、自分ではコルホーズ員からの質問に対して正確に答えられないため、以下の質問に答えてほしいとして、「稲妻や雷とはいったいどういうものか、またどこから発生するのか」といった素朴な質問をなげかけるものもあった(PFA3: 396/10/125/14)。ここでは、素朴な疑問に対し、正確な回答を与えてくれる存在として、『農民新聞』編集部が農民の側から想定されていたといえよう。

## 定款違反の具体例

一九三五年から三六年にかけて多くのコルホーズが新定款を採択し、形式的に受容していく一方で、新定款への違反行為が様々な形で続出した(日臺 2012a)。定款が採択された三五年の時点ですでに違反事例が生じていたが、その中には、たとえば住宅付属地の保有や輪作の導入といった基本的な土地利用のあり方をはじめ、コルホーズの共有財産である馬匹（ちなみにコルホーズ員による馬匹の私有は禁止されていた）や不可分基金の管理といった、コルホーズの基本的な経営に関するものが含まれていた。同様の違反が三六年以降にも数多く見受けられた。それらの事例は、たとえば三九年七月八日付でスヴェルドロフスク州執行委員会指導員が州執行委員会副議長宛に作成した「キーロフグラード地区における農業アルテリ定款違反ならびに共同地保護の手法に関する報告書」など、三〇年代後半に州執行委員会および州党委員会によって作成された文書においても数多くみることができる。

このような定款違反の横行を受けて、三九年三月二〇日付の第一八回党大会決定において、「農業アルテリ定款違反との闘争を強化し、コルホーズの利益への侵害につながりコルホーズの規律の強化を妨げるような住宅付属地経営、住宅付属地の区画、そして各コルホーズが保有する家畜の違法な増加を許容しないことが必要である」（Решения партии 1967: 703）と指摘されるに至った。

## コルホーズにおける雇用労働力への依存

新定款では、耕作など農作業全般において、コルホーズ員以外の労働力の雇用が原則として禁じられていた。すなわち、新定款第一三条によれば、「農作業等への雇用による就労は、専門の知識および教育を有する者（農業技師、工業技師、技手その他）にかぎり許される」とされ、「臨時労働者の雇用は、アルテリの全構成員を完全に働かせてもなお、アルテリ員の現存労働力をもってはどうしても必要な作業を所定の期間中に遂行することができないような特別の場合ならびに建設作業に関してのみ、許される」という例外規定のもとにおかれていた。このようにコルホーズにおいて外部からの雇用労働力の利用に対して厳しい制限がかけられていた背景には、耕作における共同作業はコルホーズの基本的かつ中心的な業務であり、それを外部からの労働力に委ねることはコルホーズ員によって「自発的に」結成された組合という形態の下にあるコルホーズの存在意義そのものが問われることになるという、社会主義イデオロギー的な事情も作用していた。

ただし、実際には、この条項に反して農作業で不足する労働力を広範に雇用労働力によって補う[8]コルホーズが、一九三〇年代後期のソ連で広範に存在していた[9]。たとえばスヴェルドロフスク州内の全般的な動向は、**表1**に示した通りである[10]。それによれば、三七年に共同での耕作に従事した雇用労働力（単位、人・日）は雇用労働力総数の約七割を占めていたことがわかる。しかし、三八年にはその比率は大幅に低下して四割弱となり、三九年には二割を切った。また、耕作に従事した雇用労働力の絶対数でみても、三七年から三九年にかけて二年連続で大幅の減少をみせている。この減少について、同州当局は以下のように評価している（「一九三九年におけるスヴェルドロフスク州コルホーズの年次報告書における主要検討事項の総括に向けた説明文書」）。「州内コルホーズにおける雇用労働力の利用のこのような減少は、不十分である。労働力の雇用は、農業アルテリ定款の違反である。我が州においてこの違反が大量にみられる。一万三三二九名のコルホーズ員が作業日の規定最小限を労働せず、二七九二名のコルホーズ員が一日も作業日を労働せず、八万九九五一名のコルホーズ員が一〇〇日以下の作業日しか労働していない中で、一六一六のコルホーズが雇用に依存していた」。

ここにおいて、三七年から三九年にかけて雇用労働力の利用は急激な減少

**表1**　スヴェルドロフスク州のコルホーズにおける雇用労働力の動向

（人・日）

| | 37年 | 38年 | 39年 | 40年 |
|---|---|---|---|---|
| ある期間働いた雇用労働力の全数 | 1,488,954 | 824,417 | 503,835 | 479,598 |
| うち耕作 | 1,043,794 | 314,384 | 82,267 | 128,582 |
| 建設 | 148,270 | 169,441 | 146,497 | 152,421 |
| 支援企業 | 112,014 | 120,270 | 84,178 | 54,241 |
| その他の労働 | 184,876 | 220,322 | 190,893 | 144,354 |

37-39年：ЦДООСО: 4/35/286/43-51об.（Кесслер и Корнилов 2006: 304所収）.
40年：ЦДООСО: 4/35/287/55-79（Кесслер и Корнилов 2006: 321所収）.

**表2　スヴェルドロフスク州におけるコルホーズ員の作業日の動向**

<table>
<tr><th></th><th>37年</th><th>38年</th><th>39年</th><th>40年</th></tr>
<tr><td>コルホーズでの生産に参加したコルホーズ員総数</td><td>271,975</td><td>262,158</td><td>286,302</td><td>—</td></tr>
<tr><td>うち労働可能な成年男性</td><td>108,201</td><td>105,714</td><td>113,162</td><td>—</td></tr>
<tr><td>労働可能な成年女性</td><td>126,478</td><td>118,825</td><td>129,647</td><td>—</td></tr>
<tr><td>12-16歳の未成年</td><td>37,296</td><td>37,619</td><td>43,493</td><td>—</td></tr>
<tr><td colspan="5">コルホーズ員(含む未成年)の当該会計年度における作業日の構成比(%)</td></tr>
<tr><td>50作業日以下</td><td>19.2</td><td>19.6</td><td>17.6</td><td rowspan="2">11.4</td></tr>
<tr><td>51-100作業日</td><td>13.0</td><td>13.0</td><td>13.8</td></tr>
<tr><td>101-200作業日</td><td>23.1</td><td>21.9</td><td>22.9</td><td>25.3</td></tr>
<tr><td>201-300作業日</td><td>21.0</td><td>19.7</td><td>19.2</td><td>22.9</td></tr>
<tr><td>301-400作業日</td><td>13.7</td><td>13.9</td><td>13.8</td><td rowspan="2">40.4</td></tr>
<tr><td>401作業日以上</td><td>10.0</td><td>11.9</td><td>12.7</td></tr>
<tr><td>1作業日も労働しなかったコルホーズ員数</td><td>n.a.</td><td>12,514</td><td>n.a.</td><td>1,104</td></tr>
<tr><td>うち労働可能な成年男性</td><td>n.a.</td><td>1,847</td><td>528</td><td>—</td></tr>
<tr><td>労働可能な成年女性</td><td>11,769</td><td>4,722</td><td>2,264</td><td>—</td></tr>
<tr><td>未成年</td><td>n.a.</td><td>5,946</td><td>n.a.</td><td>—</td></tr>
<tr><td>法定最低限作業日を労働しなかった成年コルホーズ員(60作業日以下の労働)数</td><td>n.a.</td><td>n.a.</td><td>13,329</td><td>10,047</td></tr>
</table>

37-39年：ЦДООСО: 4/35/286/43-51об.(Кесслер и Корнилов 2006: 303所収).
40年：ЦДООСО: 4/35/287/55-79(Кесслер и Корнилов 2006: 320所収).

をみせたが、そもそも雇用労働力への依存（特に耕作において）自体が農業アルテリ定款に違反するものであり、三七年から三九年にかけて顕著な減少がみられたにもかかわらず、三九年時点で同州のコルホーズ総数の約七七％にあたる一六一六コルホーズが雇用労働力を用いていたことは、コルホーズをコルホーズたらしめる中核的な要素といえる耕作において、外部の労働力に依存するコルホーズが広範に存在していたことを示している。このことは、年間の作業日を一単位も労働することがないコルホーズ員が広範に存在していた（**表2**参照）ことからも、間接的に示される。なお、雇用された外部の労働力の供給元については、たとえばスヴェルドロフスク州のコルホーズ「プロレタルカ」では、三六年に耕作に従事した雇用労働力（三三八人・日）のうち個人農が九割以上（三〇七人・日）を占め、残りは他のコルホーズ員であった（日臺 2012a: 303）。

それでは、共同の作業に従事しないコルホーズ員はどのような作業に従事していたのであろうか。三〇年代半ば、コルホーズ員が消費するジャガイモの三分の二、ほぼ全ての食肉、乳製品、卵は住宅付属地で生産されていた（Fitz-patrick 1994: 131）。すなわち、住宅付属地での作業による生産物の自家消費がコルホーズ員の生存を支えていたのである。なお、住宅付属地で生産された農産物は、国家への納税などの義務を達成した後、コルホーズ市場において販売が認められていた。自家消費や市場の販売など各自が自由に処分できる住宅付属地での個人副業経営に労働力の多くを投入することにより、結果的にコルホーズにおける共同作業が忌避されたことになる。そして、住宅付属地での生産物をコルホーズ市場で販売することにより、コルホーズ農民は現金収入を得て、それを自らが生産できない工業製品などの購入に充てた。コルホーズ農民が得た現金収入のうち、コルホーズ市場での販売収入が占めた比率は、三七年で六二・四％、四〇年で七一・八％にのぼった（Whitman 1956: 392）。

また、五カ年計画の下で急速に工業化が進むなかでコルホーズ員が工場への出稼ぎ労働をおこなったことにより、共同での耕作に従事しなかった可能性も指摘されている（日臺 2012a: 300）。なお、一九三二年末から三三年初頭にかけての一連の法令で国内旅券（パスポート）制度が導入され、ソ連市民は移動に際して国内旅券が必要となっていたが、飢饉などを背景とした農民の都市への流入を防止するため、国内旅券はコルホーズ農民には原則として交付されていなかった。ただし、実際には一定の手続きをとれば農民にも国内旅券が発給されたことから、コルホーズ農民にとって、村からの移動は極端に困難なことではなかった（奥田 1996: 600）[11]。当時、コルホーズ員が正式に工場の労働力となるためには、組織的労働力募集委員会からコルホーズに対して送付される労働力提供命令書や労働力募集のために農村に派遣された経済機関の代表による情報にもとづき、企業の代表者とコルホーズ員との間で労働契約が締結されるという手続きがふまれた。国内旅券の発給は、コルホーズ理事会および地域のソヴィエトによっておこなわれた(西村 1986: 126)。

ちなみに、一九三七年時点で年間の作業日が五〇以下だったコルホーズ員は、男性四八八万四〇〇〇名(うち出稼ぎ者二八四万名、近隣企業勤務一七三万八〇〇〇名)、女性八二九万七〇〇〇名(うち出稼ぎ者一一六万九〇〇〇名、近隣企業勤務五六万二〇〇〇名)であり、男性の半数以上が出稼ぎに従事していた(西村 1986: 129)。なお、近隣企業勤務にはコルホーズの正式な許可は必要とされなかった。工場への出稼ぎ以外にも、ソフホーズやエム・テ・エス、村や地区のソヴィエトでの事務要員、鉱山での期間労働などに従事して賃金を得る者もいた(Fitzpatrick 1994: 165)。ここでは、工場など農業以外の職場からの労働力の募集に対して農民が応じるという形で労働力をめぐる市場が形成されており、賃金という現金収入を求めて農民が呼応していたことになる。この市場的な要素をもつ労働力移動により、コルホーズの共同地における耕作といった、コルホーズをコルホーズたらしめる要素が希薄化していった。ここでみてとれるのは、住宅付属地における耕作によってコルホーズ市場で現金収入を求めるのと同様に、賃労働によって現金収入を求めるコルホーズ農民の姿である。そして、これらの農民による行動を媒介していたのは、市場的な要素であった。

### 権力による農民への再攻勢

既述の如き新定款への違反の横行を受けて、権力の側は農民に対して一九三八年から三九年にかけて攻勢をかけた。具体的には、三八年四月に「コルホーズ員のコルホーズからの除名の禁止について」および「コルホーズにおける不当な収入の分配について」を法制化し、三九年には、共同作業の最低限の作業日が法定されることになったのである。この法定最低限作業日の設定によって、共同作業に一定(最低限の作業日)以上参画しないコルホーズ員は、住宅付属地の割当てなどコルホーズ員として受けることができる便益を喪失することとなった。また同年五月には、農民がコルホーズの共同地を切り取って自らの住宅付属地へと転用することを禁ずる「コルホーズ共同地の切り取りからの保全の方策について」の決定を行った。これは、住宅付属地での耕作を志向し、共同地を住宅付属地化する動きすらみせていた農民に対する権力の攻勢であった。たとえばレニングラード州では、三四年時点で住宅付属地が全耕作地に占める比率は三・六％であったが、三九年には五・七％まで上昇していた（Davies 1997: 57）。なお、共同地の住宅付属地化に際して、共同体的な割替慣行での口数原則による分割がおこなわれた例があったことは既述のとおりである。しかも、この付属地の拡大は、輪作を破壊することにもつながり、コルホーズの生産性を下げる要因でもあった（ちなみに、三七年一〇月時点で輪作が導入されていたコルホーズの比率は二一・二％にすぎない（奥田 1984: 284））。そのため権力の側は上記の決定に至ったといえる。一連の権力による攻勢の結果、作業日ゼロのコルホーズ員数は三八年から三九年にかけて減少に転じ、コルホーズにおける雇用労働力の利用も減少した。

三五年に土地の永久利用権を容認することで農民に対して一定の「譲歩」をみせた権力は、三七年に激化した大テロルを経て、三〇年代末にかけて、地区指導者への抑圧などを通じて、定款をはじめとする諸規則を遵守させるべく農民に働きかけた。これらの政策の背景には、農民が新定款を軽視し、権力が想定した模範的な形ではなく、生き残りを図るために「農民流のやり方」ともいえる態度でコルホーズに関わっていた実態があった。

### コルホーズと「国家化」

全面的集団化後の国家とコルホーズ員との関係をみると、コルホーズ農民にとって自らが生産した穀物の処分権が国家のもとにあるという点では、コルホーズは「国家化」していたといえる。そして、「生産に対するイニシャティヴを国家に譲り渡した農民」は、自らの生活の保障を国家に求めるようになった（奥田 1996: 697）。これを権力の側からみると、農民の「すねかじり根性」となる。一方、国家に依存せず、生き残りのための方策を自ら講ずる農民は、勤勉ではあるものの、その行動は権力の設定した規範からは外れがちとなった。この点でコルホーズの「国家化」には限界があった。さらに、国営農場であるソフホーズでは構成員は労働者として所得や年金が国家に保障されていたが、協同組合であるコルホーズの構成員には、スターリン統治下では、その所得や年金を国家が財政的に保障することはなく、またコルホーズ農民には国内旅券が原則として交付されなかったことからも、コルホーズ農民は、いわば「第二身分」の地位におかれていたといえよう（奥田 2012: 22）。

## 三　コルホーズ市場の公認と農民

### 私的商業への抑圧

ネップ期に隆盛をみせた私的セクターは、[12]ネップの末期に抑圧の対象へと転化した。一九二七年春以降、主要都市における私営の小売店舗は「課税額の増大と国営セクターからの商品供給の規制のために」急速に減少した（奥田 2001: 27）。また、私的商人は農民から穀物を購入することが禁じられた。三〇年には私的商業流通は五・六％まで低下し、三一年には統計数値が存在しなくなった（Nove 1992: 134）。二九年初頭にはパンの配給制が導入された。二九年終わりまでに、戦時ではなく平時であるにもかかわらず、配給制の対象はほぼすべての食糧品、一部の工業製品にまで拡がった。

生産力の発展を重視するマルクス主義イデオロギーを背景としつつ、急速な工業化を図る過程において「生産」が重視される一方で、消費を抑制する一種の「禁欲主義」が拡がっていた。それはネップの廃止にともなう商業の衰退と並行するものであった。商業の衰退を正当化するために、貨幣が廃絶された経済を理想視する公式見解もみられた。指導部は、供給の希少性を近代化の指標とみなしさえした（Hessler 2000: 184）。

### 配給制の縮小とソヴィエト式商業の推進

だが、この商業に対する抑圧的政策は永続せず、一九三〇年以降、「ソヴィエト式商業」を推進するという公式見解によって代替された。それは、正当な「階級的な分配」を確実にするためのものとして登場し、工業労働者に対する消費物資の供給を改善するものであった。そして、「禁欲主義」から「文化的な消費主義」への転換がおきた(Hessler 2000: 184)。一方、ソヴィエト式商業の推進と同時に、権力の側は、ソヴィエト式商業を管理するツールとして、消費者である住民の商店に対するモニタリングも利用しており、いわば、商業に対する「下からの統制」もおこなった(Randall 2008: 112)。

ソヴィエト式商業の推進は、配給制の縮小を伴った。三一年五月には工業消費財の配給制が中止され、三二年四月までに食糧の配給はパン、穀物、肉、ニシン、砂糖、牛脂に限定された(Nove 1992: 205)。配給制の縮小の背景には、その非効率性と腐敗があった。配給切符の管理コストは膨大であり、また、品目の虚偽表示といった腐敗も横行した。ちなみに、農村に対して配給制は最後まで導入されることはなかった。「農村はたんに穀物を吸い取る対象にすぎなかった」(奥田 1996: 37)のである。

### コルホーズ市場の公認

既述のように、配給量の減少を背景とする都市住民の権力に対する広範な抗議行動を受けて、都市への農産物の供給を増加させるために、一九三二年五月、コルホーズ市場を合法化するなどの「ネオ・ネップ」と呼ばれる政府決定がなされた。三二年の収穫からは国家による穀物調達量が減らされ、コルホーズやコルホーズ員等は市場で形成された価格で取引する権利をもつことが公認された(それ以前も横行していたが、非合法ないし半非合法であった)。これは、配給量の減少を補うために、市場メカニズムを利用して農民による都市住民に対する農産物の供給量を増加させることを意図したものであり、計画・指令的な手法の全面化を停止させるものであった(ただし、コルホーズ市場の存在を権力の側は警戒しており、秘密警察の要員がコルホーズ市場を監視していた(Fitzpatrick 1999: 164))。三二年の第一七回党協議会の決議では、窮極的には「物資の配給制を廃止すること、および中央集権的分配システムを発達したソヴィエト式商業で置換えること」が目指された。その第一歩として、配給商品の価格が引き上げられ、また多くの商品が配給から外されて「商業」価格で販売されるようになった。三四年末、配給の食糧価格が供給と需要のほぼ均衡する水準まで大幅に引上げられ、三五年一月一日付でパンの配給が廃止された。なお、三二年における労働者一人当たり年間消費総量に占める市場からの入手量の比率をみると、小麦粉一七%、パン二%、ジャガイモ四八%、野菜(含む缶詰)二七%、果実四一%、牛乳六四%、バター五三%、卵八三%、肉(含む缶詰)二七%、魚(含む缶詰)九%、植物油二二%、衣類一一・七%、靴一七・八%、石鹸八・六%、薪四四・九%であった(Hessler 2004: 187)。市場入手率が高い順に卵、牛乳、バター、ジャガイモ、薪、果実となっているが、卵や乳製品のように生鮮度が求められる食品において市場からの入手率が高い。

コルホーズ市場の公認をうけて、多くのコルホーズ農民はコルホーズ市場での販売を志向する行動をとった。すなわち、共同地での耕作よりも、住宅付属地での個人副業経営、すなわち私的な耕作に精力を注いだ。これは、いわば共同地での「作り惜しみ」ともいうべき行為であった。そして、この行動様式は、前節でみたようなコルホーズ定款への違反を続出させる要因にもなっていた。ここには、国家権力の側が想定した、共同での耕作に励むコルホーズ農民の姿はみられなかったどころか、ネップ末期に穀物調達危機を招く一因ともなった、国家への「売り惜しみ」をする農民と本質的には同じ姿が存在していた。

それでは、公認されたコルホーズ市場においてどの程度活発な取引がなされたのであろうか。コルホーズ市場の取引高が商業取引高全体に占める比率は、一九三三年から三四年にかけて二割近くまで上昇し、それ以降は一四―一五％台で推移した[13]。これは、コルホーズ市場が消費財の供給源として一定のプレゼンスを示していたことを意味する。コルホーズ市場が公認され、国営商業を含む商業一般も「文化的な消費主義」を背景に活発化すると、商業拠点はおおむね増加した。三〇年代後期の商業拠点の推移をみると、都市部では三四年から三九年にかけて一貫して増加している。農村部においても、三六年に一時的な減少がみられるものの、三四年と三九年を比較すると約一・三倍に増加した。

## コルホーズ市場と国営商業の競合

コルホーズ市場での販売価格は、国営商業での販売価格と競合する関係にあった。一例を挙げると、国内商業人民委員部コルホーズ市場課が作成した「一九三八年のコルホーズ商業」と題する報告書（三九年二月三日付）（РГАЭ: 7971/5/10/45-46）では、次のように記されている。「モスクワ市におけるコルホーズ市場の価格は……、肉類では一九三七年上半期より一九三八年上半期が高かった。七月から一一月にかけては、肉類の市場（バザール）価格は一九三七年よりも下回った。基本的には、七月以降の肉類の価格下落は国営商業網における販売増加に起因する」「八月から一一月にかけてのモスクワの市場では、豚肉が国営商店よりも安い価格で販売された」。この史料の記述において、コルホーズ市場での価格の下落の要因として国営商業での供給増加が挙げられている。すなわち、コルホーズ市場での価格の変動において、国営商業での供給量が関数として作用していた。また、肉類の価格変動において、コルホーズ市場での価格が国営商業における価格を下回るケースが存在していたことも示されている。

ソヴィエト式商業をめぐっては、一般には国営商業での価格が行政的手法によって低廉に抑えられているためにコルホーズ市場での価格は国営商業での価格を上回るという理解があるが、実際には、以上でみてきたように、国営商業で販売される価格がコルホーズ市場で販売される価格をも上回る場合が多くみられた。この価格の動向については、国営商業で流通する商品の供給量が不足していたという点も一つの要因として挙げられる。

国営商業における供給量の不足は、一九三〇年代後半において(も)各地で行列をもたらしていた。三九年のモスクワの事例を挙げると、内務人民委員部(NKVD)の報告書によれば、四月一三日から一四日にかけての夜、合計で三万三〇〇〇名が商店の外側で待機していた(Osokina 2001: 187)。地方都市でも事態は同様であった。三七年のスヴェルドロフスク州の商業の動向に関するソ連邦国内商業人民委員部宛の報告書(三七年二月二六日付)に、次のような記述がみられる。「パンをめぐる行列がみられるのはスヴェルドロフスク市だけではないことを指摘する必要がある。同市よりも大規模な行列が〔ニジュニ・〕タギル市で観察されたが、そこでは、駅と市街地の間のパン屋の近くの路上で、午前四時の時点で二〇〇名から二五〇名が行列をなしていた」(PГАЭ: 7971/1/492/4)。

これまでみたように、コルホーズ市場には国営商業との競合もあったが、一方で、コルホーズ市場における価格変動の基本的な動きは、供給の増加が価格の低下に、供給の減少が価格の上昇として現れ、コルホーズ市場内部での供給量が価格の関数として機能していた。いうまでもないが、これは市場メカニズムの基本的な作用である。また、国営商業とコルホーズ市場との間に競合関係が存在していたという点は、商品を販売する主体の間で競争が存在していたことを意味し、市場メカニズムが作用していたことを示す。つまり、計画経済システムがソ連経済の総体を包摂する一方で、コルホーズ市場は、いわば「計画経済の中に埋め込まれた市場メカニズム」をもたらす存在として機能した。スターリン統治下のソ連においても、市場メカニズムは廃絶できなかったのである。

## おわりに

全面的集団化を中心とする社会的大変動を、溪内謙は「上からの革命」と表現し、その前後におけるボリシェヴィキ権力の変質を説く（溪内 2004）が、これに対し池田嘉郎は、「「上からの革命」の前と後とで、農民に対するボリシェヴィキの姿勢に本質的な変化が生じたとは思われないのである。何故ならば、「結合」のための様々な試みも、農業集団化も、ロシア農民をボリシェヴィキの理想とする「人間」に改造しようとする点では、何の違いもなかったからである」と指摘する（池田 2006: 78）。本章の議論を踏まえて池田の指摘を敷衍すると、「農民に対するボリシェヴィキの姿勢」に変化がみられないのみならず、「ボリシェヴィキに対する農民の姿勢」にも本質的には変化はみられなかったといえる。全面的集団化の前には農民に穀物の国家への「売り惜しみ」がみられたが、それは全面的集団化の後に共同地での「作り惜しみ」へと外形上の変化をみせたものの、両者の間では、権力が農民に対して想定した規範から外れつつさまざまな手段を講じて生き残りを図るという点で農民の行動様式は一貫しており、本質的な差異は存在しない。

なお、ネップ期に権力と農民の関係は市場を通じたものであったが、調達危機から集団化にかけてその関係が行政的・指令的なものへと変化したことをもって、ロシア農村の「大転換」とみることは可能である。また、共同体、土地、労働といった農民的な価値を否定する動きをもって「大転換」とみることも可能である（奥田 2012: 228）。しかし、行政的・指令的な政策の限界によってコルホーズ市場の公認を迫られた過程と、その後のコルホーズ農民が（ネップ期ほどではないにせよ）市場を通じた関係を部分的にではあるが維持・活用しつづけたことに注目すれば、権力と農民の間には市場を媒介とする関係が継続しており、その意味でも「上からの革命」の前後の連続性を指摘することができよう。

ところで、集団化、飢饉や大テロルといった社会的な大変動の只中にあったスターリン統治下のソ連において、住民の生活を悲惨なもの、全面的にネガティブなものとしてみなすのか、それとも既存の研究はネガティブな面に過度に焦点を当てているとみるのか、という問題を提起することができる。たとえば経済的指標をめぐる研究をみると、アレンは、農業集団化の後に三〇年代の末にかけて消費が急速に拡大したことを数量経済史の手法を用いて示し、「多くの住民は一九三〇年代の経済発展から物質的恩恵を実際に得ていた」(Allen 2003: 152)と述べる。[14]ただし、この研究には検討対象の指標が生き残った者によって形成されたものだという限界もあり、[15]イギリス産業革命をめぐる「生活水準論争」が未だに最終的な決着がついていないように、アレンの議論はスターリン時代の生活水準をめぐる議論に終止符を打つものではなく、さらなる研究が必要とされよう。

このように、スターリン時代に対する評価には多様性が存在する。アレンは当時の住民が「物質的恩恵」を得ていたとするが、農民についてみると、コルホーズ市場が公認され、住宅付属地での生産物を販売して現金収入を得ることで(供給量が少ないとはいえ)工業製品などを農民が入手することが可能となったことに留意したい。そのため、農民は共同地での耕作よりも住宅付属地での耕作に精を出し、定款違反も横行したが、これに対し権力は一九三〇年代末に攻勢をかけた。その後、四一年に独ソ戦が勃発すると、権力は前線への供給を最優先とする一方、今度は農民への統制を緩めた。そしてコルホーズ市場における農産物取引は拡大し、それらの取引によるコルホーズ農民の蓄財が容認されるという権力側の「譲歩」が再びなされる。ここではイデオロギーが後景に退き、戦争での勝利が最優先された。しかし、戦時中に農民によって蓄積された貨幣は、戦後、四七年におこなわれた通貨改革によって事実上、国家が大部分を没収した。スターリンの統治下においては、権力の農民に対する「譲歩」が永続することはなかったのである。

(1)　この方式は「ウラル・シベリア方式」とも呼ばれる。

(2)　ソ連全体での集団化率の推移をみると、二八年一〇月時点で二・一%、三〇年九月時点で二四・四%、三一年一月時点で二九・四％、同年六月時点で五五・一％、三二年一月時点で六二・六％、同年六月時点で六一・五％であった（梶川 1999: 237）。

（3）また、「譲歩」の一方で、「義務納入制」など、集団化の過程で導入された農民に対する「収奪」的な制度や措置も新たな定款に組み入れられている。

（4）このように、各コルホーズで採択された定款の内容は若干の数値以外は模範定款とほぼ同一のものであるため、模範定款そのものを基準に議論を進めて差し支えないといえる。

（5）「高次」「低次」は筆者による区分であり、定款ではこの区分は用いられていない。

（6）三九年一月二九日付でスヴェルドロフスク州執行委員会幹部会・党州委員会ビューローが「コルホーズにおける農業アルテリ定款違反の根絶について」の合同決定を行っている（TACO: 88/1/4791/17）。

（7）同州は、集団化の進行やコルホーズ当たりの農戸数や播種面積の点でソ連全体の平均値をやや上回るものの特異な値は示さず（日臺 2012b）、また同州では第一次五カ年計画以降、急速に工業化が進行したという点で、同州をソ連の一つの縮図としてみることが可能である。

（8）なお、農繁期に学生・生徒を無償で動員して農作業にあたらせる事例は考察外とする。

（9）この傾向はスヴェルドロフスク州に限られないが、本章では同州を中心に検討する。

（10）同文書は四〇年五月に州国民経済計算局副主任代行と同農業会計部門主任が作成した。

（11）なお、国内旅券制導入の主目的について、農民に対する移動の制限よりもむしろ労働力の移動の実態を把握することであったとする研究も存在する（Kessler 2001）。

（12）ネップが導入された二一年以降、商業面では行商や担ぎ屋だけでなく小売店舗も増加し、二三年時点でおよそ四八万の商業施設が存在したが、その約九割は私営であった。二〇年代半ばの時点で、農村部の人口一万人当たりの小売店舗数を経営主体別にみると、国営一軒、協同組合六軒に対し、私営三一軒であった（梶川 1999: 231）。

（13）三二年一五・七％、三三年一九・二％、三四年一八・五％、三五年一五・一％、三六年一四・六％、三七年一四・一％（Davies et al. 2014: 421）。

（14）訳文は、上垣（2010: 153）より引用。

（15）ウィートクロフトによれば、飢饉などの社会的な大変動を経てきたソ連を対象として生活水準を考察するには、経済的な指標だけではなく、栄養状態、死亡率、身長といった指標も用いる必要がある。経済的な指標は、基本的に「生き残った者たち」によって形成される指標であり、そこでは社会的大変動の犠牲となった住民が排除されることになる（Wheatcroft 2009）。

## 文　献


池田嘉郎(二〇〇六)「戦後ソ連史研究の遺したもの——溪内謙『上からの革命——スターリン主義の源流』」『思想』第九八一号。

上垣彰(二〇一〇)「ソ連経済史研究の新しい流れ」松井康浩編『二〇世紀ロシア史と日露関係の展望』九州大学出版会。

奥田央(一九八四)「一九三〇年代におけるコルホーズ農村の土地利用について」溪内謙編『ソヴィエト政治秩序の形成過程』岩波書店。

奥田央(一九九六)『ヴォルガの革命——スターリン統治下の農村』東京大学出版会。

奥田央(二〇〇一)「穀物調達危機(一)——ソ連一九二七/二八農業年度」『経済学論集』(東京大学)第六七巻第一号。

奥田央(二〇〇二)「穀物調達危機(二)——ソ連一九二七/二八農業年度」『経済学論集』(東京大学)第六七巻第四号。

奥田央(二〇〇六)「農村におけるネップの終焉」奥田央編『二〇世紀ロシア農民史』社会評論社。

奥田央(二〇一二)「犂から鞄へ」——脱農民化過程における農村のコムニストとコムソモール員(一九二〇年代から一九三〇年代初頭)」野部公一・崔在東編『二〇世紀ロシアの農民世界』日本経済評論社。

奥田央(二〇一五)「一九二〇年代ロシア農村の社会政治的構造(一)——村ソヴェトと農民共同体」『経済学論集』(東京大学)第八〇巻第一・二号。

奥田央(二〇一六)「一九二〇年代ロシア農村の社会政治的構造(二)——村ソヴェトと農民共同体」『経済学論集』(東京大学)第八〇巻第三・四号。

梶川伸一(一九九九)「社会主義的秩序の形成」藤本和貴夫・松原広志編『ロシア近現代史——ピョートル大帝から現代まで』ミネルヴァ書房。

斎藤修(一九九八)『賃金と労働と生活水準』岩波書店。

溪内謙(一九九六)「ソヴィエト史における「伝統」と「近代」」『思想』第八六二号。

溪内謙(二〇〇四)『上からの革命——スターリン主義の源流』岩波書店。

富田武(一九九六)『スターリニズムの統治構造——一九三〇年代ソ連の政策決定と国民統合』岩波書店。

西村可明(一九八六)『現代社会主義における所有と意思決定』岩波書店。

日臺健雄(二〇一二a)「一九三〇年代後期のコルホーズにおける定款違反と雇用労働力の利用」前掲野部・崔編『二〇世紀ロシアの農民世界』。

日臺健雄（二〇一二b）「一九三〇年代後期ソヴェト農村におけるアルテリ模範定款の浸透過程――ウラルにおける国家証書の交付と土地整理」『比較経済研究』第四九巻第二号。
日臺健雄（二〇一二c）「一九三〇年代後期ソヴェトにおける農民と権力――媒介者としての『農民新聞』編集部」『埼玉学園大学紀要（経営学部篇）』第一二号。
松井康浩（二〇一四）『スターリニズムの経験――市民の手紙・日記・回想録から』岩波書店。
Allen, Robert C.(1998), The Standard of Living in the Soviet Union, 1928–1940, *The Journal of Economic History*, vol. 58, no. 4.
Allen, Robert C.(2003), *Farm to Factory: A Reinterpretation of the Soviet Industrial Revolution*, Princeton, NJ.
Davies, R. W.(1996), *Crisis and Progress in the Soviet Economy, 1931–1933*, Basingstoke.
Davies, R. W., Melanie Ilic, and Oleg Khlevnyuk (2004), The Politburo and Economic Policy-making, in E. A. Rees ed., *The Nature of Stalin's Dictatorship*: the Politburo, 1924–1953, Basingstoke.
Davies, R. W., Oleg Khlevnyuk, and Stephen Wheatcroft (2014), *The Industrialisation of Soviet Russia 6: The Years of Progress: The Soviet Economy, 1934–1936*, Basingstoke.
Davies, Sarah (1997), *Popular Opinion in Stalin's Russia: Terror, Propaganda and Dissent, 1934–1941*, Cambridge and New York.
Fitzpatrick, Sheila (1994), *Stalin's Peasants: Resistance and Survival in the Russian Village after Collectivization*, New York.
Fitzpatrick, Sheila (1999), *Everyday Stalinism*, New York.
Hessler, Julie (2000), Cultured Trade: The Stalinist Turn towards Consumerism, in Sheila Fitzpatrick ed., *Stalinism: New Directions*, London.
Hessler, Julie (2004), *A Social History of Soviet Trade: Trade Policy, Retail Practices, and Consumption, 1917–1953*, Princeton, NJ.
Kessler, Gijs (2001), The Passport System and State Control over Population Flows in the Soviet Union, 1932–1940, *Cahiers du Monde Russe*, vol. 42, no. 2–4.
Nove, Alec (1992), *An Economic History of the U.S.S.R.*, Harmondsworth.（石井規衛ほか訳『ソ連経済史』岩波書店、一九八二年）
Osokina, Elena (2001), *Our Daily Bread: Socialist Distribution and the Art of Survival in Stalin's Russia, 1927–1941*, Armonk,

NY.

Randall, Amy (2008), *The Soviet Dream World of Retail Trade and Consumption in the 1930s*, Basingstoke.

Wheatcroft, Stephen G. (2009), The First 35 Years of Soviet Living Standards: Secular Growth and Conjunctural Crises in a Time of Famines, *Explorations in Economic History*, no. 46.

Whitman, John T. (1956), The Kolkhoz Market, *Soviet Studies*, vol. 7, no. 4.

ГАСО, Государственный архив Свердловской области. 本文中では順にフォンド／オーピシ／チェーラ／リストを記す。

Кесслер Х. и Г. Е. Корнилов ред. (2006), *Колхозная жизнь на Урале 1935–1953*. М.

Малафеев А. Н. (1964), *История ценообразования в СССР : 1917–1963 гг.* М. (マラフェーエフ『ソ連邦価格形成史』岸本重陳訳、竹内書店、一九六八年)

РГАЭ, Российский государственный архив экономики. 本文中では順にフォンド／オーピシ／チェーラ／リストを記す。

Решения партии (1967), *Решения партии и правительства по хозяйственным вопросам* (*1917–1967 гг.*). Том 2. М.

ЦДООСО, Центр документации общественных организаций Свердловской области. 本文中では順にフォンド／オーピシ／チェーラ／リストを記す。

# 3　国民意識の形成——ソ連国家の発展と自国史像の構築

立石洋子

## はじめに

革命と内戦を経てロシア帝国の領土の大半を継承したソ連は、一〇〇を超える諸民族を包摂する国家となった。革命と内戦のなかで民族主義の威力を目の当たりにしたボリシェヴィキの指導者たちは、民族主義を非政治化するには民族意識を否定するのではなく、各民族の近代化と経済的・文化的発展を促進することで、支配民族であったロシア人への不信感を取り除く必要があると考えた。このような発想に基づき、各民族共和国には共産党や政府の機関、博物館、学術機関などが整備され、エリートの養成や文化と歴史的伝統の保護と育成が試みられた。それに対して支配者であったロシア人の民族主義は最も危険かつ正当化の余地なきものとみなされ、民族意識の発達が積極的に促されることはなかった(Martin 2000: 352–354; Martin 2001: 87; Vihavainen 2000: 79–81)。

歴史像が国民意識の形成に重要な役割を果たすことは多くの国の事例が示しているが、ボリシェヴィキもまた歴史認識が人々のアイデンティティに与える政治的影響力を重視した。帝政末期には歴史家の間に自由主義政党への支持が広まっており、革命政権は自らに敵対的とみなした歴史家たちを研究機関から追放し、その多くを逮捕した。これに対して体制の学知の中核をなすマルクス主義歴史家たちは、非ロシア諸民族史の研究を通じた民族意識の形成という課題を引き受けると同時に、ロシア帝国に対する非ロシア諸民族とロシア人大衆の闘いの歴史を研究の中心に置いた。

十月革命後の学校教育では、歴史は独立科目ではなく社会科学の一部とされ、ロシア史に代えて世界の革命運動や労働運動の歴史が教えられた。しかし、一九三〇年代には多民族国家を統合しうる国民意識を築くために自国史教育が不可欠だと考えられるようになり、一九三四年には歴史教育が再び学校に導入され、それとともにソ連初の自国史教科書が作成された。さらに「諸民族の牢獄」として十月革命以降否定的に評価されてきたロシア帝国の植民地支配が、部分的に再評価されるようになった。このような変化は、スターリン体制がそれまでの民族政策を変更してロシア民族主義を指導的理念としたことを示していると考えられ、注目を集めてきた(Velychenko 1993; Бордюгов и Бухараев 1999)。他方で、党・政府指導部が非ロシア諸民族史の研究や教育、伝統文化の保護を継続したことも指摘されている(Yilmaz 2015; 立石 2011)。本章は、共産党の決定や党の理論誌に掲載された論文、学校教科書や概説書など、当時の公的歴史認識を反映する出版物を用いてスターリン期の自国史像とその変化を跡づけ、それを通じてソ連における国民意識の形成の試みの一側面を明らかにする。

## 一　国民意識の形成と歴史学

### 民族意識の形成から国民意識の形成へ

一九三〇年代初頭の国際情勢はソ連の政治指導部に、国家の統合と国民意識の形成という新たな課題を与えた。三一年の満洲事変以降、極東では日本との軍事衝突の可能性が高まり、ヨーロッパでも三三年にナチスが政権を掌握した。三六年に制定された新憲法は、こうした国際環境の変化も反映して、階級による差別を廃止し、選挙権や教育を受ける権利などを含めてすべての国民に平等に権利を付与することを定めた。このことは、「階級」よりも「国民」というカテゴリーを重視する姿勢が現れ始めたことを示していた（Hoffmann 2003: 149, 152, 155; Martin 2000: 355）。この時期には非ロシア諸民族の民族主義に対する評価にも変化が現れた。大テロルの最中の一九三七年一一月、国防人民委員クリメント・ヴォロシーロフとの昼食の場でヨシフ・スターリンは、「社会主義国家の統合を破壊しようと試みる者、個々の地域や民族をそれから切り離そうと試みる者」は「国家の、ソ連の諸民族の不倶戴天の敵」であると発言した。ソ連外の祖国に忠誠を持つ「敵性民族」が戦時には「第五列」となりうることを危惧したスターリンは、外国に同胞を持つドイツ人やポーランド人、朝鮮人など多くの民族を国境地帯から強制移住させ、彼らをテロルの主要な標的にした（塩川 2007: 207; 立石 2011: 118; Martin 2000: 357-358; Vihavainen 2000: 83-84）。

しかし、非ロシア諸民族の伝統文化の保護と育成や、エリートの養成が放棄されたわけではなかった。一九三九年に開かれた全連邦農業博覧会ではウズベキスタンの古いモスクの光塔と現代の機械化された綿花生産の様子が並べて展示された。この例が示すように、諸民族の伝統は遠く離れた過去のものとしてではなく、十月革命後の進歩や近代化と結びつけて称賛されるようになった。戦間期のヨーロッパでは工業化や都市化が伝統的社会の解体や階級間の対立を引き起こし、さらに差し迫る戦争への動員のために国民の再統合が要請されたことから、各国が伝統や歴史上の英雄を近代的な国民意識の形成に積極的に利用しようとしていた。このなかでソ連もまた、連邦内の各民族の伝統的なシンボルを利用して、ソヴィエト国民としての国民意識の形成と動員を試みたのである（Hoffmann 2003: 147, 171-172, 184）。とくにロシア人は対等な諸民族の中の第一人者と位置付けられ、ロシアの伝統や文化も部分的に再評価されるようになった。しかし、ロシアの民族主義が体制の理念に積極的に取り入れられるまでには至らなかった（塩川 2007: 201; Rees 1998: 101）。

## 歴史教育の再開と自国史教科書の作成

戦間期のドイツでは、ドイツ人入植者が東方のスラヴ人に国家を与えたとするドイツ優越論が高まり、これはナチスの政権にも引き継がれた。ソ連ではこうした状況に関心が集まり、たとえば一九三三年八月にワルシャワで開催された国際歴史学会議の歴史教育部門に参加した党員歴史家アンナ・パンクラートヴァは、ドイツでは歴史家がファシズムの育成を助けていると教育雑誌で報告した。歴史学雑誌『階級闘争』も、古代にドイツ人が文化をもたらしたという理由でドイツに併合されるべきだと宣伝されている地域に、ベラルーシやウクライナの大部分とロシアの一部、バルト三国やポーランドが含まれていることに注意を促している(立石 2011: 74-75)。

こうしたドイツの主張に対抗するために、党指導部は自国史の政治的意義を強く意識するようになった。一九三四年三月には全連邦共産党中央委員会政治局会議が歴史教育の問題を取り上げた。ここでスターリンは、現在の教科書は「ロシア史」を「革命運動の歴史」に置き換えており、国家の歴史を教えていないと批判した。この批判を受けて初等・中等学校では歴史教育が開始され、革命後閉鎖された高等教育機関の歴史学部も相次いで再建された。歴史教育の導入と新たな教科書の作成には帝政期に専門教育を受けた歴史家との協力が不可欠だと考えられ、ソヴィエト政権への反逆を疑われて逮捕された非党員歴史家たちが次々と研究機関に復帰した。たとえば、いわゆる「アカデミー事件」に連座して三〇年に逮捕されたエヴゲーニー・タルレは、早くも三二年に流刑を解かれ、三四年秋には党と政府の要請を受けて歴史教育改革の審議に加わり、レニングラード大学に復職した(立石 2011: 70-71, 76, 79-84)。

一九三六年一月には教科書作成を監督するために、全連邦共産党中央委員会書記アンドレイ・ジダーノフを長とする委員会が中央委員会内に組織された。ジダーノフ委員会は世界史と自国史の教科書作成を数人の歴史家に委ねたが、後者の作成が難航したことから、特に重視された初等教育用の自国史教科書について、コンクールを開催して国民から草稿を募ることを決定した。コンクールは大きな反響を呼び、教科書草稿だけでなく、歴史教育の改革案が全国から届けられ、史料提供の申し出も続いた。他方でコンクールのためにソ連科学アカデミーに設置された資料室には、数々の疑問も寄せられていた。教科書にはまずロシア史を描き、そのうえでロシア史上重要な役割を担った諸民族の歴史を書き加えるのか、あるいはソ連のすべての民族の歴史の概説を併記するのか、中央アジアやトランスコーカサスを支配したロシアは、集権化と資本主義の普及を通じてこれらの地域に進歩をもたらしたのかといった疑問である。専門家は、これらに明確な回答を示すことができなかった。ウクライナのマルクス主義歴史家カルペンコが委員会に送った書簡も、ロシア史と非ロシア諸民族史の統合という課題の難しさを象徴していた。書簡によれば、彼が二八年に作成したウクライナ・ロシア史教科書は、「[ロシア]大国主義」であり「ウクライナ史を根絶しようとしている」と批判されると同時に、「ウクライナ愛国主義によるロシアの歴史過程の汚染」だという正反対の理由による批判も浴びせられ、彼は党から除名されたという(立石 2011: 99-100, 104-105)。

コンクールには、歴史家以外に、教師や学生、宣伝員、労働者、農民、赤軍兵士などからも四六の草稿が寄せられ、歴史家や教師、民族共和国の党・政府の幹部とジダーノフ委員会による審査が行われた。その結果、モスクワ教育大学の歴史家たちが作成した草稿が標準教科書の原案に選ばれ、審査結果は三七年八月に全連邦共産党中央委員会・ソ連人民委員会議の共同決定として『プラウダ』紙などで広く公表された。さらに決定は、いくつかの史実の意義を再評価する必要があることを全体の講評の中で強調した。キリスト教の受容によってルーシが筆記文字やビザンツの高度な文化を獲得したこと、一三世紀にドイツ騎士団の侵攻を阻止したアレクサンドル・ネフスキーの戦いなどである。ロシアが一七世紀前半にウクライナを、一八世紀末にグルジアを併合したことにも決定は言及し、当時のウクライナはポーランドやオスマン帝国に、グルジアはペルシャやオスマン帝国に支配される危険があり、したがってロシアによる併合は他国による支配と比べれば「より小さな悪」であったとの見解も加えられた(立石 2011: 106-110)。こうして、十月革命後一貫して批判されてきたロシアによる諸民族の支配が、公式見解によって部分的ではあれ再評価されたのである。

## 『ソ連史小教程』の出版

モスクワ教育大学の草稿は多数の専門家による編集作業を経て、一九三七年八月、ソ連初の自国史教科書となる初等教育用教科書『ソ連史小教程』として出版された。本書は石器時代のコーカサスやクリミアから一九三〇年代までを対象とし、「五〇を超える諸民族」が「一つの兄弟的同盟」としてソ連に統合されていると序文で強調した。教科書の特徴の一つはソ連の諸民族の友好と「外敵」と共に闘った歴史の強調にあった。ロシア帝国に対する諸民族の反乱は民族的対立ではなく階級間の対立として説明され、帝政に対するロシア人の大衆と非ロシア諸民族の共闘が描かれた。たとえば一七世紀後半のバシキール人の対ロシア反乱にはタタール人も加わり、ヴォルガ沿岸の諸民族はロシア人農民とともにロシア・コサックの首領ラージンの反乱に加わったと記された(立石 2011: 113-114, 116)。

ロシアによる非ロシア諸民族の統治の評価には、地域によって微妙な違いが見られた。たとえば公式見解が「より小さな悪」という評価を与えたロシアによるウクライナ併合については、一九二〇年代のマルクス主義歴史家たちは、ロシアの統治を受け入れたウクライナ・コサックの首領ボフダン・フメリニツキーが支配階級に属したことを強調することで、ロシアとウクライナ双方の支配階級がウクライナ人農民を抑圧した歴史として描き出した。『ソ連史小教程』も同様に、ロシアへの編入後もウクライナの農民がコサックの抑圧から解放されたわけではなかったと記したが、ロシアの支配はウクライナ農民をポーランド貴族への従属から解放したとも述べて、ウクライナの併合は「より小さな悪」であったとの公式見解を付記した。同じく「より小さな悪」とされたグルジア併合は、その後のロシア語の強要や、グルジア領主とロシア政府によるグルジア農民の抑圧に力点を置いて描かれた。一八世紀初頭のピョートル一世によるペルシャ遠征については、イランの抑圧下にあったアゼルバイジャンの人々はロシアの支配に抵抗を示さなかったと記述したが、他方でコーカサスについては、一九世紀のムスリムによる対ロシア蜂起を率いた宗教指導者シャミールを「有能な統治者」として描きだし、一六世紀半ばのカザン・ハン国の併合もロシアによる「侵略」と捉えて、その否定的側面を強調した（立石 2011: 114-115）。

このように『ソ連史小教程』は、ロシアによる諸民族の併合の一部を「より小さな悪」としたが、その統治政策については否定的評価を堅持した。それとともにロシアや諸外国の政府に対するロシア人の大衆と非ロシア諸民族の共闘に力点を置くことで、ソ連の諸民族の友好と団結が十月革命を実現させたという歴史観を押し出したのである。『プラウダ』紙によれば、教科書は偉大な祖国への愛情を確実に育てる武器となるはずであった。教科書は三〇年代のうちに三九のソ連の諸民族の言語と英語、フランス語で出版され、高学年の授業や工場、軍の政治学習サークルでも用いられた（立石 2011: 117）。

## 二　諸民族の友好と「外敵」との戦い――独ソ戦前夜の歴史学

### 領土拡大とウクライナ共和国史像の変化

『ソ連史小教程』の出版に続いて、一九三九―四〇年には中等および高等教育機関用のソ連史教科書が相次いで出版された。さらに三〇年代後半には人文・社会科学系の研究機関が民族地域にも設置され、各地で史料集や概説書の出版が進んだ。アゼルバイジャンでは初の共和国史教科書が三九年に出版され、ダゲスタン自治共和国では自治宣言二〇周年記念の一環として、一九世紀初頭にダゲスタンやチェチェンで起こったムスリムの対ロシア反乱をテーマとする三冊のパンフレットが作成された（Shnirelman 2001: 104; 立石 2011: 138）。三九―四〇年にはベラルーシ共和国で全二巻の史料集が出版され、ウラジーミル・ピチェータの編集で共和国史概説書の作成が進められた。ピチェータはオスマン帝国領出身のセルビア人の父とウクライナ人の母を持つウクライナ人の歴史家で、スラヴ諸民族史を専門とし、二〇年代初頭からベラルーシ共和国史の研究や教科書作成、共和国の高等教育機関の設立に携った。三〇年には他の多くの非マルクス主義歴史家と同様に逮捕されたが、三五年にモスクワの研究機関への復帰を許され、スラヴ学の発展に貢献した(Досталь 2001: 571-575)。

一九三九年八月に独ソ両国が不可侵条約と秘密議定書を締結し、翌月にソ連がポーランド東部のウクライナ人地域とベラルーシ人地域を併合すると、ウクライナ、ベラルーシ両共和国は併合された地域を含む新たな共和国史の作成という困難な課題に直面した。併合を正当化するには、一四世紀末以来ポーランドの統治下におかれていたウクライナ人、ベラルーシ人が、ロシアの統治下にあったソ連のウクライナ人、ベラルーシ人、ロシア人と歴史を共有することを示す必要があると考えられた。ここで特に重視されたのは、十月革命後、ロシアの帝国主義的外交政策の正当化の手段とみなされていたスラヴ学であった。スラヴ学者たちはこうした三〇年代末の政治情勢の変化を利用してスラヴ学の政治的意義を当局に訴え、革命後に閉鎖された研究機関が全国で再建された。モスクワ大学には南西スラヴ史講座が、レニングラード大学にはスラヴ研究部門が置かれ、一九三九年にはピチェータらの尽力によってソ連科学アカデミー歴史研究所内にスラヴ学研究部門が組織された。ポーランド領に居住していたウクライナ人、ベラルーシ人が、ソ連内の両民族やロシア人とかつては同じ国家に属したことを強調するために特に注目されたのが、九世紀後半に建国されたキエフ・ルーシの研究であった。キエフ・ルーシ研究を率いたボリス・グレーコフはワルシャワ大学で学んだ非マルクス主義歴史家で、三〇年には逮捕と拘留を経験したが、三七年にはソ連科学アカデミー歴史研究所長に就任し、キエフ・ルーシで制定されたロシア最古の法令集『ルースカヤ・プラウダ』の新版作成などに取り組んだ。三九年一〇月にはソ連科学アカデミー歴史研究所学術会議が新たに編入されたベラルーシとウクライナの西部地域に関する論文集の出版を決定し、同歴史哲学部門総会はウクライナ共和国科学アカデミーとともに西ウクライナの考古学調査を実施することを決めた。三九年にはスラヴ民族の起源に関する学術会議が開催され、ウクライナ人、ベラルーシ人、ロシア人は異なる起源を持つという三〇年代半ばの通説が否定されて、古代から続く三民族の歴史的一体性が前面に打ち出された。さらに、一九三〇年代半ば以降「より小さな悪」と考えられていた一七世紀のウクライナ東部のロシアへの編入も、次第に全面的に肯定され始めた（立石 2011: 100, 137, 146–148, 186; Yilmaz 2015: 60; Досталь 1996: 3–4）。

他方でポーランドは、ソ連の自国史像のなかで「外敵」として描かれ続けた。一九三〇年代後半にポーランドとソ連の関係は悪化の一途をたどり、ソ連のディアスポラ諸民族のなかでも特にポーランド人は当局に警戒された。三六年には三万六千人のポーランド人が西部国境からカザフスタンへ移住を強制され、ポーランド東部がソ連に編入されると、この地域に住むポーランド人の処刑と強制移住が続いた。こうした状況はウクライナ共和国史像にも明確に反映され、東西ウクライナの統一後初めてウクライナで出版された概説書（四〇年出版）は、九章のうち三章をポーランドとの闘いの歴史に割いていた。ピチェータが同年に出版した西ウクライナ史、西ベラルーシ史の概説書も同様に、階級と民族、宗教の観点からポーランドと両地域の対立の歴史を強調した（Yilmaz 2015: 74–75; 立石 2011: 147–148）。

### アゼルバイジャン共和国史像の構築

ポーランドと同様にソ連史像のなかで「外敵」として描かれたのは、ソ連内の多くの諸民族と歴史を共有し、内戦期には旧ロシア帝国領内のムスリムの独立運動を支援したオスマン帝国だった。アゼルバイジャン共和国では、一九二三年に建国されたトルコとは異なるアイデンティティの構築が目指されたが、共和国の知識人の間には、共和国のアイデンティティの基盤としてテュルク意識を重視する見解と、共和国が位置するコーカサスという地域を重視する見解が存在していた。前者の立場に立つ歴史家たちはテュルク語やセルジューク朝を共和国史像の中心に置いたが、この説によればアゼルバイジャン史はトルコ史の一部とみなされる危険があった。またアゼルバイジャンに隣接するアルメニアでは、一九一五年のオスマン帝国によるアルメニア人虐殺に起因する激しい反トルコ感情が渦巻いており、アルメニアとの友好関係を維持するためにも、トルコとアゼルバイジャンの歴史を切り離す必要があった。大テロル発動の合図となった三七年二―三月の全連邦共産党中央委員会総会でアゼルバイジャン共和国党第一書記ミル・ジャファル・バギーロフは、トルコはソ連のテュルク諸民族の独立を支援し、自らが指導するパン・テュルク国家を建設しようとしていると非難したが、大テロル期には「パン・テュルク主義者」、「トルコの手先」とされた数千人がソ連全土で処刑され、アゼルバイジャンでも多くのテュルク学者が犠牲となった(Yilmaz 2015: 22–23; Shnirelman 2001: 104, 144–145)。

これに対してテュルク主義の影響を否定し、アゼルバイジャン人はコーカサスに住む様々な民族や文化の融合によって生まれたと主張する歴史家たちは、紀元前二―八世紀にアゼルバイジャンとダゲスタンの一部に存在したアルバニア王国をアゼルバイジャン人の国家として重視した。アゼルバイジャンの起源をテュルク主義に求めれば、アゼルバイジャンの歴史はセルジューク朝の統治下に入った一一世紀に始まることになるが、この説によれば、アゼルバイジャン人は独自の文化を持たない後進的な遊牧民族だったというアルメニアやグルジアに広まる見方に反駁し、アゼルバイジャン人が両民族と同様に古代から独自の文化を発達させたと主張することができた。そのため一九三〇年代後半には、アルバニア王国をはじめとするカフカースに存在した複数の国家や民族がアゼルバイジャンの起源として描かれるようになった(БСЭ 1949: 440–447)。

二〇世紀初頭の武力衝突の記憶がまだ鮮明に残るコーカサスでは、地域の諸民族の和解を促進しうる歴史像も必要とされた。例えば一九三〇年代末に作成された中等教育用のソ連史教科書は、アルメニア人はセルジューク朝を破ったグルジアのダヴィド四世を「外敵」の抑圧からの解放者とみなしたと述べるとともに、さらにダヴィド四世のアゼルバイジャン遠征はグルジアに勝利をもたらしただけでなく、両民族に緊密な経済的結びつきを作り出し、「外敵」からの防衛のための統合を不可避としたと説明している(立石 2011: 145–146)。

## ロシアの支配をめぐる論争の拡大

一九三〇年代後半に相次いだソ連史や共和国史の概説書の相次ぐ出版は、自国史像の確立を意味したわけではなかった。歴史家の間では、『ソ連史小教程』がグルジアとウクライナの併合に適用した「より小さな悪」の定式をめぐる論争が始まった。『ソ連史小教程』の草稿作成を率いたマルクス主義歴史家アンドレイ・シェスタコフは、三七年九月にソ連科学アカデミー歴史研究所で行った講演で、ヒヴァ・ハン国や中国の支配の脅威にさらされていたカザフ人の併合も「より小さな悪」であったと主張し、定式の範囲を拡大しようとした。さらにクリミア・ハン国についても、オスマン帝国による支配と比較すればロシアの支配は「より小さな悪」であったという主張が現れ、古参ボリシェヴィキのエメリヤン・ヤロスラフスキーはこれらの主張を、「帝政のあらゆる圧政を正当化する誤り」だと『マルクス主義歴史家』誌で批判した。歴史家の論争が続くなか、ソ連人民委員会議付属高等教育機関問題委員会とソ連科学アカデミー常任委員会、ロシア共和国教育人民委員部はこれらの論争に一定の指針を示すことを目的として歴史学会議の開催をジダーノフに提案し、会議は四一年六月に開催されることが決まった。しかし、この計画は同月のドイツ軍侵攻によって中断を余儀なくされた(立石 2011: 167–170)。

## 三　独ソ戦と歴史学

### 戦争動員と自国史像

一九四一年六月に始まる独ソ戦期には、戦争動員のためにより英雄的な自国史像が必要とされた。赤軍政治総局長アレクサンドル・シチェルバコーフは非ロシア人兵士を担当する宣伝員の会議で、ロシア人がソ連の諸民族の兄であることと、非ロシア諸民族の英雄的過去をともに教えなければならないと訴えた。歴史家たちはラジオや赤軍政治総局で講演を行い、ソ連科学アカデミー歴史研究所は開戦から一六カ月の間に五〇冊以上のパンフレットを作成した。四三年二月にモスクワの教師集会で講演したロシア共和国教育人民委員で歴史家のウラジーミル・ポチョムキンは、現在の教育の課題は「有害な反愛国主義的傾向の遺物」の根絶であるとして、戦時下ではより愛国主義的な歴史教育が必要だと主張した(立石 2011: 180, 182, 184–185, 190)。

ウクライナでは四二年に共和国の科学アカデミー歴史研究所長にミコラ・ペトロフスキーが就任したが、彼が四〇年に出版した著作は、フメリニツキーをロシアとの統合を率いたウクライナ民族の指導者として描いたという理由で、同じウクライナの歴史家から、フメリニツキーとコサックの幹部がポーランドとの妥協を試みたことを理解していないとの批判を受けていた。したがってペトロフスキーの就任は、戦争がフメリニツキーのより英雄的な描写を必要としたことを示していた。四二年にウクライナで出版された『ウクライナ史研究』も、フメリニツキーを民族独立のために戦った「偉大な愛国主義者」とし、ウクライナ内部の階級対立の描写は抑制された(立石 2011: 156–157, 192; Yilmaz 2015: 52–53)。アゼルバイジャン共和国史の概説(四一年出版)もまた、戦前には農民の階級闘争と解釈された九世紀のババク・ホッラムディンによる宗教反乱を、アラブの侵略者に対するアゼルバイジャン人の民族解放闘争として描いた。

一九四一年八月にソ連が北イランを占領すると、アゼルバイジャンでは紀元前八世紀末に建国されたメディア王国の歴史に注目が集まった。イラン北西部とソ連のアゼルバイジャンの一部に位置したメディア王国をアゼルバイジャンの国家とする主張は、イラン領に住むアゼルバイジャン人がイランと異なる起源を持つことを示すとともに、ソ連領とイラン領のアゼルバイジャン人がかつて同じ国家を形成したことを示すためにも有益だった。当局は二〇世紀初頭からアゼルバイジャンの知識人が唱えてきたイレデンティズムを利用しようとしたのである(Shnirelman 2001: 105, 107–108, 145; Yilmaz 2015: 33)。

こうして独ソ戦期にはソ連内の諸民族の歴史がより英雄的に描かれたが、そこに対ロシア反乱を含めるか否かには、地域によって違いがあった。たとえばソ連科学アカデミー・アゼルバイジャン支部歴史研究所が四三年に出版した史料集には、アラブやペルシャ、セルジュークなどに対するコーカサス諸民族の戦いに関する史料が収録されたが、ここにはロシアとの戦いの史料は含まれなかった。これに対してカザフ共和国の歴史家と、モスクワから共和国に疎開したソ連科学アカデミー歴史研究所が共同で作成した共和国史の概説書は、一九世紀のカザフ人の対ロシア反乱を「民族解放運動」として英雄的に描き、スターリン賞歴史部門に推薦されたことから論争を呼んだ(立石 2011: 193–200)。

### ドイツ軍の北コーカサス占領とシャミールの反乱の評価

ドイツ軍のプロパガンダとソ連占領政策は、ソ連の歴史家の論調に重大な影響を与えた。ソ連占領政策を担当したドイツの東方占領地域相アルフレート・ローゼンベルクは、ロシア帝国に生まれて革命時にドイツに亡命したバルト・ドイツ人であり、自治政府の創設などの手段によってソ連内の非ロシア人をロシアの脅威の緩衝材にしうると考えた。また駐トルコ・ドイツ大使フランツ・パーペンも、スラヴ人の起源を共有するウクライナをロシアとの戦いの支柱にすることは不可能だが、テュルク系諸民族はその支柱にしうるとして、彼らに向けた宣伝活動を拡大すべきだとドイツ外務省に提案していた。同省はロシアから亡命した多数の人々と接触し、一九四二年一月にはクリミア・タタール民族運動の指導者が自治領創設の希望を伝えていた。さらに北カフカースからの亡命者団体のなかには、シャミールの孫サイド・ベクも含まれていた(立石 2011: 183–184)。

一九世紀には北コーカサスのダゲスタンやチェチェンで、イスラーム神秘主義教団ナクシュバンディーヤの導師らがロシアに対する大規模な聖戦を展開したが、一八三四年にその指導者となったシャミールは、北コーカサスの解放闘争を象徴する存在となった。ロシア革命後に内戦が始まると、スターリンが率いる民族問題人民委員部はこの地域のムスリム諸民族と同盟を結び、シャミールを独立運動の象徴として賞賛した。しかし一九一八年五月にはオスマン帝国の援助で創設された「コーカサス諸民族連盟」がドイツに承認され、その二年後にはシャミールの孫サイド・ベクが率いるムスリムの反乱が起こった。こうした内戦期の北コーカサスでの経験は、スターリンをはじめとするボリシェヴィキの指導者たちに、パン・テュルク主義や諸外国の干渉への警戒心を植えつけるとともに、歴史像がこの地域で持つ政治的影響力の強さを認識させたと考えられる(Tateishi 2014: 98)。

一九二〇年代のソ連のマルクス主義史学は北コーカサスの階級対立を重視し、シャミールを地域の支配階級に位置付けたが、三〇年代後半には一転して民族解放闘争の英雄として称賛するようになり、独ソ戦期にもドイツ軍との戦いを呼びかけるためにシャミールの反乱が積極的に利用された。しかし、ドイツ軍もまた、四二年夏以降に占領したチェチェン・イングーシ自治共和国での活動を「シャミール作戦」と名付け、この反乱を利用してロシアに対する蜂起を呼びかけた。ドイツ占領下の北カフカースでは学校運営の権利やコルホーズの廃止、宗教活動の自由が認められ、対独協力者も現れた。対独協力の試みはロシア人を含む様々な諸民族に広まり、これを深刻な脅威とみなしたソ連当局は、北カフカースのチェチェン人やイングーシ人、クリミア・タタール人など多数の民族を中央アジアなどへ強制的に移住させた(立石 2011: 164, 183, 185)。

### ロシアの支配の再評価を求める声

対独協力者は多数の民族の中に現れたが、特に北コーカサスとクリミアの事例は歴史家の注目を集めた。一九四四年一月に開かれたロシア共和国教育人民委員部の会議でチュヴァシ人の歴史家アレクセイ・ヤコヴレフは、「ニコライ一世に対するシャミールの抵抗を歓迎すべきとの記述は教科書では不適切だ」と発言し、教科書は「ロシア民族主義のモチーフ」を優先すべきであり、民族主義をソ連の他の一〇〇の諸民族の歴史描写でも同様に優先することは不可能だと主張した(立石 2011: 190-191)。マルクス主義歴史家ではないヤコヴレフもまた三〇年に逮捕されたが、三三年にモスクワに戻ることを許され、三八年にはソ連科学アカデミー会員に選出された。彼の父は一九世紀後半のロシアで東方諸民族の母語による教育を推進したニコライ・イリミンスキーの弟子で、チュヴァシの母語教育の第一人者であり、このことは彼のロシア帝国への肯定的評価の一因となったと考えられる(Яковлев 1997: 9)。またタルレは四四年にレニングラードで行った講演で、歴史を「一九四四年の観点から見る」べきだとして、ロシアを繰り返し襲撃したクリミア・ハン国の併合は、ロシアの防衛に意義があったと述べた。さらに、「ソチに侵攻したドイツ人が「シャミールを思い出せ」というビラをばらまいている現在、ロシア人はかつて強奪を行ったと自ら語ることで敵に宣伝材料を与えてもよいのだろうか」、「シャミールの神権政治ではなくスターリン憲法のもとでコーカサス諸民族が生活する現状を悲しむべきなのだろうか」と聴衆に問いかけた。レニングラード大学教授イワン・スミルノフも同年に出版したパンフレットで、一六世紀半ばのクリミア・ハン国とそれを支援するオスマン帝国はロシアに対立する全勢力を結集させていたのだから、ロシアによるクリミア・ハン国の併合は防衛的性質を持っていたと主張した(立石 2011: 188-189)。

## 歴史学会議の開催

戦争がロシアの植民地支配に関する議論を呼ぶなかで、全連邦共産党中央委員会はドイツ軍侵攻によって中断された歴史学会議の開催を決めた。会議は一九四四年五—七月に五回開かれ、歴史家や作家、党中央委員会宣伝煽動局職員、同局を監督する党中央委員会書記シチェルバコーフとゲオルギー・マレンコフら五〇名以上が出席した。この会議ではロシアの支配とそれに対する諸民族の蜂起の評価が議論を集めたが、最も積極的にロシア史の再評価を要求したのは、旧オスマン帝国領のヴァンで生まれたアルメニア人でソ連作家同盟会員のホレン・アジェミャンであった。彼は、もしオスマン帝国とイギリスの反ロシア的外交政策に協力したシャミールがロシアに勝利を収めていれば、コーカサスはオスマン帝国に併合されていただろうと主張して、大衆はオスマンやイランの抑圧からの解放とロシアへの編入を望んでいたと発言した。一九〇八年生まれのアジェミャンはオスマン帝国によるアルメニア人虐殺を経験しており、その主張の背景には強い反トルコ感情があったと考えられる。この主張は他の出席者から多くの批判を集めたが、当時のアルメニア共和国では広く共有されていたようである。独ソ戦末期にソ連政府がトルコに要求した領土には、かつてアルメニア人が多く居住したカルスやアルダハンも含まれており、アルメニアでは反トルコ的論調が高まっていた。こうした状況のなかで四五年春には科学アカデミー・アルメニア支部が、一九世紀に北コーカサスでシャミールの反乱と戦ったアルメニア出身のロシア帝国軍人ミハイル・ロリス＝メリコフを英雄として描くパンフレットを出版した(立石 2011: 251)。

アジェミャンは会議の最終日にも、北コーカサスでの「親ヒトラー的パン・テュルク主義者」の活動という「非常に深刻で悲しい失敗を一瞬たりとも忘れてはならない」と発言し、シャミールの反乱を民族解放運動と評価する「歴史学には、これらの地域の動揺と不安定化に対して少なからず罪がある」として、シャミールの反乱を称賛する歴史描写が北コーカサスに対独協力を広めたのだと非難した。この主張には他の出席者から激しい批判が上がり、党中央委員会書記シチェルバコーフも、「あなたはいったいなぜ党中央委員会にやってきて、帝政を賛美しているのですか」と疑問を呈した。しかしアジェミャンは主張を変えず、会議終了後には党中央委員会政治局に書簡を送り、彼を批判したシチェルバコフや歴史家たちに反論するとともに、さらにスターリン宛の書簡で北コーカサスとクリミアで行われた強制移住への支持を示し、これらの諸民族の「動揺」に対する責任の一端が歴史家にあることは明らかだと論じた（立石 2011: 209–212）。

以上のように、独ソ戦が生み出した民族主義への恐れや、対ロシア蜂起を称賛する歴史学が対独協力者を生み出したという認識、ロシア帝国史のより肯定的な評価を求める声は、一部の知識人の間にも広まりつつあったのである。

## 四　冷戦の始まりと自国史像の変化

### 北コーカサス史に関する公式見解の表明

第二次世界大戦が終結に向かうと、冷戦の対立構造が形成され始めるなかで、党指導者たちの発言や多数の出版物に西欧への「跪拝」に対する批判と、ソ連の政治体制の優越を説く主張が現れた。諸民族の団結を破壊しうる民族主義と諸外国との結びつきへの警戒はさらに強まり、独ソ戦期に議論を呼んだ北コーカサス史に関する公式見解にも変化が現れる。その最初の変化は、グルジア出身のアルメニア人の作曲家ヴァノ・ムラデリのオペラ『偉大なる友好』への批判に現れた。全連邦共産党中央委員会宣伝煽動局長ゲオルギー・アレクサンドロフは、オペラは内戦期の北コーカサスに住むロシア人コサックをソヴィエト政権に対立する反動的大衆として描いた上に、ロシア人ではなく北コーカサスの諸民族が十月革命を率いたと主張していると批判し、上演を禁止すべきだと党中央委員会に報告した。これを受けて中央委員会は四八年二月に決定を採択し、オペラは当時の北コーカサス諸民族がロシア人に敵対したという誤った印象を与えているとし、さらに、実際にこの地域で諸民族の友好の確立の「障害」となったのはチェチェン人とイングーシ人だとの見解を付け加えた。この決定は民族内部の階級間の対立に着目することなく、特定の民族全体を諸民族の友好の障害として否定的に評価したという点で、それまでの公式見解には例を見なかった。この決定は翌日の『プラウダ』紙に掲載され、広く周知された(立石 2011: 265-266)。

これ以降、『偉大なる友好』が描いた内戦期だけでなく、一九世紀のシャミールの反乱とロシアによる併合も含めて、北コーカサス史に関する公式見解が根本的に変化し始めた。同年には全連邦共産党中央委員会学術部がダゲスタン自治共和国の学術活動を批判し、イランとオスマン帝国の侵略の脅威に直面した北コーカサスの諸民族にとって、ロシアの支配が「より小さな悪」であったことをダゲスタンの歴史家たちは指摘していないとする決定を採択した。こうして四八年には、北コーカサスの併合が公式見解によってはじめて「より小さな悪」と判断された。翌年には、二二年にボリシェヴィキが破壊したロシア帝国軍将校アレクセイ・エルモーロフの像が、北コーカサスに再建された(立石 2011: 266-267; Tateishi 2014: 100)。

さらに一九五〇年には、一九世紀のシャミールの反乱に関する公式見解が提示された。その契機となったのは、アゼルバイジャン共和国を代表する思想史家ゲイダル・グセイノフが前年に出版した『一九世紀アゼルバイジャンの社会・哲学思想史から』への批判であった。本書はスターリン賞第三等にも推薦されたように、高い評価を得ていた。しかし、翌年五月に『プラウダ』、『イズヴェスチヤ』両紙が伝えたところによれば、スターリン賞委員会はアゼルバイジャンの社会団体の提案に基づき本書を審議した結果、賞への推薦を誤りと認めたと発表した。グセイノフによるシャミールの反乱の理想化は「ブルジョア民族主義的動揺の反映」だと言うのである。グセイノフの著作は、シャミールはアゼルバイジャン農民の対ロシア反乱を常に援助したと述べていたが、反乱には簡略に言及したに過ぎず、スターリン賞第三等への推薦取り消しの決定には多くの歴史家が反対の意を表明した。

スターリン賞委員会の決定の背景には、アゼルバイジャン共和国党中央委員会第一書記バギーロフの関与があった。バギーロフは全連邦共産党中央委員会書記マレンコフに宛てた書簡で、本書には重大な政治的、理論的誤りがあり、スターリン賞への推薦は誤りだとスターリンに伝えたところ、スターリンの提案で適切な決定が採択されたと明かしていた。一九四〇年代後半には、アゼルバイジャン出身の亡命者団体がトルコで反ソ連的活動を活発化させていることがソ連当局の注目を集めており、バギーロフは共和国に広まるパン・テュルク主義への警戒を強め、多くの知識人が政治的批判を受けていた。五〇年に朝鮮戦争が勃発すると、トルコも国連軍の一部として軍を派遣するなど冷戦の緊張が頂点に達したが、グセイノフの著作に対するバギーロフの批判の背景には、こうしたソ連とアゼルバイジャン共和国を取り巻く国際情勢があったと考えられる。

七月に共産党の理論誌『ボリシェヴィーク』に掲載されたバギーロフの論文は、シャミールの反乱はオスマン帝国の煽動で起こったと主張し、これを地域の大衆による民族解放運動とする評価は「パン・イスラム主義者」や「パン・テュルク主義者」の見解だと批判した。さらに反乱を進歩的解放運動と「誤って」解釈したとして、グセイノフの著作や他の歴史家たちの研究、ソ連史教科書なども批判の対象とした。この非難はグセイノフを自殺に追い込んだ（立石 2011: 273-274, 276）。

こうしてシャミールの反乱は冷戦という新たな国際的緊張のなかで、オスマン帝国の煽動が引き起こした反動的反乱と公式見解によって定義され、これに公の場で反論することはスターリンが死ぬ五三年まで不可能となった（立石 2011: 273-274）。『ソヴィエト大百科事典』第二版（五四年出版）の作成過程では、対独協力を理由に強制移住措置を受けたチェチェン人、イングーシ人に関する項目を含めるかどうかが論争となったが、結局、両者の項目は設けられなかった。両民族の歴史は、ソ連の自国史像が強調する諸民族の友好から排除されたのである。他方で国民の中には、公式見解を支持する声も存在した。グルジアに住むアガジャロフという人物は、五一年六月に中等教育用ソ連史教科書の編者パンクラートヴァと国立出版所に手紙を送り、一八世紀にアルメニア人を脅かしたオスマンとペルシャの脅威をより明確に説明すべきだと教科書を批判した。さらに彼はバギーロフ論文を引用して、内戦期のチェチェン人、イングーシ人はシャミールを賞賛し、ドイツやオスマン帝国と協力したのだとも主張した(Tateishi 2014: 100-101)。この書簡や先に触れたアジェミャンの主張が示すように、四八年から五〇年にかけて示された北コーカサス史に関する公式見解は、革命前から続くコーカサスの諸民族間の敵対意識に支えられた歴史認識でもあったのである。

## 冷戦とスラヴ学

戦後のウクライナ共和国では、ドイツ占領下で活発化した民族主義が党指導部を悩ませていた。共和国党第一書記ラーザリ・カガノーヴィチは一九四七年四―五月に歴史学会議を開催し、地域の階級的亀裂を無視して民族の一体性を強調する「民族主義的逸脱」について審議することを決定した。しかし、党指導部の意図に反して、歴史家の議論はフメリニツキーの反乱の評価に集中した。会議ではフメリニツキーによるウクライナ人大衆の抑圧を重視すべきだという声も上がったが、連邦の政府がフメリニツキーを英雄として明確に再評価した今、なぜウクライナの歴史家がその評価を議論し続けているのかという疑問や、コサックの首領という特徴は彼の肯定的評価を再考する理由にはならないという反論が提起された(立石 2011: 247)。こうして第二次大戦後のウクライナではフメリニツキーの反乱について論争が続いたが、連邦レベルではこの反乱の公的評価に再び新たな変化が生じつつあった。

第二次大戦期のソ連政府は全世界のスラヴ諸民族にナチス・ドイツとの戦いを呼びかけ、一九四一年八月にモスクワで創設された全スラヴ委員会は、機関誌やパンフレットなどを通じてスラヴ諸民族の友好と共闘の歴史を示し、その団結を訴えた(ГАРФ: 6646/1/5/7об.)。このなかでソ連のスラヴ学者たちは、科学アカデミー歴史研究所長グレーコフとピチェータを中心としてスラヴ学の復権と発展を目指し、アカデミーにスラヴ学研究所を設置するために尽力した。この計画は四六年九月に実現し、グレーコフが研究所長となった。政治指導部の側も、東欧の勢力圏を維持するためにより意識的にスラヴ学を利用しようとした(Досталь 1996: 5)。その結果、戦後のスラヴ学はソ連の対外政策と密接に結びつき、東欧諸国の研究者との交流や共同研究が国家の支援を受けて増大した。五六年にはポーランドの歴史家の協力を得てポーランドの思想家の選集が出版されたが、この選集の課題は一九世紀のロシアとポーランドの「革命的連帯の発展」を解明することだとされた(Миллер и Нарский 1956: 6-7)。

このような情勢のなかで、フメリニツキーの反乱と一七世紀のロシアによるウクライナ東部の併合の描写にも変化が現れた。その一つは東部の併合が「再統合」と表現されるようになったことであり、もう一つはポーランド政府と大衆が明確に区別されたことである。たとえば、ウクライナ併合三〇〇周年を記念して一九五四年に出版された『一六五四年のウクライナとロシアの再統合』は、フメリニツキーの反乱はポーランドの大衆ではなく封建領主に向けられたと述べ、「ポーランド人とウクライナ人の間に対立や憎しみ、敵意は存在しなかった」ことを強調した。さらに、ポーランドの封建領主との闘争を訴えたフメリニツキーの呼びかけに応じて、多くのポーランド人がウクライナ人大衆の蜂起に加わったとも述べた。これに対してフメリニツキーとともにポーランドと戦ったクリミア・ハン国とオスマン帝国は、ウクライナとポーランド双方の敵として描かれた。本書によれば、ポーランドとウクライナへの侵攻を企てた強欲なクリミア・ハンは両者を戦わせて弱体化させようとしたのであり、ハンを支援したオスマン帝国の封建領主たちは「最も残酷な同化主義者」であった。これに対してポーランド支配下のウクライナ人は、オスマン帝国やクリミア・ハン国に対する共闘の伝統をポーランド人と培った。さらに、ウクライナ人とロシア人の共闘は、ウクライナをポーランドとオスマンの抑圧から解放し、ロシアと結びつけただけでなく、オスマンに支配されたバルカン半島の南スラヴ人の解放という使命を実行したのだとも述べた(Греков и др. 1954: 20, 37-38, 40-41, 52, 67, 80, 88)。オスマン帝国とクリミア・ハン国をともに敵とする描写は、一九四八年出版の高等教育用ソ連史教科書にも見られた。教科書は、ウクライナの人々はタタール人を古代から「敵」、「抑圧者」とみなしており、ウクライナとロシアのコサックはともにオスマン帝国やクリミア・ハン国を繰り返し襲撃したと記述した(Греков и др. 1948: 496)。

以上のようなフメリニツキーの反乱の描写の変化は、冷戦初期のソ連とポーランド、トルコの関係を明瞭に反映していた。さらに、独ソ戦期のクリミア・タタール人に対する対独協力の非難と強制移住はその公的歴史像に影を落とし、北コーカサスのチェチェン人、イングーシ人と同様に、ソ連の自国史像の理念的基盤である諸民族の友好の枠組みから排除されたのである。

## おわりに

一九三〇年代にソ連で初めて構築された自国史像は、ソ連の諸民族の友好と「外敵」との共闘を強調し、古代から続く諸民族の友好が現在の国境を形成したことを示そうとした。しかし、第二次世界大戦と冷戦に起因する国際的緊張の中で、ソ連史像が描く友好の枠組みと実際の国境の間には、次第にずれが生じていった。このことは、多くのディアスポラ民族を抱えるソ連の政治指導部が、スラヴ主義やパン・テュルク主義といった国境を越える思想と、それが作り出す歴史認識が諸民族のアイデンティティに与える影響を注視せざるを得なかったことを示している。このなかで政治指導部はスラヴ主義を積極的に利用し、パン・テュルク主義は排斥するなど、ときに自国史像に強制的に介入することでそれを望ましい形に作り変えようとした。ただし、党指導部の介入は政治的重要性を持つとみなした史実に限られており、ソ連の諸民族史のすべてに「正しい」解釈を示すことは物理的に不可能でもあった。そのためスターリン期の自国史像は、党指導部の政策を反映して変化し続けただけでなく、多くの矛盾や曖昧さを内包した。一九五四年にはロシアとウクライナの統合を定めたペレヤスラフ条約三〇〇周年記念式典が開催され、両者が古代から歴史を共有することが強調されたが、これについてモスクワ州に住む将校アナトリー・コルニロは中等教育用ソ連史教科書の編者パンクラートヴァに手紙を送り、ウクライナ人とロシア人の形成過程や、その共通点と差異について詳しく教えてほしいと求めた。コルニロは、キエフ・ルーシが存在した地域にロシアではなくウクライナの国家が建設されたのはなぜか、自分の祖父のように、姓がウクライナのものであっても自分はロシア人だと考えている人が多いのはなぜなのかと問いかけた(Архив РАН: 697/3/343/1-1об.)。五三年のスターリンの死後にバギーロフが失脚すると、アゼルバイジャンでは五六年のスターリンの個人崇拝批判やチェチェン人、イングーシ人の名誉回復を待つことなく、歴史家たちが一九世紀のシャミールの反乱や内戦期の北コーカサスについて再び議論を始めた(Tateishi 2014: 102–103)。こうしてスターリン体制が作り上げた公的自国史像は、スターリンの死の直後から再び新たな論争を生み出すことになる。つまり、スターリン期には連邦内のすべての民族が共有しうる国民意識を作り出す自国史像の構築が目指されたが、その試みは達成されず、スターリン死後に再び新たな自国史像の模索と国民意識の形成が始まるのである。

他方で、スターリン期の自国史像のすべてがモスクワの党指導部の強制によって作られたと言うことはできない。党指導部は望ましい歴史像を形成するために民族主義やスラヴ主義、ロシア愛国主義、イレデンティズムといった帝政末期に形成されつつあった様々なアイデンティティを利用しようとしたが、それに賛同した各地の歴史家や党指導者たちは、新たなソ連史像や共和国史像の構築に積極的に関わろうとした。アゼルバイジャンでは共和国科学アカデミーが五四年に作成した共和国史概説のなかで、四つの章をイラン領アゼルバイジャンの歴史にあてようとした。この案は連邦の党中央委員会学術文化部の同意を得られず採用されなかったが、第二次大戦期に連邦中央の政治指導部が普及させようとしたソ連領とイラン領のアゼルバイジャン人の一体性という概念が、共和国の歴史家にも広く共有されていたことを示していた(OA 1992: 4/49–50)。さらにコーカサスの事例が示すように、革命前から長年にわたって蓄積された民族間の敵対意識も、歴史家の議論に深刻な影を落としていた。

英雄としてのフメリニツキー像がソ連解体後のウクライナの自国史像で重要な位置を占めているように、スターリン体制下で構築された共和国史像の一部は、各地で民族意識の基盤となった(立石 2011: 296-297; Yilmaz 2015: 84-85)。これに対してロシア共和国では、独自の共和国史像が構築されることはなく、共和国の共産党や重要な国家機関、科学アカデミーなどの社会組織も置かれなかった。モスクワに置かれた連邦の組織がこれらの役割を兼ねたことは、ロシアの人々のなかにソ連とロシアを同一視する見方を生む要因となり(Brudny 1998: 7)、ロシア史とソ連史の境界も同様に曖昧なものとした。スターリン死後の五三年三月末、『ソヴィエト大百科事典』編集長のボリス・ヴヴェデンスキーは党中央委員会書記ニキータ・フルシチョフに報告を送り、現在作成中の第二版について、十月革命以降のロシア史を「ロシア共和国」の項目で説明すべきか、その一部を「ソ連」の項目に含めるべきかについて編集部内で意見が分かれていると伝えたが、この報告は、ロシア史とソ連史の境界の不明確さがスターリン期にも残されたことを示している(OA 1992: 3/67-68)。

スターリン期にロシア帝国史のより肯定的な描写を求めたタルレやヤコヴレフ、スラヴ学の発展に寄与したピチェータやグレーコフは、一九三〇年頃に抑圧され、三〇年代前半に研究機関に復帰した非マルクス主義歴史家という共通点を持ち、いずれも共産党に所属せず、グレーコフ以外はロシア人でもなかった。彼らが歴史学の専門教育を受けたロシア帝国の末期には、ロシアのアイデンティティをめぐってスラヴ主義や東スラヴ人の一体性の理念などが競合したが、明確なロシア民族主義が形成されるには至らず、皇帝や正教に象徴される帝国への帰属意識がそれを上回ったと言われている(Rees 1998: 101-102)。さらに作家アジェミャンの歴史認識は、アルメニア人に広く共有されるオスマン帝国やトルコへの敵対意識によって規定されていた。つまり、彼らが独ソ戦や冷戦のなかで求めたロシア帝国史の再評価は、ロシア民族だけをその範囲とする民族主義ではなく、帝政末期と連続する帝国への帰属意識と民族主義が結びついたロシア・アイデンティティに基づくものであったといえよう。

こうしてスターリン期の自国史像には、帝政末期から受け継がれたロシアの帝国的アイデンティティと、十月革命後にボリシェヴィキが発達を促した非ロシア諸民族の民族意識が混在することになった。この時代の自国史像の構築と変化のプロセスは、少数民族の民族意識とロシアの帝国的アイデンティティの共存という一九五〇年代までのソ連の国民意識の特殊性を、鏡のように克明に反映し続けたのである。

## 文　献


塩川伸明（二〇〇七）『多民族国家ソ連の興亡Ⅱ　国家の構築と解体』岩波書店。

立石洋子（二〇一一）『国民統合と歴史学——スターリン期ソ連における『国民史』論争』学術出版会。

Brudny, Yitzhak M.（1998）, *Reinventing Russia: Russian nationalism and the Soviet state, 1953-1991*, Cambridge, Mass.

Hoffmann, David L.（2003）, *Stalinist Values: The Cultural norms of Soviet Modernity, 1917-1941*, Ithaca and London.

Hosking, Geoffrey（1998）, Empire and Nation-Building in Late Imperial Russia, in G. Hosking and R. Service eds., *Russian Nationalism, Past and Present*, New York.

Martin, Terry（2000）, Modernization or neo-traditionalism? Ascribed nationality and Soviet primordialism, in S. Fitzpatrick ed., *Stalinism: New directions*, London and New York.

Martin, Terry（2001）, An Affirmative Action Empire: The Soviet Union as the Highest Form of Imperialism, in Ronald Grigor Sunny and Terry Martin eds., *A State of Nations: Empire and Nation-Making in the Age of Lenin and Stalin*, New York.

Rees, E. A.（1998）, Stalin and Russian Nationalism, in G. Hosking and R. Service eds., *Russian Nationalism, Past and Present*, New York.

Shnirelman, Victor A.（2001）, The Value of the Past: Myth, Identity and Politics in Transcaucasia, *Senri Ethnological Studies*, no. 57.

Tateishi, Yoko（2014）, Reframing the "History of the USSR": The "Thaw" and Changes in the Portrayal of Shamil's Rebellion in Nineteenth-century North Caucasus, *Acta Slavica Iaponica*, Tomus 34.

Velychenko, S. (1993), *Shaping identity in Eastern Europe and Russia: Soviet-Russian and Polish accounts of Ukrainian history, 1914–1991*, New York.
Vihavainen, Timo (2000), Nationalism and Internationalism: How did the Bolsheviks Cope with National Sentiments? in C. J. Chulos and T. Piirainen eds., *The Fall of an Empire, the Birth of a Nation: National Identities in Russia*, Farnham.
Yilmaz, Harun (2015), *National Identities in Soviet Historiography: The rise of nations under Stalin*, London and New York.
Архив РАН, Архив Российской Академии Наук. 本文中では順にフォンド／オーピシ／チェーラ／リストを記す。
Бордюгов Г. и В. Бухараев (1999), Национальная историческая мысль в условиях советского времени, К. Аймермахер и Г. Бордюгов ред., *Национальные истории в советском и постсоветских государствах*. М.
БСЭ (1949), Большая Советская Энциклопедия. 2-ое изд. Т. 1. М.
ГАРФ, Государственный архив Российской Федерации. 本文中では順にフォンド／オーピシ／チェーラ／リストを記す。
Греков Б. Д. и др. ред. (1948), *История СССР*. Т. 1. М.
Греков И., В. Королюк, и И. Миллер (1954), *Воссоединение Украины с Россией в 1654*. М.
Досталь М. Ю. (1996), К50-лению Института славяноведения и болканистики РАН, *Славяноведение*. № 6.
Досталь М. Ю. (2001), Пичета Владимир Иванович, *Историки России : Биографии*. М.
Миллер И. С. и И. С. Нарский (1956), *Избранные произведения прогрессивных польских мыслителей*. Том 1. М.
ОА (1992), *Отечественный архив*. № 3, 4. 本文中では順に号／頁を記す。
Яковлев И. Я. (1997), *Моя жизнь: Воспоминания*. М.

コラム……b
# ソ連の「文化革命」

新井正紀

一九一三年生まれのナターリヤ・ジデェリョーヴァは、革命の影響によって文化的にも急激に変化していくソ連の農村で過ごした子ども時代を、次のように回想している。

ピオネールに入隊することは許してもらえなかった。入隊したら八つ裂きにするぞと祖父は言っていた。しかし私は学校で学んでいた。一九三〇年から集団化が始まった。長期休暇の際に、農村でトーズ（土地共同耕作組合）を組織するという課題が生徒たちに与えられた。課題を達成しなければ退学させられた。六学年の冬期休暇の際に、私は帰宅して兄と話し合った。集会を開いてトーズを組織した。村人の半分が加入した。一六歳の私の兄が議長に選ばれた。……その後、教員養成学校での課程を終えて、教師として働いた。

晩年のレーニンが、文化について、「さしあたり真のブルジョア文化で十分であろう。……文化の問題では、性急と奔放が何よりも有害である」と記したことはよく知られているが（「量は少なくても、質の良いものを」）、一九二〇年代末からのソ連の「文化革命」の実態は、レーニンの考えとも異なり、あるいは先のジデェリョーヴァの語りをもはるかに超えた、「革命的」な方法で推進された。

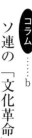

教育費は一九二八年から一九三八年の間に約一七倍増加した。それに伴い、初等学校の数は革命前の一九一四／一五年度に約一〇万校であったのが、一九三八／三九年度には約一二万校になり、就学児童数も約七〇〇万人から約一〇〇〇万人に増加した。中等・高等教育施設も急増し、学校教育制度が中央集権的に再編されていった。識字教育も盛んに行われ、九歳以上の識字率は、一八九七年に約二四％であったが、一九三九年には約八一％にまで上昇した。新聞、雑誌等の出版部数や博物館、図書館、映画館等の文化施設の数も急増した。この過程で階級間・性別間・民族間・地域間の格差が是正されていった。例えば、高等教育を受ける学生のうちの女性の割合は、一九二八年には約二八％であったが、一九三八年には約四三％になった。出版物全体のうちのロシア語以外の出版物の割合は、一九一三年に約七％であったが、一九三八年には約二一％になった。

以上のような文化的後進性を克服するための様々な取組みが行われた時期は、農業集団化と工業化が急激に加速した時期と重なっていた。これらと並行して、革命前に教育・訓練を受けた知識人層に対する攻撃が先鋭化していった。中国の文化大革命ほどではないが、それに類似した事態がこの時期のソ連でも発生したのである。特定の階級から構成されていた古い知識人層にかわって、大衆、特に革命前の古い文化の影響を受けていない若い世代が、社会主義建設に抜擢・動員された。社会的上昇移動の機会が増えた若者たちの多くは、理想主義的な社会主義の理念に魅了され、あるいは親や教師や司祭等の大人の伝統的権威に対抗するための後ろ盾として、積極的に新しい文化を身につけていった。この古い知識人層排斥の動きは、行き過ぎると専門家不足になって工業化を阻害する要因となりうるため、一九三一年を境として抑制される。しかし、一貫して革命前の古い文化は否定され、新しい社会主義社会に適合的な文化の創出・確立が追求されていく。その過程で、ネップ期に容認されていたような多様性・独自性・自立性の存在する余地がなくなり、文化に対する上からの一元的な統制が強化されていく。

　このような文化の革命的な変化が、ソ連で暮らす人々の日常生活や精神世界に対して、どのような影響を及ぼしたのか。新しい社会主義文化に囲まれた人々が、おしなべてそれを内面化していったのか。近年では、このような視点から民衆の生活世界に研究対象が拡大した。内面世界で発せられた個人的見解(特に不満や批判)は、公的記録や統計数値からだけでは窺い知ることが困難であるが、日記・手紙等の私文書や回想の分析を通じて多くの研究成果が出始めている。

　一九一八年生まれのニーナ・ルゴフスカヤは、文化革命の熱狂的高揚から距離をとり、むしろ批判的な見解をもっていたことが次の日記の記事から読みとれる。この記事は、一九三四年のキーロフ暗殺の直後に書かれたものである。当時、メディアでは犯人を探して銃殺せよとの意見が溢れていた。そのなかでニーナは、粛清を繰り広げるボリシェヴィキだけでなく、新しい文化を身につけたとしてもそれに隷属して、被害が及ばない限り自らの思考を止めてしまっている同時代の人々を痛烈に批判している。

> 人間としてのあらゆる自覚や品格を失ったソヴィエト市民と称される多くの人々は、家畜のように銃殺を支持している。……今、なぜ誰も率直に公然と言わないのか。ボリシェヴィキたちは、人でなしだと。そして、このボリシェヴィキたちは、いかなる権利があって、このように残忍にわがままに国や人々を制裁できるのか、このように醜悪な法律を人民の名で恥ずかしげもなく布告できるのか、このように「社会主義」や「共産主義」といった現在では意味を失った仰々しい言葉によって非難したり、ごまかしたりできるのか。


Бердинских В. (2011), *Речи немых. Повседневная жизнь русского крестьянства в XX веке*. М.

КС (1940), *Культурное строительство СССР*. М. -Л.

Луговская Н. (2010), *Хочу жить! Дневник советской школьницы*. М.

# II　統治のメカニズム

# 4　スターリン独裁下の社会と個人

松井康浩

## はじめに

本章は、スターリン独裁が確立した一九三〇年代のソヴィエト社会とその社会を生きた人々にスポットをあてる。政治権力中枢の動態については本巻総説にゆずり、スターリンの下でいかなる社会が目指され、実行に移された工業化や農業集団化、さらには三〇年代後半の大テロルによってどのような社会が作られ、変わりゆく社会を人々はいかに生きたのか、その実態に焦点を合わせるものである。

課題をこのように設定した場合、関係する研究は無数に存在する（松井 2012）。本章は既存の成果を広く参照するが、中でも、早い時期のユニークな研究を議論の出発点に置きたい。それは、ハーバード大学のチームが米国空軍の財政的支援を得て実施した「ソヴィエト社会システムに関するハーバード・プロジェクト」である。これは、主に第二次世界大戦の過程で、兵士・捕虜として、ドイツに連行された労働力として、あるいはその他の理由でソ連の国境を越え、戦後、帰国しなかった人々に対して調査を実施し、ソヴィエト社会での暮らしや体制に対する意見の分析を試みたものである。調査の時点（一九五一―五二年）で西独やオーストリアに在住した二七六人と米国に在住した五三人に対しては、心理学的なテストも含めた包括的な「オーラル・ライフヒストリー・インタビュー」が実施された。また、このインタビューの経験を踏まえて、同様の質問事項を含んだアンケート調査が二七一八人に行われた(Bauer, Inkeles, and Kluckhohn 1956: 7-9)。ソ連を離れた時期からして、被調査者は、主に一九三〇年代までの自身の体験を回答したことになる。

このプロジェクトを主導した研究者は、ソ連を当時の主要なパラダイムであった全体主義――「政治権力を掌握した人たちが、自身の目標を達成するために社会の物的・人的資源をすべて統合しようと試み、さらには、住民の私的な感情や感性にまで統合を広げようとする社会」(Bauer, Inkeles, and Kluckhohn 1956: 20)――の枠組みで理解したが、しかし同時に、ソヴィエト社会が西側と同じく産業社会の一形態である点を重視していた。プロジェクトの成果の一つである『ソヴィエトの市民――全体主義社会における日常生活』(一九五九年)では、「ソヴィエト市民の態度や生活経験と他の大規模産業社会のそれとの間にある顕著な類似点に特に関心を寄せる」ことが強調されている(Inkeles and Bauer 1959: viii)。

本章が参照した『スターリン主義社会』を著したマーク・エデルは、「あまりに無視されてきたハーバード・インタビュー・プロジェクト」の再評価を試みた別の論稿で、「全体主義的産業社会(totalitarian-industrial society)」という言葉を用いながら、「ハーバード・プロジェクトによれば、ソヴィエト社会システムは、全体主義的政治構造を伴う歴史的地理的に限られた産業社会の特別な形態であった」と記している(Edele 2007: 358)。

一九三〇年代のソ連社会とそこを生きた個人を考察する本章は、以上を踏まえて次の三つの観点を中心に議論を進めたい。一つはハーバード・プロジェクトのいう全体主義社会の観点である。すなわち、指導者の目標を表象した社会とそれを創造する人間にかかわる議論や現象を取り上げる。エデルの言葉を使えば、「人間と社会をトータルに作り変えようとする指導者の渇望の作用」(Edele 2007: 353)に注目する作業である。新しい社会を創る新しい人間のコンセプトが三〇年代にどのような形で表れたのか、その一端を描写しよう。実際のところ、指導者の渇望はソ連を生きたすべての人が共有するものではなかったが、無視もできなかった。指導者や公式メディアの語る「ボリシェヴィキ語」を使って人々は自らのアイデンティティを形作り、ソヴィエト社会を生きたのである(Kotkin 1995)。

第二に、ハーバード・プロジェクトが強調する産業社会の一類型という観点を共有したうえで、一九二〇年代末以降の工業化と農業集団化、さらには大テロルによっていかなる社会がソ連に誕生したのか、「全体主義的産業社会」の実態を探る。

以上に加え、ハーバード・プロジェクトが、必ずしも十分には注意を向けなかったもう一つの観点を最後に取り上げたい。それは、「社会的なもの(the social)」とでも呼べる、人々の水平的な結びつきである(市野川 2006)。国家から自立したものとはいえないまでも、人々が互いの生存のために協力する動きやネットワークを指す。社会史でいう「ソシアビリテ」、政治学や社会学で言う「社会関係資本」にあたる領域である。

本章は、一九三〇年代のソ連社会に以上の三つの観点からアプローチしつつ、それぞれの社会と、その社会を生きた個人を描写したい。

## 一　「新しい社会」を作る「新しい人間」

「新しい人間」のコンセプト、およびその探求は、スターリン治下のロシアに限って現れた現象ではない。全体主義論の枠組みで一括りにとらえられがちなナチス・ドイツに、そして、同時代の米国にも見られたように、体制を問わず二〇世紀前半を彩る社会改造志向の表現の一つであった。また、ロシアの歴史をさかのぼれば、一九世紀ロシアのインテリゲンツィアの一人ニコライ・チェルヌィシェフスキーの『何をなすべきか』(一八六三年)は、新しい人間が作り上げる新しい社会の物語として、レーニンの愛読書であったことはよく知られている(Fritzsche and Hellbeck

2009: 317; 古矢 2002: 32-37)。

スターリン体制下で行われた新しい人間の探求は、一九二〇年代末から本格化した社会主義建設とタンデムで推し進められた。体制は、この社会主義建設に積極的に参加して歴史の主体になることを社会に呼びかけ、それに応えた人々が実際に数多く存在したことは、ソ連市民が書き残した日記や回想録などからもうかがい知ることができる(Hellbeck 2006; 松井 2014)。例えば、マグニトゴルスクに代表される新しい工業都市建設は、労働と生活を通じて「ボリシェヴィキ語」を習得した新しい人間を作り出し、モスクワ地下鉄建設も、単に近代的な交通手段を整備する事業ではなく、新しい人間作りの営みと結びつけられた(Kotkin 1995; Weiner 2003: 4)。一九三三年一二月一九日の『プラウダ』は、「どれほどの人がメトロ建設のプロセスで自身を作り変えただろう!」と誇らしげに記した。建設労働者だけではなく、一般のメトロ利用者も、地下鉄駅の華麗かつ独特な威容から社会主義文明を体感し、乗車マナーを学ぶことで規律化された(Jenks 2000: 703, 712-714)。

ただ、この時期の新しい社会・人間創造プロジェクトで最も注目できるのは、それが、法や社会秩序の侵害を繰り返す犯罪者ですら、労働を通じてソヴィエト市民に生まれ変われるとのメッセージを打ち出したことである。そして、そのメッセージを伝える代表的な事業に位置付けられたのが「白海バルト海運河」建設であった(Fritzsche and Hellbeck 2009: 319)。統合国家政治局(OGPU)監督下で多くの囚人を労働者として投入し、膨大な人的犠牲者を出したことで悪名高いこの事業は、当時の文脈では社会主義建設と新しい人間の創造、人間の「再教育」のシンボルとされた(平松 2012: 50-51)。マクシム・ゴーリキー、レオポリド・アヴェルバフといった著名な作家たち、スターリン言うところの「魂の技師」はこの建設現場を取材し、運河建設と人間の再鋳造の物語を『スターリン記念白海バルト海運河――建設史　一九三一―三四』(一九三四年)にまとめた。その編纂本の序文には、「何千もの社会的に危険な人々を、意識ある社会主義建設者に作り変えたソヴィエト権力の矯正労働政策の輝かしき事例」との一文も記されている

(Горький и др. 1998: 8)。ここでは、この本の中から、その当時の人気風刺作家ミハイル・ゾーシチェンコが取り上げ、校閲と解説を加えたアブラム・ロッテンベルグの語りとライフヒストリーに注目しよう。

チフリス生まれのロッテンベルグは、当時、四〇歳の齢を数えていた。貧しい家庭に育ち、欲が渦巻くバザールに出入りした彼は詐欺行為に手を染め、その世界の流儀を身につけた。逮捕、監獄暮らしを繰り返しながらも詐欺商法で一定の地歩を築いたロッテンベルグは、あるトラブルから国外脱出を余儀なくされる。トルコを皮切りにブルガリア、ギリシアなどの都市を転々とし、異国の地でも詐欺商法やその他の犯罪行為で生き延びた彼は傷害事件を起こし、追われる中で偶然乗り込んだ船がソ連籍であったことから帰国を強いられ、到着地オデッサでOGPUに引き渡された。一九二六年一月のことである。その後、シベリア流刑、釈放、さらなる逮捕・勾留を経て、三二年四月、白海バルト海運河建設現場で働く囚人の一人となった(Горький и др. 1998: 496–517)。ここから、彼の自己変革物語が始まる。

詐欺行為で生きてきたロッテンベルグはもとより労働を忌避し、ノルマも果たさず、「働くのは馬鹿と馬だけだ。俺は嫌だ。そんなに仕事が好きなら俺の代わりに働いてくれ」と言い放つ始末だった。しかし、建設現場の責任者は、彼を粘り強く、何日にもわたって説得した。「君が仕事を拒否するのは驚くべきことだ。おそらく、君は何かを誤解している。……我々は自分のために働いているのだ。資本家のためではなく。わが国が栄えることを望んでいるのだ」。監督者の言葉が心に届き始めたロッテンベルグに対し、さらなる働きかけが続けられる。「我々は国が良くなるために働いている。国が良くなれば君も良くなる。我々は、人民の福利のために働いている。君は反革命家なのかい。君は我々と社会的に近しい人物だと思うが」。「よく働けば、我々は刑期前に君を釈放するし、君がよりよく暮らせるための専門技能も提供する。……すべてのドアは開かれている」(Горький и др. 1998: 517–519)。

私は気づいた。……彼らは、盗人から労働者を作り出そうとしている(Горький и др. 1998: 519)。

「盗人は資本主義の裏面」であり、社会主義社会では「盗人も作り変えられる」との言葉に感動したロッテンベルグは、ノルマを超過達成するほどに労働とその成果に喜びを感じ始めた。こうして模範的労働者となったロッテンベルグは、労働意欲の低い別の作業班の労働者に働きかけ、説得を試みるアクティヴな主体へと転じていった(Горький и др. 1998: 520–522)。

　私がこれを書いている今、釈放まで数日を残すのみとなった。私は、ラーゲリで一年半をすごした。暗い過去がなかったかのような気分でここを去る。明るい未来だけがあるのだ(Горький и др. 1998: 523)。

筋金入りの詐欺師の物語を紹介したゾーシチェンコは、次の結論を記した。

　ロッテンベルグは、正しい育成のおかげで心を入れ替え、意識を作り変え、それに伴って、もちろん、私たちの生活に起こった諸変化を学んだのである(Горький и др. 1998: 524)。

ロッテンベルグおよびゾーシチェンコの語りは、総説が取り上げたジグムント・バウマンの「ガーデニング国家」論にかかわる文脈で紹介したスターリン発言(一九三四年)、「庭師が好みの果樹木を育てるのと同様に、人々を優しく、注意深く、育成しなければならない」のフレーズを思い起こさせるものである。犯罪歴をもち、肉体労働を忌避する囚人をも、社会主義体制における労働の意味転換を説く丁寧な働きかけによって、社会主義建設の主体へと育成していく一つの物語とこれを受け止めることができる。

ただ、白海バルト海運河建設プロジェクトを通じた再教育＝新しい人間の形成の物語を、単なる作り話として評価するのは正しくない。白海地域の内務人民委員部(ＮＫＶＤ)管轄の労働キャンプで、一九三〇年代中葉に一人の囚人として矯正労働に従事したキリル・コレネフの体験は、本章での議論にとって有益な事例となっている。

一九一五年、コレネフは、革命前からエスエル党員として逮捕や流刑を経験した両親から生まれた。十月革命後、一家はモスクワに居住し、母ソフィアによればコレネフの父はレーニンの政府の要職を務め、一九二二年にはエスエルを離れ、二七年に死去した。父の死去後、残された母と息子は折り合いが悪くなり、コレネフは母が敷いた学業のレールをドロップアウトして、当時のモスクワで未曾有の規模に上ったストリート・チルドレンと行動を共にし、非行少年として一〇代を過ごした。一九三三年一一月には強盗の罪で政治警察に捕まり、「社会的有害分子」として三年の刑を受けるも、三四年の大赦により一一月に期限前釈放となった。寛大な措置を受けたにもかかわらず、釈放後すぐに仲間の若者たちとまた再び武装強盗に及び、矯正労働五年の刑を受け、白海内務人民委員部管轄下にあるオネガ湖近くのトゥロムストロイ建設現場に送られたのである(Shearer 2009: 374-376)。

しかしコレネフは、今回は労働キャンプでの労働や政治社会活動を通じて自らを作り変え、「良好で誠実な労働者」に変身した。コムソモール中央委員会機関紙『コムソモーリスカヤ・プラウダ』は彼の贖罪と自己刷新物語りを記した体験エッセイを一九三七年一月四日号に掲載した。そして、そのエッセイ掲載の三日後、コレネフは早期釈放措置を得たばかりか、母の住むモスクワに居住できる資格も与えられた。また、同紙のスタッフ・ライターの職も得られた。非行少年、犯罪歴を持つコレネフは、矯正労働収容所での労働を通じて再教育され、完全なソヴィエト市民に生まれ変わったのである(Shearer 2009: 376-377)。

ここで話が締めくくられれば、先に登場したロッテンベルグの物語と同じプロパガンダ言説と受け止められるだろう。ところが、コレネフを襲ったその後の運命が、彼にまつわる一連の書類がアーカイヴに残される結果に導き、これを一つの「事実」として語ることを可能にしたのである。その運命とは、一九三七年一一月の逮捕である(Shearer 2009: 377)。三七年二・三月の共産党中央委員会総会以降、大テロルが本格化し、多くのエリート層がその対象となって物理的に抹殺されると同時に、コレネフのような犯罪歴をもつ人物や社会的にマージナルな存在が、国家安全保障上の「危険分子」として「駆除」される大規模な作戦行動が発動された。再び総説の議論を用いれば、育成に力点がおかれたガーデニングから、完成した庭に潜んでいた雑草ないし外部から飛来した種子から発芽した雑草を引き抜くガーデニングへと転換がはかられたと言ってもよい。犯罪者の再教育を強調した『白海バルト海運河――建設史』

も禁書となった（平松 2012: 51）。労働を通じた再教育と新しい人間のモデルであったコレネフが、一転して庭から駆逐されてしまったのである。

この社会に向けられた国家テロルを、一九三〇年代のスターリン体制下の社会を語る重要な一コマとして検討するためには、まずは、コレネフやその仲間であるストリート・チルドレンのような、社会的にマージナルな人々が大量に作り出される主因となった社会主義的近代化プロジェクトの実施と、その結果について見ておく必要がある。

## 二　社会主義的近代化プロジェクトの混沌を生きる人々

### 工業化・農業集団化・人口／社会的移動

一九二〇年代末から本格化する急進的な工業化と農業集団化により、ソヴィエト社会はその相貌を大きく変えた。何よりもまず指摘すべきことは、猛烈な規模の人の移動である。強制的な穀物調達から農業集団化への展開、穀物調達や集団化に反対した農民を「クラーク（富農）」とラベリングして「清算」する政策により農民への弾圧はピークに達し、そのプロセスで、特別居住地に追放されたクラークやその家族はもとより、農業集団化で疲弊し、将来の見通しに乏しい農村を逃れて、労働力不足に悩む都市に移動する人の流れは巨大なものとなった。一九三〇年に約二五〇万人、翌年には四〇〇万人が村を離れて都市に移住した。第一次五カ年計画期間である一九二八―三二年に、農村から都市に移動した住民の総数は、一二〇〇万人の規模に達したと考えられている（Fitzpatrick 1994: 80）。

他方、工業化を支える労働力を必要とする都市は急膨張を遂げていく。例えばモスクワは、一九二八年一月から三三年一月までの五年間に約一五〇〇万人、三一年と三二年の二年間だけに限っても一〇〇万人近い人口増を経験した。ティモシー・コールトンの言う「ハイパー都市化」現象である。結局、一九三〇年代末までに、モスクワに住む市民の四〇%は、三〇年代の一〇年間に農村から移住した人々によって構成されることとなった。モスクワは「農民のメトロポリス」と化したのである(Colton 1995: 247; Hoffmann 1994: 1-2, 7)。

社会の変化は空間的な人の移動にとどまらない。労働者となった農民はもとより、都市居住者の多くも職種・職業を変え、高等教育の機会を得て社会的上昇移動を遂げた者も少なくなかった。敷衍すれば、農民には、建設業を経由して工場労働者へと参入していく傾向が見られ、労働者も、工業化の花形部門である機械製作工業を頂点に、賃金など労働条件が良い工場へと移動を繰り返した。工場サイドの引き抜きも常態化し、労働力移動は膨大な規模に上ったのである。さらに、こうした労働者の中には、たたき上げの形で技術者などの職に登用されたり、共産党をはじめとする統治機関にポストを得て、ホワイトカラー化するものも生まれた(塩川 1985: 291-293, 354-355)。

コムソモールや党の活動家で、ラブファク(労働者予備学部)や大学などの高等教育機関、特に自然科学系の教育機関に入学を許され、新しいエリートの地位を獲得した者の数も無視できない。近代化プロジェクトが本格化した一九二九―三〇年の冬を転換点として、工学などエンジニア養成教育機関への大規模なエントリーが開始された。一九三三年の初頭までに、二三万三〇〇〇人の共産党員が様々な教育機関の正規の学生になり、うち、一〇万六〇〇〇人が高等教育機関(党学校や軍の学校を除く)で学び、その集団のうちおよそ三分の二が工学教育を受けていた。大学生のうち労働者であった者の数字は明確ではないが、九万―一〇万人と見積もられ、その半分が共産党員であった(Fitzpatrick 1979: 385)。

以上の数字を算出したシーラ・フィッツパトリックは、これら「抜擢登用者」のイメージを明確にするべく、後に党・政府の最高指導者となったブレジネフやコスイギンの経歴を紹介している。ブレジネフは一九〇六年に工場労働者の家庭に生まれ、農業技術学校を卒業した後、土地調査官として働き、二九年に党員候補、三一年には党員となった。その間、モスクワのティミリャーゼフ農業アカデミーに入学するも、妻子と故郷に戻ってドニェプル冶金プラントの労働者の職を得ると同時に、その地の冶金大学の学生となり、三五年に卒業している。一九〇四年にペテルブルグの労働者の家族に生まれたコスイギンは技術学校を卒業し、シベリアの消費者協同組合網で働きながら、二七年に党員となり、三〇年にレニングラード繊維大学に入学している（Fitzpatrick 1979: 385）。

このように、第一次五カ年計画期に高等教育機関に抜擢登用された党員や労働者は、一九三七―三八年に発動された大テロルの犠牲になることも少なく、順調に昇進を続け、スターリン後のソヴィエト・エリートを構成した。無論、ブレジネフやコスイギンの例は別格だとしても、フィッツパトリックの見積もりに拠れば、一九三〇年から三三年の間に、党員労働者の六六万人が工場の生産現場を離れ、ホワイトカラー職やフルタイムの学生の地位に上昇したのである。党員ではなかった労働者も広く抜擢の対象となったから、その総数はかなりの規模に上っただろう（Fitzpatrick 1979: 386–387）。こうして、近代化プロジェクトの開始は社会的上昇移動の流れを作り出し、その恩恵を受けた人々を生み出した。技術系高等教育の享受者と農民の労働者化が多数に上ったことを考えれば、一九三〇年代のスターリン体制の下で、産業社会を支える「新しい人間」が作り出されたといえるだろう。

ナチス・ドイツ占領下での若者のレジスタンス運動を描いた『若き親衛隊』（一九四五年）でスターリン賞を受賞した作家のアレクサンドル・ファヂェーエフは、それをさかのぼる一九三八年に「新しい人間」と題したエッセイを書き、社会主義が、社会の発展水準としてだけでなく、「自然の力の征服という意味でも人類社会のより高い段階にある」ことを強調した。「昨日まで、鋤をもって畦を這いまわり、あるいは遊牧の半未開人だった」多くの若者が、「飛行士、潜水艦乗組員、トラクターやコンバインの運転手、エスカレーターの運転士」といった形で機械をマスターしたこと、さらに、社会主義が「何百万もの若者に学校や高等教育のドアを開き、科学を人民の身近なものにし、自然の力を手なずける知識の偉大なる力で人民を武装した」ことを誇らしげに語った（Фадеев 1938: 33–34）。

ここには明らかに誇張があるが、それでも、先に触れたブレジネフやコスイギンはまさにファヂェーエフの言う新しい人間を構成していたとはいえる。ブレジネフらと同様に、この一九三〇年代に社会的上昇移動の機会をつかみ、後にソヴィエト・エリートの一角に上り詰めた人物の一人に、レオニード・ポチョムキンがいる。彼は、一九一四年に、カマ盆地の農村に住む郵便職員の家庭に生まれたが、三七年にスヴェルドロフスク鉱業大学を工学と地質学の学位を得て卒業し、キャリアの最後には、ソ連邦地質省副大臣を務めた。この人物が特に注目に値するのは、彼が、一九三〇年代の記述を含む日記を書き残したからである。その三四―三六年の記述は、コムソモールの活動家として、大学の授業や学生の組織活動でリーダーシップを発揮しながら、ソ連の輝かしき未来を疑うことなく生きた、きわめて前向きな人物像を示している。とともに彼は、今ある自分の姿は、社会主義の成果であることを訴え、自分たちには社会主義建設を担う使命があることを強調していた。

私が大学に在籍しているのは、思いがけない僥倖というだけではない。それは、社会主義革命の必然的な結果である。革命が、我々を下層から引き上げたのである……。貧困に生まれ、驚くべき苦難を体験してきた我々こそが新しい社会を創り得るし、創らなければならない。我々の使命は、新しい社会建設で積極的な役割を演じることだけではなく、その建設活動を指揮することである(Garros et al. 1995: 283)。

## 流砂社会を管理する国家――国内旅券制度の導入

しかし、以上は当時の現象の一面を描写したに過ぎない。本節最初に述べたように、社会主義的近代化が作り出したのは大規模な人の移動に伴う社会的混乱である。そして、その主な原因は農業集団化であり、農民への弾圧と農民の逃亡であった(奥田 1996: 111-163)。逮捕や銃殺は免れても、家財の没収や追放処分を受けた「クラーク」は膨大な数に上り、それに伴う家族の離散・解体、親を失った孤児・浮浪児、そこから生まれる犯罪者といった、社会的にマージナルな人々が大量に作り出された。ＯＧＰＵが鉄道警護隊やコムソモールのアクティヴらとともに一九三二年の四―八月に実施した鉄道駅、鉄道沿線、河川輸送機関などにたむろする「フーリガン、孤児、小規模窃盗者」の取り締まり作戦では、フーリガン分子四万九〇〇〇人、孤児一万三一二二人が拘束されている(Shearer 2009: 184)。

以上のような社会的流動化と混沌とした状況を指して、ソヴィエト社会史の先駆的研究者モシェ・レヴィンは、「流砂社会(quicksand society)」と名付けた。

ほんの数年足らずの間に、人口の大多数が社会的地位や役割を変え、新たな階級、新しい職にスイッチし、同じことを新たなやり方で行った。……誰もが、新しい環境の中で、想定外の過酷な現実に直面したのである(Lewin 1985: 265)。

労働者、管理者、専門家、役人、党官僚、巨大な塊をなす農民はみな動き回り、職を変え、ある所では不要な余剰を、他では不足を作り出し、スキルを失い、あるいはその獲得に失敗した。作り出された奔流の中で家族が破壊され、子供が失われ、モラルが解体した。社会、統治、工業、政治の構造は皆、混沌としていた。強力な独裁政府は、加速化する工業化の初期に実施した先を急いだ活動の結果生まれた「流砂」社会を指揮していることに気づかされることになったのである(Lewin 1985: 221)。

将来の戦争をも見越し、工業化を最優先課題に位置付けるスターリン政権は、当初、都市労働力の拡大を歓迎した。しかし、都市への人口流入があまりの規模に達し、ただでさえ限りのある都市の住宅スペースや食糧供給が危機的に逼迫する中で、農村からの人の流れを遮断し、都市の居住者を限定する国内パスポート(国内旅券)交付と旅券登録制度が一九三二年末に導入される。三二年一二月二七日付のソ連政府決定「ソ連邦統一旅券システムの確立と旅券の義務的登録について」によれば、「都市、近郊の労働者居住区に常時居住するか、輸送機関、ソフホーズおよび新興工業建設基地で働く一六歳以上の全市民は、旅券の保有が義務付けられる」ことになった。裏を返せば、コルホーズ農民や個人農には旅券は交付されなかったのである。こうして、ソ連全土は、旅券システムが導入された地域と、それから除外された地域の二つに大別されることとなった。旅券導入地域では、旅券が唯一の身分証明書となり、居住地の民警機関への旅券の登録が義務付けられた。また、旅券には、氏名、出生年・出生地、ナショナリティといった基本情報に加え、「社会的状態」(革命時や入党時に就いていた職業)、住所、職場、兵役義務の履行、および旅券交付の際の根拠文書リストが記された(Попов 1995: 3)。

民警への登録義務をともなった旅券制度は、一九三三年一月、まずはモスクワ、レニングラード、ハリコフから導入され、同年中に残りの地域でも交付・登録作業を終えることが予定された。作業が完了した都市はレジーム(режимный)地域と宣言され、三〇年代中ごろまでにそれは三七都市に、四〇年までに一七五都市と四六〇地域に拡大し、三〇年代末までに約五〇〇〇万人が旅券を保有することになった(Shearer 2009: 248, 256, 476)。

旅券体制が特に狙いとしたのは、一九三二年から特に深刻化した農村の飢餓を逃れ、都市に流入する農民を摘発し、都市に「城壁」を築くことであった。また同時に、旅券の交付は、住民を選別し、指定の都市をクレンジングする狙いをもとより秘めていた。旅券交付に関する指令の非公開部分では、次のようなグループへの交付を、一定の例外を除き拒否する規定が設けられていた。生産現場、機関、学校で「社会的に有益な労働」に従事していない者(障碍者や年金生活者を除く)、「クラーク」や「被クラーク清算者」、国外からの越境者(政治的亡命者を除く)、選挙権剝奪者、私的商業従事者、聖職者、犯罪者などである(Попов 1995: 4)。旅券を受けることができなかった者は、一〇日以内にその都市を離れ、制度が導入されていない場所(非レジーム地域)へ移動しなければならなかった。移動を拒めば逮捕され、流刑地に送られた。当然ながら、旅券を受けられなければ、一九二八―二九年に導入された食糧配給制度からも排除された。旅券の交付を拒否され、あるいは拒絶を見越して、都市からの住民の脱出が始まった。一九三三年四月末までに、モスクワでは、一月時点に比べて九万八〇〇〇人の人口減が発生し、一六七三室の空き部屋が生まれたという。レニングラードでは旅券化により三三八〇室が空き部屋となった(Shearer 2009: 197)。

この旅券制度は、その付与（あるいは未付与）を通じて、人々に社会的、階級的、民族的アイデンティティを植え付ける役割も果たしたといえる（Shearer 2009: 243）。近代化は、一般には、法の前に平等な市民の創出を目指すものだが、ソ連の近代化プロジェクトは、様々な民族集団や社会集団に人々を括り込むとともに、配給制度や居住制限等を通じて、それぞれに対する差別的な処遇を施す特徴を有していたのである。

なお、この旅券制度は、それが掌握する住民情報と、政治警察や民警がカードで管理する反対派や犯罪者などに関する情報とが紐づけにされることで、いわばクロス・レファレンス・ファイルシステムの一環として機能し始めたことは、行論との関係で特に重要である（Shearer 2009: 157, 162）。一九三七年七月以降、その仕組みをも駆使した形で、以下に述べる「社会に対するテロル」が発動されたからである。

## 社会に対するテロル

旅券制度の導入が始まった一九三三年一月、党中央委員会総会でスターリンは、工業化や農業集団化の成果を称えながらも、階級闘争が引き続き重要な任務であることを強調した。組織的な公然たる反対や抵抗ではなく、犯罪や社会秩序の侵害、「社会主義的所有物」への侵害、すなわち、「工場や企業からの着服や窃盗、鉄道車両や商店からの着服や窃盗、倉庫、特に集団農場や国営農場の倉庫からの着服や窃盗」の脅威を力説した。「階級戦争と犯罪行為を結びつけること」で後者を社会秩序の問題としてだけではなく「国家安全保障上の中心課題」に位置付けたところに本演説の新しさがあった（Shearer 2009: 20-22）。

当時、農村では飢饉がピークを迎えていた。一九三二―三三年に四〇〇万―五〇〇万人が飢餓で死亡したと見積もられている（フレヴニューク 1998: 28）。都市でも食糧危機が深刻で、人々の強い反発を呼び起こした。パンを求める市民の投書が当局に押し寄せただけでなく、各地で公然たる抗議行動や大衆的ストライキも発生した。良く知られているケースは、三二年四月にモスクワ州に隣接するイヴァノヴォ工業地域にあるテイコヴォ市、ヴィチューガ市で巻き起こった労働者のストライキである。乏しい食糧供給に抗議したこの種の行動を当局は厳しく罰した（Rossman 2005: 202）。大衆的抗議行動が厳罰を受ける以上、密かな窃盗・着服などによって人々がサヴァイヴァル行動を起こすのは不可避であっただろう。しかしスターリンは、組織的抗議行動に対してのみならず、社会主義的所有物への侵害に対しても厳しく対処することを求めたのである。白海バルト海運河建設プロジェクトを通じた犯罪者の模範労働者への再生の物語が語られている一方で、犯罪行為が安全保障上の脅威として語られ始めたことになる。三二年一二月に政治警察としてのＯＧＰＵが民警を吸収し、さらに三四年七月には、連邦内務人民委員部（ＮＫＶＤ）が新たに設置され、政治警察と一般警察双方の機能を一体的に遂行する体制が作り上げられた（塩川 1997: 221）。これは、犯罪や社会秩序を乱す行為の取り締まりに、民警だけでなく政治警察が深くコミットし、特に後者が前者を指揮するねらいがあったとされる（Shearer 2009: 128）。

しかし、犯罪や社会秩序の侵害が国家安全保障上の課題に位置付けられ、社会に対する強硬な姿勢が強まる傾向を見せたとはいえ、一足飛びにその路線が確立したわけではない。すでに第一次五カ年計画期に、対農民を中心に強硬手段を行使し、膨大な犠牲を社会に押し付けてきたため、体制の安定のためには一定の「和解」措置も必要とされたからである。こうして、第一次五カ年計画が終りに近づく一九三二年あたりから、各種の「穏健」路線も現れたことが知られている。三二年五月の一連の法令により、農民が自留地で生産した穀物等を販売するコルホーズ市場が認められ、また、三三年から始まる第二次五カ年計画では、工業生産への傾斜が弱められ、消費物資の生産に対する一定の配慮が盛り込まれた（塩川 1997: 194, 201; フレヴニューク 1998: 32）。特に重要なのは、農業集団化とそれに伴う弾圧措置により流刑、追放処分をうけた「クラーク」などに対する処罰の緩和措置である。三四年五月二七日付のソ連中央執行委員会決定「旧クラークの市民権回復手続き」、三五年七月二六日付の「コルホーズ員の前科取り消し」に関する政治局決定、「一九三二年八月七日付ソ連中央執行委員会・人民委員会議決定「国有企業、コルホーズ、協同組合財産の保護と社会的(社会主義的)所有の強化」で有罪判決を受けた者の事件の点検」などである。最後の決定では、事件の再審により、三万七四二五人が釈放された(富田 1996: 51; フレヴニューク 1998: 48–51)。

他方、一九三五年四月七日付ソ連中央執行委員会・人民委員会議決定「未成年者の犯罪対策」は、孤児や児童によるフーリガン行為、窃盗、暴行、傷害、殺人に厳罰を科すこととし、一二歳以上の未成年者への刑事罰には銃殺刑も適用されることとなった。犯罪や社会秩序の侵犯に対しては引き続き強硬な姿勢も示されたのである(フレヴニューク 1998: 43–45)。

しかしまた、一九三〇年代中葉は、飢饉を乗り越え、配給制からも抜け出し、生活が相対的に安定した時期でもあった。大テロル直前のソ連は、経済面では相対的に良好な時代であった。「生活はより楽しくなった」とスターリンが発言したのはこの文脈である。一九三六年にはいわゆる「スターリン憲法」も制定され、社会主義国家の成立と敵対的階級の消滅が謳われた(塩川 1997: 195, 213)。憲法規定上、「旧クラーク」や旧体制の人間も含めて、あらゆる人がソヴィエト市民としての権利を享受できることとなったのである。

こうして、一九三〇年代中頃まで、強硬路線と穏健路線が共存する形で推移したが、それが決定的に前者に傾く明確な転換点となったのは、一九三六年夏以来の一連の旧反対派指導者への裁判と銃殺刑の宣告、執行など耳目を引く事件の延長上で、一九三七年二月・三月に開かれた共産党中央委員会総会であった。この総会は、ブハーリンとルィコフの除名を決定して(後に逮捕・銃殺)、最後に残った旧反対派指導者を抹殺すると同時に、資本主義の包囲下での階級闘争激化論に基づき、党内に潜む「面従腹背者」＝資本主義国のスパイ・妨害工作者が最大の危険であるとして、全面的に摘発することを呼びかけた(富田 1996: 75)。以上の方針を主導したスターリンは、総会演説で次のように述べた。

損害を与え、妨害するのに多数の人間は要らない。ドニェプロストロイ……を建設するためには、何万もの労働者を投入しなければならない。それを破壊するには、おそらく数十人で済むだろう。戦争で会戦に勝利するには赤軍数個軍団が必要である。この前線での勝利を無に帰するには、軍参謀部、いや師団参謀部でも数人のスパイがいて作戦計画を盗み出し、敵側に渡せば十分である。大鉄橋を建設するには数千人が必要だが、これを爆破するには数人で足りる。こうした例は枚挙にいとまがない（フレヴニューク 1998: 101）。

スターリンは、以上の発言の前に、「妨害工作というものは、妨害活動を平和時にではなく、戦争の前夜または最中に合わせて行うものだ」とも主張していた。

スターリンの発言は、大テロルがなぜ発動されたのかを考えるうえで鍵となる。すでに、研究者の間で大方の意見の一致を見ているのは、資本主義陣営の包囲と差し迫る戦争の脅威という危機意識にかられたスターリンをはじめとする指導部は、戦争勃発に呼応して国内で発生し得る反乱や妨害工作、いわゆる「第五列」の動きに恐怖を感じていたということであり、それが大テロルの主因だったとするものである。モロトフもカガノーヴィチも共に、後の回想の中で、同様の意見を述べていた（フレヴニューク 1998: 100–101）。

「第五列」は広く社会の中に伏在するため、予防措置は「社会に対するテロル」として展開せざるを得ない。とりわけ「第五列」に属すると疑われたものは「主として履歴書によって決められた」から、「クラーク清算」の経歴を持つ者、犯罪者や前科者、他国に同胞が住む民族集団（ドイツ人、ポーランド人、フィンランド人、朝鮮人等）、そして以上の家族、親族などが対象となった（フレヴニューク 1998: 102; Shearer 2009: 316–317）。中でも、旧クラークは主要な標的であった。「クラーク清算」により約二〇〇万人の農民が流刑となったが、五年の流刑期間の終了者や三〇年代中頃に実施された恩赦による釈放者の総数はかなりの規模に上った。彼らの多くは帰郷を試み、さらには没収された財産の返還をも求め始めた。こうした旧クラークの行動は各地で問題となり、その要求が三六年憲法に依拠して主張されただけに、当局の恐怖を引き起こしたのである(Shearer 2009: 297, 304-306)。

社会に対するテロルは、具体的には、一九三七年七月二日付政治局決定および政治局に承認を受けた同七月三〇日付の内務人民委員作戦命令第〇〇四四七号「旧クラーク、刑事犯、その他の反ソヴィエト分子の弾圧作戦」により本格的に開始された。この命令は、各地のＮＫＶＤ機関に明確な数値を示して、摘発行動を期日内に展開することを求めるものであった。たとえば、西シベリア地方には、第一カテゴリーが五〇〇〇人、第二カテゴリーが一万二〇〇〇人、計一万七〇〇〇人の数値目標が示された。第一カテゴリーとは、「最も有害な分子」として「即座に逮捕、銃殺されるべき者」で、第二カテゴリーとは、「第一ほど活発ではないが、それでも有害な分子」で、「八年から一〇年の期間でラーゲリもしくは監獄に収容されるべき者」であった。この作戦命令に列挙されたＮＫＶＤ地方機関の摘発対象者総数は、第一カテゴリーが七万二九五〇人、第二カテゴリーが一八万六五〇〇人で、逮捕者総数は二五万九四五〇人であった(ТСД 2004: 330-333)。当初の指令は、四カ月間限定の作戦行動であったが、期間は延長され、テロルの終結命令が出される一九三九年一一月まで続いた(フレヴニューク 1998: 124)。この作戦行動が始まった三七年七月から三八年一一月までの期間に八〇万人近くが逮捕され、三六万七〇〇〇人がＮＫＶＤの作戦命令〇〇四四七号の下で銃殺され、数十万人が収容所や懲罰居住地に追放された(Shearer 2009: 285)。

第一節で言及したように、一九三七年一月に釈放され、各種の権利を取り戻したキリル・コレネフは、同年一一月、作戦命令〇〇四四七号の文脈で逮捕された。窃盗での二度の有罪判決の記録が決め手となった。警察はまた、コレネフは失業者であり(事実ではなかったが)、それゆえに「社会的に有害である」ことを根拠にした。逮捕に抗議をしたコレネフの母親に対し、警察当局は、「我々はモスクワの掃除をしている」と語ってそれを正当化したという。コレネフは八年の刑を受けたが、収容所からの脱走や再拘留を経て、その後、その消息は永遠に絶たれた(Shearer 2009: 364, 403)。

コレネフの事例は、一九三七年の二―三月党中央委員会総会以後、犯罪者をも社会主義建設の主体に育む手法から、完成した庭に生き残った雑草を駆除する手法へとガーデニング国家の力点が変わったことを象徴的に示していた。

## 三　スターリン体制下の「社会的なもの」

スターリンが推し進めた社会主義的近代化と国家テロルは社会の相貌を大きく変え、それを生きる人々を翻弄した。流砂社会の到来に加え、密告さえ奨励される状況下で、人と人の関係は大きくゆすぶられた。しかし、「異常な時代の日常生活」(Fitzpatrick 1999)を生き抜かなければならないからこそ、各種の人的ネットワークが活性化した場合もあった。本節では、そのいくつかのネットワーク＝「社会的なもの」に焦点をあてよう。

一九二〇年代末から三〇年代初頭における農村から都市へという巨大な人の流れは、孤立した個人によって行われたわけではなかった。家族や親族はもとより重要な単位であり続けたが、同時に、ロシア語でゼムリャーチェストヴォ(землячество)と呼ばれる同郷集団のネットワークは、職や住居を確保するための基幹的役割を果たしていたことで知られている(奥田 1996: 135)。この時代の社会や個人を描写した作品は、このゼムリャーチェストヴォ現象についてしばしば言及している。モスクワのある自動車プラントに築かれていた同村人のネットワークを通じて、そのプラントに仕事や宿舎を得た以前の「クラーク」農民の話、あるいは、カルーガ地方から出てきてモスクワで職を探す同郷人の一時滞在場所となっているアパートの話などである(Fitzpatrick 1994: 85; Hellbeck 2006: 195)。

この問題に紙幅を割いたのが、『農民のメトロポリス』を著したディヴィド・ホッフマンである。ホッフマンは、一九三三年にウクライナなどで生じたような、食糧を求めて飢餓の農村をやむなく脱出した事例が相当数に上ることを認めつつも、村を離れてモスクワに到着した大多数の農民は、「自分たちがどこに行くのか、どこで生活するのか、またしばしば、モスクワのどこで働くのかについても明確な計画を持っていた」ことを強調する。つまり、一九二〇年代までに、あるいはもっとさかのぼって革命前から、モスクワへの出稼ぎや季節労働の経験を有した農民は都市の事情に通じていたし、そうでなければすでに移住を済ませた親族や同郷者を頼ってモスクワにやってきたからである。他方、労働力を不可欠とする建設現場や工場の責任者も農村との結びつきをもつ自身の労働者に働きかけ、同郷人のリクルートを要請した。自身が働くモスクワの建設現場に、出身の村から七二人の農民を説得して連れてきたことで功績を認められた労働者もいたという。三一年の労農監督部の報告書は、あるモスクワの工場で働く労働者の大半が、村の知人を通じてその職を得ていたことを伝えていたし、また別の調査も、三〇年代に、新規に働き始めた建設労働者の八二%が同郷者の助言にしたがって都市に移住したという(Hoffmann 1994: 64)。さらにホッフマンは、こうしてモスクワにやってきた農民たちは、モスクワ市の周辺地区や郊外に同郷者と集住する傾向にあり、暮らしや日常習慣、祝日の過ごし方、特に正教信仰という点で、伝統的な文化が根強く生き残ったことを指摘している(Hoffmann 1994: 131, 169–177)。

モスクワで生まれ育った基幹労働者と、それと交わることの少ない農民出自の労働者の相違を強調するホッフマンの議論とは異なり、一九三〇年代の首都の大工場が、新規労働者を含めて、一つのまとまりのある労働者階級を作り上げたことを主張する研究者もいる。ケネス・ストラウスは、モスクワの大企業「鎌と槌プラント」に焦点を合わせ、それが生産の場というだけでなく、食堂設置、食糧供給、住宅建設、文化的サービスの提供により生活共同体的機能を履行していた点に着目し、国家からも「相対的に自律した」存在であったことを強調する(Straus 1997)。ホッフマンの議論もストラウスの議論も共に正しく、視点の違いが生み出す相違とみるべきであろう。ソ連の近代化は、伝統的要素を利用する形で推進され、ある部分ではそれが色濃く残ったわけである。

なお、当時、地方の工場で管理者的地位にあったアンドレーエフ＝ホミャコーフは回想録を残し、ストラウスの描写に近い工場の姿を記している。と同時に、この回想録は、水平的なネットワークの観点で興味深いトルカーチ(толкач)現象に相当の紙幅を割いたところが注目される(Andreev-Khomiakov 1997: 69-73)。トルカーチとは、工場当局が不足する資材をコネや闇で入手する行為を指し、表の計画経済体制を裏で支えた秘密の取引のことである。実際、それなしには工場経営は成り立たなかった。そして、そのようなコネを使った物資やサービスの入手は、工場だけでなく、一般市民の生活のあらゆる場面に広がっており、ロシア語ではブラート(блат)という言葉で良く知られてきた。つまり、公式の商業網での購買ではなく、非公式の人的コネクションを通じた商品・サービスの入手のことである。この現象を詳しく研究したアレーナ・レヂェニョーヴァによると、ブラートは平等互恵の関係であり、交友関係を通じて行われることが多かった。したがって、人は、「百ルーブルよりも百人の友達を持たなければならない」のである(Ledeneva 1998: 104)。

以上のネットワークにつき、エデルは、飢餓のウクライナで苦境にあった彼の主人公と母親に、同郷人が食糧と職を提供したエピソードに触れながら次のように述べている。

このエピソードにより、私たちはスターリン社会の動態の深い部分へと導かれる。私たちが目にする実践は、住む場所や仕事を見つけるために裏から手を回し(ブラート)、知人や同郷者に頼ることである。……人々の生活の中心に位置したのは、独裁的かつ全体主義と呼びうる国家やその制度との間でのやりとりだけでなく、他のソヴィエト人とのそれであった(Edele 2011: 18-19)。

なお、ブラートで融通される財には住宅スペースも含まれていた。当時の住宅管理システムに住民参加の仕組みが取り入れられていたことが、ブラートを可能にした一つの要因である。十月革命後のロシアでは、革命後に接収し、国有化した都市の住宅群は市ソヴィエトの直轄的管理下に置かれた。しかし、一九二一年の新経済政策(NEP)への移行を契機に、ソヴィエト政権は、集合住宅のスペースや建物の管理・修繕を住民のイニシャティヴに任せることで住宅の保全を図る方針を採用し、住民組織としての住宅協同組合を設置し、そこに一定の権限を委譲した。二四年八月のソ連中央執行委員会・人民委員会議決定「住宅協同組合について」がそれを公式に推進した。その決定に基づき、ソ連全土の市ソヴィエト管理下の集合住宅の過半に、賃借住宅協同組合（ZhＡＫＴ）が設置された。協同組合員の住民が選出した理事会が住宅当局との間で建物の賃借契約を結び、家賃の収集と当局への納入と引き換えに、住宅スペースの住民への配分も含む住宅の管理権限を任されたのである。モスクワ市がこの仕組みに移行したのは遅れて一九三一年のことであったが、ZhＡＫＴの仕組みは、大テロル下の三七年一〇月まで続いた（Matsui 2009）。

ここで注目したいのは、当局の政策によるものとはいえ、住宅レベルにいわば中間団体的な住民組織が作られた事実である。これが機能すれば、住宅レベルに一定の自律性を有した新たな「社会的なもの」が生まれた可能性はあり、実際、いくつかのZhＡＫＴでは住民サービスを提供するコミュニティ活動が行われた（Matsui 2015）。しかし、この自律性は下からの公共性として機能するよりも、ブラートの温床となった。少なくとも当局はそのように判断した。一九三七年一〇月一七日付ソ連中央執行委員会・人民委員会議決定「都市の住宅ストックの維持と住宅管理の改善について」は、国家の所有物である住宅が当局の統制を受けない「少数の住民集団」によって占有されていることを厳しく批判し、賃借住宅協同組合システムの廃止を命じた。以後、賃借契約は、市ソヴィエトの住宅当局が派遣する管理人と各「世帯主」の間で結ばれることとなった。自律性という点で限られたものであったとはいえ、一九二〇―三〇年代に、公権力と家族の間にあってそのユニークな存在感を示していたZhＡＫＴが解体されたことは、国家社会関係の新たなステージへの移行を示す一つの象徴的な出来事であった（Matsui 2009: 136-138）。

## おわりに

大変動の渦中にある一九三〇年代のソヴィエト社会を生きた人々の相貌はさまざまであった。変わりゆく世界で上昇移動を遂げる人もいれば、社会主義的近代化の荒波の中でマージナルな地位にはじき出され、大テロルの時期に社会の藻屑として消えていった人も多かった。無論、「流砂社会」を分析したレヴィンが強調するように、「誰もが、新しい環境の中で、想定外の過酷な現実に直面した」ことは間違いない。同郷集団やブラートのネットワークは、過酷な現実をサヴァイヴァルするために不可欠だったのである。

冒頭で紹介したハーバード・プロジェクトは、西側への避難民の意見を収集した点で一定のバイアスをはらむが、それでも、スターリン体制に対するソヴィエト人の評価をユニークな手法に基づき提示した。回答者の大半は、レーニンを含むソ連指導部に厳しい評価を与え、秘密警察や集団農場にも強い拒否反応を示したが、現体制が取り除かれた場合になおも残すべきソ連の制度はあるかという問いには、いくつかの分野で好意的な回答を寄せた。特に、福祉国家的な諸制度——教育、医療、劇場などの文化面——については、社会集団を横断して高い評価が寄せられた。米国に移住した被調査者の多くは、米国の医療制度よりもソ連のそれを支持した。また、運輸や重工業の国有化や国家管理の仕組みについても多くの支持が集まった。社会主義的近代化のうち、農業集団化には完全に否定的で、土地は農民に与えられるべきとする意見が一般的だったが、国家主導による工業化の成果には一定の評価が与えられたということだろう(Inkeles and Bauer 1959: chap. 10)。

スターリン体制は、恐るべき犠牲、不要な犠牲を払いながらも産業社会化に一定の成功をおさめ、それを基礎に一種の福祉国家を築き始めていた。その果実を社会の構成員一般が享受するのはスターリン後の時代になる(本シリーズ第三巻を参照)。ただその前に、一九四一年六月に始まる「大祖国戦争」の未曽有の苦難と犠牲に耐えなければならなかったのである。

## 文献

市野川容孝（二〇〇六）『社会』岩波書店。

奥田央（一九九六）『ヴォルガの革命――スターリン統治下の農村』東京大学出版会。

塩川伸明（一九八五）『スターリン体制下の労働者階級』東京大学出版会。

塩川伸明（一九九七）「盛期スターリン時代」田中陽兒・倉持俊一・和田春樹編『世界歴史大系　ロシア史3』山川出版社。

富田武（一九九六）『スターリニズムの統治構造――一九三〇年代ソ連の政策決定と国民統合』岩波書店。

平松潤奈（二〇一二）「顔と所有――スターリン体制下の文学にみる個人と親密圏」塩川伸明ほか編『ユーラシア世界4　公共圏と親密圏』東京大学出版会。

古矢旬（二〇〇二）『アメリカニズム――「普遍国家」のナショナリズム』東京大学出版会。

フレヴニューク・O（一九九八）『スターリンの大テロル』富田武訳、岩波書店。

松井康浩（二〇一二）「スターリン時代――一九九一年以降の研究動向」ロシア史研究会編『ロシア史研究案内』彩流社。

松井康浩（二〇一四）『スターリニズムの経験――市民の手紙・日記・回想録から』岩波書店。

Andreev-Khomiakov, Gennady (1997), *Bitter Waters: Life and Work in Stalin's Russia*, Boulder, Colo.

Bauer, Raymond A., Alex Inkeles, and Clyde Kluckhohn (1956), *How the Soviet System Works: Cultural, Psychological, and Social Themes*, Cambridge, Mass.

Colton, Timothy J. (1995), *Moscow: Governing the Socialist Metropolis*, Cambridge, Mass.

Edele, Mark (2007), Soviet Society, Social Structure, and Everyday Life: Major Frameworks Reconsidered, *Kritika: Explorations in Russian and Eurasian History*, vol. 8, no. 2.

Edele, Mark (2011), *Stalinist Society 1928–1953*, Oxford.

Fitzpatrick, Sheila (1979), Stalin and the Making of a New Elite, 1928–1939, *Slavic Review*, vol. 38, no. 3.

Fitzpatrick, Sheila (1994), *Stalin's Peasant: Resistance and Survival in the Russian Village after Collectivization*, New York.

Fitzpatrick, Sheila (1999), *Everyday Stalinism: Ordinary Life in Extraordinary Times: Soviet Russia in the 1930s*, New York.

Fritzsche, Peter and Jochen Hellbeck (2009), The New Man in Stalinist Russia and Nazi Germany, in Michael Geyer and Sheila Fitzpatrick eds., *Beyond Totalitarianism: Stalinism and Nazism Compared*, New York.

Garros, Véronique, Natalia Korenevskaya, and Thomas Lahusen eds. (1995), *Intimacy and Terror: Soviet Diaries of the 1930s*,

New York.
Hellbeck, Jochen (2006), *Revolution on My Mind: Writing a Diary under Stalin*, Cambridge, Mass.
Hoffmann, David L. (1994), *Peasant Metropolis: Social Identities in Moscow, 1929–1941*, Ithaca.
Inkeles, Alex and Raymond A. Bauer (1959), *The Soviet Citizen: Daily Life in a Totalitarian Society*, Cambridge, Mass.
Jenks, Andrew (2000), A Metro on the Mount: The Underground as a Church of Soviet Civilization, *Technology and Culture*, vol. 41, no. 4.
Kotkin, Stephen (1995), *Magnetic Mountain: Stalinism as a Civilization*, Berkeley.
Ledeneva, Alena V. (1998), *Russia's Economy of Favours: Blat, Networking and Informal Exchange*, Cambridge, Mass.
Lewin, Moshe (1985), *The Making of the Soviet System: Essays in the Social History of Interwar Russia*, New York.
Matsui, Yasuhiro (2009), Housing Partnerships, ZhAKTy, or Housing Trusts? A Study of Moscow's Housing Management System, 1917–1937, *Acta Slavica Iaponica*, Tomus 26.
Matsui, Yasuhiro (2015), *Obshchestvennost'* in Residence: Community Activities in 1930s Moscow, in Yasuhiro Matsui ed., *Obshchestvennost' and Civic Agency in Late Imperial and Soviet Russia: Interface between State and Society*, Basingstoke.
Rossman, Jeffrey J. (2005), *Worker Resistance under Stalin: Class and Revolution on the Shop Floor*, Cambridge, Mass.
Shearer, David R. (2009), *Policing Stalin's Socialism: Repression and Social Order in the Soviet Union, 1924–1953*, New Haven.
Straus, Kenneth M. (1997), *Factory and Community in Stalin's Russia: The Making of an Industrial Working Class*, Pittsburgh.
Weiner, Amir ed. (2003), *Landscaping the Human Garden: Twentieth-Century Population Management in a Comparative Framework*, Stanford, Calif.
Горький М., Л. Авербах, и С. Фирин ред. (1998), *Беломорско-Балтийский Канал имени Сталина: История строительства 1931–1934 гг.* М.
Попов В. П. (1995), Паспортная система в СССР (1932–1976 гг.), *Социологические исследования.* № 8.
ТСД (2004), *Трагедия советской деревни. Коллективизация и раскулачивание. Документы и материалы. Том 5. 1937–1939. книга 1.* 1937. М.
Фадеев А. (1938), Новое человечество. *Юный коммунист.* № 10.

# 5　テロルと民主主義

ウェンディ・ゴールドマン
立石洋子　訳

## はじめに

一九三四年から三九年の間、ソ連の指導者が推進した国内での敵狩りは、大量逮捕や処刑、告発と恐怖の政治文化をもたらした。「テロル」として一般に知られるこの暗黒の時代は、三四年一二月、共産党指導者でレニングラード市党委員会第一書記のセルゲイ・キーロフの暗殺に始まる。数百万人が逮捕され、尋問を受け、強制収容所に送られ、あるいは処刑された。三七—三八年のテロルのピーク時には約二五〇万人が政治的・非政治的犯罪を理由に逮捕され、その大半は内務人民委員部（ＮＫＶＤ）に逮捕された。その総数は一六〇万五二五九人に達し、そのうちの一三七万二三八二人が反革命罪で裁かれた。政治的・非政治的犯罪による逮捕者総数のうち、約一三四万五〇〇〇人が有罪を宣告され、反革命罪による処刑は六八万人以上に上った(1)(Getty et al. 1993: 1022-1024)。

テロルが作り出した告発と恐怖の政治文化は、同僚を互いに対立させ、各地の党組織を麻痺させ、家族を破壊した。一九三六年秋の第一回モスクワ見世物裁判の後、党指導部は労働者を煽って工場内の「破壊者」を探させ、地方の党組織には内部の「敵を暴き出す」ように指示した。「敵を狩る」という政治文化は、あらゆる職場や組織を飲み込んだ。三七年二月、告発と逮捕がいや増す中で開かれた党中央委員会総会は、党やソヴィエト、労働組合の選挙に秘密投票と複数候補者制を導入する民主主義キャンペーンを開始する。このキャンペーンは、組合や党組織の古い指導部を排除しようとする喧騒に満ちた大衆運動を始動させた。逮捕と処刑は、政治局が各地の内務人民委員部機関に秘密指令を発した一九三七年の夏に勢いを増した。指令は各地の累犯者や村の聖職者たち、元クラーク、貴族や工場経営者などの選挙権剝奪者、「敵性分子」が住むとされた地域など、特別な社会的カテゴリーごとに逮捕と処刑の目標数を設定した。それに続いて、反革命罪を宣告された者の妻や、ポーランド人、ドイツ人、ルーマニア人、フィンランド人、ラトヴィア人、朝鮮人など他国の諜報員とみなされたソ連内の民族集団の逮捕が指示された。これらの民族集団の犠牲者の中には、ファシズムや抑圧体制を逃れた共産党員や左派亡命者も多かった。逮捕と処刑の大部分は、社会の「有害」分子や他国とのつながりを疑われた民族集団を対象にした「大規模民族作戦」に巻き込まれた人々であった(2)。

このようにテロルは、個々の集団を次々に標的とした複合的かつ重層的な事態であった。しかしそこには、国家の指令や大衆向けのキャンペーンと、幅広い大衆参加のダイナミックな相互作用も見られた。工業化と集団化がもたらした大変動は国内の二大集団である農民と労働者に大きな不満を呼び起こした。党指導部は、過去にスターリンに反旗を翻した旧反対派が戦時にこの不満を利用することを恐れていた。巨大な陰謀への恐怖は、キーロフ暗殺が引き金となり、新たな集団の逮捕や尋問、自白の強制によって増幅した。党の下部組織では当初、幹部が自分の組織の中に敵を探すことに抵抗した。これに対し党指導部は、党員や労働者、大衆を敵狩りに巻き込む反破壊活動と民主主義のキャンペーンを開始する。これらのキャンペーンは「小さき人々」を煽動して破壊者を特定させ、権威に挑戦させて、内務人民委員部による比較的少数の旧反対派の逮捕から、大衆による告発の政治文化へとテロルを一変させた。一九三七年には告発や逮捕の危険が及ばない人はいなかった。大規模民族作戦は、農業集団化で資産を奪われた集団や敵国との結びつきを持つ集団を特に標的とした。しかし、標的になった民族的・社会的リスクのある集団の外に位置する人や政治的反対派歴のない人ですら、家族や交友関係によるつながりのせいで逮捕のリスクを抱えることとなったのである。人々は他者に先んじて告発するという自己防衛戦略をとったが、これはリスクを他者にまで広げただけだった。戦争が迫るにつれ、工業関連の人民委員部やソヴィエト、党組織、赤軍、労働組合等の国内の指導的機関が告発と恐怖の文化の餌食になった[3]。

## 一　キーロフ暗殺――物語の展開

大半の歴史家は一九三四年一二月一日のキーロフ暗殺事件をテロルの端緒とみなしている。犯人レオニード・ニコラエフは不満を抱く元党員で、即刻逮捕されたが、まさにその日、ヨシフ・スターリンは「一二月一日法」として知られる法案を直ちに起草した。政治局が承認したこの法令は、捜査当局がテロ活動関連事件を迅速に処理すること、控訴や死刑の延期を認めないこと、判決後の即座の処刑執行を定めていた。手際よい法案準備とその採択は、スターリンが反対派根絶の口実となるキーロフ殺害を計画していたことを示唆すると主張する歴史家もいる。しかし法令は二七年の在ポーランド・ソ連大使の暗殺後に作られた草案を範としており、事前に準備や計画がなされた証拠はほぼ存在しない(Lenoe 2010: 252-253)。それどころか、スターリンら党指導者は当初、暗殺の意味に確信を持てなかった。孤立した犯罪行為なのか、あるいはより大規模なテロリストの陰謀の一部なのか。政治局は党統制委員会議長代理ニコライ・エジョフと内務人民委員代理ヤコフ・アグラノフに調査を委ねた。結果的に大規模な陰謀の存在を主張したエジョフの説が支配的解釈となり、彼は内務人民委員に昇進したが、当初調査員たちは捜査を少数の容疑者に限定していた。一二月中にニコラエフと一三人が新法に則って逮捕され、裁判後に処刑された。三五年一月一五―一六日の

第二回裁判ではグリゴーリー・ジノヴィエフ、レフ・カーメネフと他の一七人の旧反対派がいわゆる「モスクワ本部」を創設し、キーロフ暗殺を含む様々な反革命団体の活動を指導したとして有罪を宣告された。しかし、ジノヴィエフとカーメネフはキーロフ殺害への関与を断固として否定し、反対派の煽動による殺人「教唆」のみで有罪判決を受け、投獄された(Getty and Naumov 1999: 144-147)。

裁判終了の翌日、スターリンは政治局宛の書簡で政治情勢を総括し、一月一八日、中央委員会はこの書簡を非公開の討論用として全ての党組織に送付した。書簡の説明によれば、キーロフ殺害容疑で逮捕された「ジノヴィエフ支持者」は有罪であることが判明し、処刑された。キーロフはモスクワの本部が率いる「レニングラード本部」によって殺害された。モスクワ本部はテロリズムを煽動したが、暗殺計画を了解してはいなかった。二つの本部はともに「トロツキー・ジノヴィエフ綱領」を共有し、その多くが党員からなる組織のメンバーを指導的地位に就けようと試みた。書簡が繰り返し強調したのは、二つの本部はスターリンの指導部に別の社会主義的選択肢を突きつけたわけではなく、反対派とみなすべきでもないことであった。いかなる支持基盤も持たないがゆえ、被告はテロリズムに訴え、国外のファシストと手を結んだのである。この書簡が、旧反対派はまだ党員証を有し、重要な地位を占めていると強調したところにより不吉な響きがあった。彼らは真の意図を隠し、忠誠を明言しながら秘密裡にテロ活動を準備しているというのである。そこから、あらゆる「党内の反党グループの残滓」を排除し、逮捕、追放することが求められ、これらの「残滓」を見つけ、破壊できるように党史の学習が党員に奨励された(О так называемом 1989: 78-81; Уроки 1989: 95-100)。

しかし、その語調の強さに反して、書簡は警戒の強化と学習以上の特別な指針を提示してはいなかった。多くの党員は、自身の地方組織に「反党グループの残滓」が含まれるなどとは思わなかった。過去に反対派に参加した党員がいたことは躊躇なく認めたが、これらの人々が以前の見解を放棄してからすでに長い年月が経過していた。党員たちは書簡に丁重に注意を向けたが、それが彼ら自身の組織に直接当てはまるとは考えなかったのである。

それから二カ月のうちに、政治局はスターリンのイニシャティヴで二三〇〇人以上をレニングラードから追放し、国家機関から二〇〇人以上を解雇した。ここには旧ジノヴィエフ派、トロツキー派、帝政期の将校、選挙権剝奪者およびその子弟が含まれた。レニングラードの内務人民委員部はさらに八四三人の旧ジノヴィエフ派を逮捕した。春に彼らが尋問を受けている間、キーロフ暗殺の物語は展開し、より多くの犯人、標的を巻き込んだ。エジョフはこの新たな情報を「分派主義から公然たる反革命とファシズムへ」と題した手記に組み入れ、追加の指示を求めて一九三五年五月、スターリンに送付した。その手記によれば、旧トロツキー派もテロルを選び、ジノヴィエフ派を煽動した。その夏、エジョフは潜伏する「トロツキー支持派本部」を発見、根絶するよう内務人民委員部に指示した。追放・投獄されていた、ないし指導的ポストに残る旧左翼反対派は逮捕されるか、モスクワに連行されて尋問を受けた(Уроки 1989: 81–82; Lenoe 2010: 454)。犯人とされた人々が増えるにつれ、犯罪の範囲も拡大した。初夏には、クレムリンの管理部門職員がスターリンや他の党指導者たちの暗殺を企てるテロ集団に加わったとして告発された。三五年六月の党中央委員会総会ではエジョフがキーロフ事件について新たな報告を行い、ジノヴィエフとカーメネフ、レフ・トロツキーがキーロフ暗殺と最近発覚したクレムリンへの陰謀に直接関与したと批判した。しかし、党指導部はまだエジョフの主張に確信を持てなかった。中央委員会はエジョフの批判に追随したり、彼の手記を広めたりすることはできなかった(Getty and Naumov 1999: 176–178)。

一九三五年六月、党は全党員の点検と党員証の交換を開始した。その目的は、すでに党を離れ、党員記録未作成の該当者を除去し、党員資料の正確性を確保することにあった。そこにキーロフ暗殺への言及はなかった。点検・交換に責任を負う地方党指導者はその手続きと目的に困惑した。過去の反対派活動は犯罪の成立要件になるのか。除名された党員の情報を内務人民委員部に送る必要はあるのか。調査に内務人民委員部が関与するには検事の許可が必要なのか。三五年九月、エジョフは地方党書記に向けて演説し、党、検察、内務人民委員部の関係の明確化を試みた。検事と法廷の役割を最小化し、内務人民委員部とより密接な関係を築き、疑わしい文書をすべてそこに提出し、調査の支援を求めることを党書記に奨励したのである。内務人民委員部は見返りとして、党員の疑わしき材料を地方指導部に送り、党内問題でより大きな役割を引き受けた（Getty and Naumov 1999: 197-198; Getty 1985: 58-91; Rittersporn 1991: 73-74）。しかし、地方の指導部は点検・交換を過去の日常的な粛清のように実施し続けた。つまり党員は、党員証、個人情報、行動と活動の注意深いチェックを想定すれば良かった。たとえば鎌と槌鋼鉄プラントの党委員会では、会議出席率の低さや身分証明書類の矛盾、偽りの個人情報、国家や党に反する発言のせいで除名されることはあっても、「隠れた敵」や「破壊者」あるいは反対派が議論に上ることはほぼなかったのである（ЦАОПИМ: 429/1/126/6）。

一九三五年を通じて地方の党員は、旧反対派への攻撃から依然として切り離されていた。点検キャンペーンが始まった七月から一二月の間に、党は二〇〇万人の党員のうち九%（一七万七〇〇〇人）を除名したが、その大多数は道徳的退廃や横領、階級的出自の隠匿、身分証明書類の矛盾といった日常的な理由によるものであり、トロツキーやジノヴィエフを支持する反対派として除名されたのはごくわずかであった（除名者のうちの二・八%にあたる四九五六人）。全除名者のうち逮捕者は約八%（一万五二一八人）で、それは党員全体の一%以下であった。これらの除名者の逮捕理由は不明だが（彼らは非政治的犯罪で有罪とされた）、たとえ反対派として除名された党員すべてが逮捕されたとしても、この集団は全逮捕者数の三分の一に過ぎなかった。このことは逮捕された党員の三分の二が、盗難やフーリガニズムなどの非政治的犯罪によって逮捕されたことを示していた[4]（Getty et al. 1993: 1035）。旧反対派に対する地方党組織の寛容さは除名者を少数にとどめ、除名後に続く逮捕をある程度減少させた。

キーロフ事件に対する党指導部の方針に重大な変化があったのは三六年一月のことである。三五年五月に初めてスターリンに報告されたより巨大な陰謀というエジョフの理論が、元ドイツ共産党員ヴァレンチン・オリベルグの逮捕と自白によって復活したのである。オリベルグはファシズムから逃れてソ連国籍を取得し、ゴーリキーに居住していた。彼は尋問の際に、スターリン暗殺と反革命テロ組織の創設をトロツキーに指示されたと自白した。二月には内務人民委員部次官ゲオルギー・プロコーフィエフが地方の内務人民委員部の組織に全てのトロツキー・ジノヴィエフ派地下組織の排除を指示し、逮捕は拡大した。スターリンは内務人民委員ゲンリフ・ヤゴーダと検事総長アンドレイ・ヴィシンスキーに、裁判にかけるべき人物の一覧の作成を委ねた。一九三六年春の間、内務人民委員部調査官は旧反対派に自白を強制し、捏造するために、拷問や睡眠時間の剝奪、身体的虐待、隔離といった多様な違法手段を利用した。まもなく旧反対派の指導者たちの自白は、いわゆる「合同本部」の第一回モスクワ見世物裁判の根拠となった(О так называемом 1989: 82-84)。

しかし数人の党指導者はいまだエジョフの解釈に抵抗を示した。ヤゴーダと内務人民委員部秘密政治部長ゲオルギー・モルチャノフはともに、自白の露骨な偽造を疑った。ある尋問記録を点検したヤゴーダは、ソ連指導者たちの殺害をトロツキーから指令されたという被告の主張の至る所に「真実ではない」、「たわごと」、「虚偽」と殴り書きした。(5) 一九三六年七月二九日、中央委員会は新たな物語を説明する第二の非公開書簡を党組織に送付した。犯人の集団とそのテロ活動は一八カ月間に著しく拡大した。以前はジノヴィエフ、カーメネフは「テロリスト的ムードを喚起した」として有罪を宣告されたが、いまやキーロフの殺害だけでなく、スターリンや他の党指導者の殺害をも企てたとして有罪となった。書簡によればジノヴィエフ派とトロツキー派は三二年に合同し、その後主要都市でテロリスト集団を結成した。トロツキーは国外からこの「トロツキー・ジノヴィエフ支持者合同本部」に指令を送り、キーロフやスターリン、他の党指導者の殺害と軍内部でのテロ細胞の組織化、戦時の権力掌握を指示した。「テロリスト」はいくつかの重要な組織や、武器工場にさえも潜入していると書簡は述べた。ナチスを逃れてソ連に住む複数のドイツ人共産党員が、ロシアのファシスト亡命者組織やゲシュタポの側にたった諜報活動で訴追された。「右派」もまた反スターリンの陰謀に加わった可能性があると述べた書簡の一行は、短くも衝撃を与えるものであった。一般党員にとって最も重要だったのは、書簡が去年の党員の点検と党員証の交換をキーロフ殺害に結び付けたことだった。書簡は党に潜む「テロリスト」の発見に失敗したとして、党委員会を批判した。その後内務人民委員部は党の警戒心に深刻な疑いを投げかけ、点検を通過した党員を逮捕した(О террористической 1989: 100–115)。

八月一九日に開廷した第一回モスクワ見世物裁判は、世界中のジャーナリストが傍聴した。一九三四年のキーロフ暗殺は国内で起こった殺人事件であり、犯人は一人のはずだったが、いまや一六人の被告と複数の暗殺計画、外国の諜報員やファシストとの接触、テロリストの陰謀が関わったとされた。キーロフの暗殺者を発見し、処罰するという当初の目的は、旧左翼反対派に対する全国規模の攻撃に拡大した。被告の多くは長年革命運動に携わってきた人々であり、全員が弁護士の支援を辞退した。彼らはテロリスト本部を組織してキーロフを殺害し、スターリンや他のソ連の指導者たちの殺害を企てたとして有罪を宣告され、裁判終了の翌日に銃殺された。彼らの自白や相互の非難が有罪の主要な証拠とされた(The Case 1936: 55–56, 65, 68, 71–72, 117, 178–180; О так называемом 1989: 78–81)。

被告の自白は虚偽だったが、想像上の台本と見なされる法廷の記録は、スターリンの指導部の不安と恐れがいかに大きかったかを示している。裁判の主題は、国内の大変動、隠れた反対派、外国の脅威であった。ヴィシンスキーも被告も、一九三〇年代初頭の大変動が生んだ社会的不満に繰り返し言及した。たとえばカーメネフは、国内の「克服困難な窮乏」、経済の危機的状況、党の経済政策の破綻」がスターリンの政策の誤りを暴露することを確信していたと証言した(The Case 1936: 119)。自白から捏造された行為を取り除けば、それは信憑性のある真実を含んでいた。党は第一次五カ年計画がもたらした経済危機の間に支持を失い、農民や労働者は集団化と生活水準の悪化に憤慨し、多くの旧反対派がスターリンに強い疑いを持ち続けていた。スターリンの政策によって追放された旧反対派は党内に残り、心の中では留保を持ち続けながら、表向きは忠誠を公言していたのである。

## 二　権威への挑戦——国家のキャンペーンと労働者の反応

裁判が詳細に報道されると、まもなく全国の職場会議で議論の焦点となり、党員や労働者はスターリンへの熱烈な支持を公に宣言した。裁判はまた、一般の人々による私的な告発や申告をあふれさせた。彼らは内務人民委員部や地方の党職員に対して、同志や同僚への疑念を詳述した（Goldman 2011: 91）。党指導者たちは党員名簿を検証して「隠れた敵」を探し出すことを地方の党組織に要求し続けた。モスクワ党委員会書記セミョン・コルィトヌィはより厳格な手段をとることを地区幹部に求めた。彼は「あなた方はこの仕事の体裁を繕っている」と述べ、「再度調査しなければならない者が間違いなく数人は存在している」と断言し、党員を「きわめて詳細に」点検し、かつて左翼反対派の中心であった工場に焦点を当てるよう要求した（ЦАОПИМ: 3/49/119/17–18, 45–48, 54, 129, 161–162）。

一九三六年秋にケメロヴォ鉱山でガス爆発が起こり、一〇人の労働者が死亡し、一四人が負傷すると、敵狩りへの大衆参加は一気に拡大した。爆発から二日後の九月二五日、スターリンは政治局に電報を送り、ヤゴーダを内務人民委員から解任し、エジョフに代えることを要求した（Getty and Naumov 1999: 280）。一週間以内に法務人民委員部は各地の検事に指令を出し、「過去三年以内に工場で発生した全ての技術的安全性に関わる事件やあらゆる爆発、事故、火事を再検討せよ」と命じた（ГАРФ: 8131/37/84/108）。検事が事故の記録とトロツキー派との関連を調査し始めると、内務人民委員部はケメロヴォの経営者や技師を逮捕し始めた。彼らは牢獄で、その年の初めに逮捕された西シベリア地区出身の多くの旧トロツキー派に合流した。内務人民委員部は鉱山の経営者と旧トロツキー支持者を即座に結び付け、彼らは労働者を殺害し、ケメロヴォ鉱山を破壊する詳細な計画を企てたと主張した。一一月二〇日に開廷したケメロヴォの被告の裁判は、いまや工業分野での新たな反「破壊者」キャンペーンの目玉となった。スターリンや他の党指導者の暗殺計画によって有罪とされた「トロツキー・ジノヴィエフ本部」の被告とは異なり、ケメロヴォの被告は労働者の殺害で有罪を宣告された（Труд: 1936/11/21/3）。彼らは、労働者を国家に反逆させるために鉱山に故意にガスを充満させたと証言した。その自白は全ての主要新聞に掲載され、すでに危険な職場環境に憤りを感じていた労働者たちを激怒させた。

ケメロヴォ裁判は一九三七年一月の「トロツキー支持派並行本部」の第二回モスクワ見世物裁判のリハーサルになった。モスクワ裁判は、ケメロヴォ鉱山での破壊活動を他の二つの化学工場と鉄道での破壊活動の陰謀に結びつけた[6]。一月の見世物裁判の間、工場新聞は労働者を動員し、あらゆる事故を疑い、工場の中に破壊者を探し、工場長や経営者を大胆に批判するよう呼び掛けた（Мартеновка: 1937/2/5/1）。鎌と槌鋼鉄プラントの労働者は、その後国中の大衆集会で労働者が繰り返すことになる誓いを立てた。

一つの欠陥や事故も見過ごしてはならない。生産コンビナートが自ら止まることはなく、機械が自ら壊れることはないし、ボイラーが勝手に爆発することもないと我々は知っている。これらの事故の背後には誰かの手がある。これは敵の手ではないというのか？　これは、同様の事例で我々一人一人がまず答えなければならない第一の問いである（Кировец: 1937/2/3/2）。

工場新聞は、過度に証拠に煩わされることなく、疑いを書き留めるよう労働者を督励した。

ケメロヴォ裁判と第二回モスクワ見世物裁判は、広く一般の聴衆にとってのテロルの意味を再構築した。裁判は非難を国家から逸らせて経営者や元反対派に向かわせ、安全性や住宅、労働状況、食糧不足への不満を「破壊活動」という新たな言語で表現することを労働者に促した（Труд: 1936/11/23/2）。労働者はすぐにこの言語を自分自身の不平に利用した。スタンコリト工場のある労働者は同僚に伝えた。「労働者の要求にもかかわらず送風機が機能していない。我々は周りを見渡す必要がある。おそらくこれは、クズバスで労働者をガス中毒にさせたのと同じ野郎の仕業だ」

（ЦАОПИМ: 3/49/129/119–120）。裁判のメッセージは、スタンコリトや他の数千の工場の労働者にとって直ちに明らかになった。もし彼らが非難すべき「破壊者」を見つければ、おそらく誰かが忌々しい送風機を修理するだろう。

死を招く政治の霧が工場に浸透し、あらゆる問題を告発と非難で覆い隠した。党委員会メンバーは職場間の競争や生産上の問題、事故、個人的反目でさえも「敵の活動」と解釈した。困難な状況への失望から、労働者や党員は是正を期待して政治的告発を浴びせかけた。「政治の日（политдены）」という特別な期間には全ての職場で会議が開かれ、「外国の諜報組織や右翼トロツキー派諜報員の目的と方法、実際の破壊活動、妨害活動をいかに識別するか」が人々に教えられた（Кировец: 1937/6/24/2-3）。新聞は隠れた敵の「仮面をはが」し、「真の顔」を暴露するように労働者を奨励した(7)（Мартеновка: 1937/4/22/1[Правда: 1937/4/21 から転載]）。諜報員やテロリスト、破壊者といった恐るべきニュースに囲まれた人々は、忠実で警戒を怠らず、ソ連の理念に忠実であるかに見える同志や同僚さえも信用しないようにと警告された。敵は正体が暴かれないように「仮面を剝す者」の変装をして他者を告発することさえあり（Кировец: 1937/6/2/3）、誰もが隠れた敵かもしれない。新聞や党活動家は人々の間に新たな単語と成句を広めた。「破壊者」、「人民の敵」、「仮面をすることと剝すこと」、「党員証に隠れた敵」といった用語が人々の日常会話に加わり、政治文化は劇的に変化した。破壊活動の告発は全経済分野に急速に広がり、故障や不足、事故、失敗の便利な口実となった。

一九三七年一月の裁判終了からひと月を経ない二月二三日―三月七日、党中央委員会総会が開かれた(8)。党指導者は、元右派の反逆や産業施設の破壊といったいくつかの重要案件を取り上げたが、さらに労働組合やソヴィエト、そして党自体の選挙での秘密投票や複数候補者制に関する新たなキャンペーンを導入した（ВИ: 1995/11–12/14–15, 20）。新たな民主主義キャンペーンは、選挙に加えて地方の幹部に説明責任を求め、権威に挑戦することを、一般の人々に奨励した。民主主義とテロルは矛盾するどころか相伴って進行したのである。「小さき人々」を役人の粛清に参加させることで、党指導部は高官が保護する元反対派を暴露し、進行中の抑圧に下からの支持を得ようとしたのである（Goldman 2007: 109–161)。

新たに採択されたソ連憲法は、元貴族や白軍、聖職者、元クラーク、政治的に排除されていた他の集団を含む全市民に選挙権を拡大した。都市部での投票が農村部での投票より重視されることはなくなり、全ての票が平等に数えられた。最も重要なのは、選挙がリストの一括承認ではなく個々の候補者間の真の競争であり、投票は公開ではなく非公開で実施されることであった。各地の党指導者は、選挙結果に深刻な懸念を抱いた(ВИ: 1993/6/27)。遠隔の農村地域や貧しい都市部、新参労働者の居住区、追放されたクラークの居住地との接触を党がほとんど持たないことを危惧したのである。シベリアと西シベリアの地区委員会およびノヴォシビルスク市委員会を率いるロベルト・エイヘは、「混乱し荒れ果てた村や、都市部の同様の地域」には憤慨した農民や貧しい「旧体制の人々」、犯罪者、売春婦、浮浪児、その他の工業化で見捨てられた貧しく自暴自棄の人々が居住していると述べ、多くの追放されたクラークが政府を憎んでおり、「選挙の際には中傷し、煽動するだろう」と記していた(ВИ: 1993/6/5–6)。各地の党指導者は、集団化と工業化がもたらした恐るべき光景を描写した(9)。新参労働者や旧クラーク、事務職員、職人、集団農場の農民、小規模工場の労働者、都市と農村の貧困層の支持に疑念を持っていたのである(Getty 1991: 18–35)。

総会後、各地の指導者は、安全保障上の脅威となりうる集団を特に対象とした大量逮捕を政治局に要求し、政治局はその夏に大規模作戦を開始した。クラークや都市の諸権利剝奪者にかつて実施した大量逮捕に倣って、特別な社会的カテゴリーに属する多数の人々を逮捕し、追加の法的刑罰を科すことが各地の内務人民委員部に指示された。しかし今回は逮捕と追放だけではなく、処刑の割当てが各地に設定されたのである。

大規模作戦の命令は非公開で、一般の人々は来る選挙との結びつきには気づかなかった。労働者は総会の民主主義への呼びかけを熱狂的に歓迎し、「組合民主主義」キャンペーンが即座に全連邦労働組合中央評議会(ＶＴsＳＰＳ)に支持され、一五〇以上の組合と二二〇〇万人の組合員に普及した。夏から秋にかけて組合の代表者は、中央委員会から工場委員会に至るまで組合のあらゆるポストに複数の候補者を立て、秘密投票選挙を組織するように指示された。組合員は個々の候補者に対して「拒否と批判の無制限の権利」を持ち、リスト一括投票は禁じられた。VTsSPSは一〇月に、新たに選挙された組合役員からなる最高会議を開催した。全ての労働組合中央委員会と工場委員会は、選挙までに「批判と自己批判」の工程を開始し、積極的に提案を求め、組合員に報告することになった。労働者の提案は「新たに選挙された指導者への指令」となった。組合資金の統制もまた民主化された。大企業（三〇〇人以上の労働者）の工場委員会は一五―三〇人からなる評議会を組織して保険金の支払いを監督し、職業病や事故について学習し、超過労働や休日、祝日に関する法令を経営者に厳格に順守させた。地方の組合は、緊急の支出を埋め合わせるために賃金の支払いを停止するという一般的な経営慣習をやめさせ、予定通りの賃金の支払いを保証することが指示された。最後に、住宅や消費等の諸条件が確実に国家の注意を引くように、各レベルのソヴィエトに組合の志願者からなる常設委員会が置かれることになった（ГАРФ: 5451/21/1/62–64, 130–137; 5451/21/114/69–82）。

キャンペーンは、テロルと民主主義の著しい矛盾をきわめて明確に示していた。一九三七年末までに、ほぼ全ての労働組合が選挙を行い、労働者たちは騒々しい大規模な会議で、指導部が職場の健康や事故、生活環境を軽視していると批判し、彼らを職場から追放するために投票した。組合民主主義のキャンペーンは組合内の争いを解き放ち、まもなく破壊活動批判や旧反対派探し、諜報員や妨害活動従事者への恐怖と結びついた。労働者は一定の権力を容易に手に入れた。旧指導部を一掃し、安全性や健康状態の問題に組合を取り組ませたのである。それと同時に、全ての組合に敵狩りが拡大した。自らの地位を守ろうとした組合指導者は、抑圧の言語――「破壊者」、「ごますり」、「おべっか使い」、「敵」、「身内の庇護（family circle）」――を、互いの攻撃に利用した。彼らの告発は即座に内務人民委員部の関心を引きつけ、大ダメージを生んだ。資料によれば、少なくとも三分の一の組合指導者が逮捕されたのである。これらの逮捕は単なる党指導部の命令の結果ではなく、全てのレベルの党、組合、内務人民委員部の間に恐怖の相互作用が働いていた。互いを非難することで、組合の指導者は自らの破壊に積極的に加わった。少数の節操ある組合指導者は職員を守ろうとし、互いの非難をやめるように役員に要求した。しかし彼らは即座に、「下からの批判の抑圧」、「身内庇護集団の構築」といった、まさに民主主義キャンペーンが撲滅を目指した行為で批判されることになった(Goldman 2007: 175-179, 255)。

調査や選挙はますます刺々しい雰囲気を作り出した。内務人民委員部は生産や賃金、換気、事故の事例を破壊活動と非難し、組合役員や工場長、技術専門家を逮捕した。組合指導者には、他者を非難することで逮捕を免れようとした者もいた。他方、安全を脅かす最悪の欠陥を急ぎ改めようとした指導者もいた。「南部冶金労働組合」は冶金業の新たな安全規則案を審議した。「機械工具労働組合」はスタンコリト工場での事故と目の負傷の増加を取り上げ、ゴーグルと作業用の靴や衣類などの提供を工場長に指示した(ГАРФ: 5451/21/114/3, 9)。組合役員は労働者の不満を減らすため、経営者により積極的に圧力をかけ始めた。

選挙は労働者統制という革命時の約束を復活させ、労働者の間に新たな興奮を作り出した。たとえば「毛織物労働組合」は、工場で大規模な「説明責任」集会を開いた。労働者は数年ぶりに、来たる工場委員会選挙の候補者を選ぶために大規模で騒々しい集会に積極的に参加した。一九五の毛織物産業の工場委員会に選出された一三〇〇人以上のうち、六五%が新委員であり、四三%は組合活動に参加した経験を持たなかった。工場委員会議長のほぼ半数は新人だった。製織工場クラースヌィ・トカチでは、四四〇〇人の全労働者の約六分の一が職場委員会に選出され、自発的参加は空前のレベルに達した。有給の役員は職場から排除され、ボランティアに置きかえられた。新たな工場委員会は、生活水準について定期的に審議する全体会議を立ち上げた(ГАРФ: 5451/22/64/211-224)。

一九三七年末までに一一六の組合が大会を開き、二万三三〇〇人以上の代議員が出席した。国内の一五七の組合のうち、一四六の組合で労働者が新中央委員会を選出した。数百人の労働者が組合の「官僚制、大衆からの乖離、組合員の要求の無視」に批判を加えた。しかし、演壇で語られるレトリックにもかかわらず、労働者が手に入れたのは組合への限定的な統制に過ぎなかった。彼らは組合大会代議員の四分の一に過ぎず、その他は組合役員、事務職員、技師、技術職員、トラストや企業の長とその代理が占めていた。代議員のおよそ三分の二は党員だった。大会は下からの再活性化を目指したが、いまだ有給の組合役員や経営者に支配されていたのである(ГАРФ: 5451/22/64/12-13)。

キャンペーンは労働者の参加促進に成功した。二二〇〇万人の組合員のうち、五%にあたる約一一三万人が組合のポストに選出された。VTsSPSは、秘密投票や複数候補者制を実施せずに「組合民主主義の原則」を侵害した数百の選挙を無効にした。ある報告によれば、これは「労働者に強い印象を与えた」。選挙の最終開票報告は、組合の構成の大きな変動を示していた。工場委員会メンバーの七〇%以上と工場委員会議長の六六%、地域レベルの委員会メンバーの九二%が入れ替わり、新選出の多くの代議員は「生産現場からの人々」だった。すなわち、組合の初級組織に選出された代議員の六五%、職場委員会代議員の六二%、工場委員会代議員の四五%、地域委員会への代表者の二五%である。これらの数字は労働者が組合に占める割合の高さを表したが、別の傾向も示していた。組合組織の階梯を上に行けば行くほど、労働者選出の割合は低下したのである。たとえば初級組織を地域の委員会と比較すると、選出された労働者の割合は四〇%低下した(ГАРФ: 5451/22/64/10-14)。組合が代表する産業分野に就労していない人々が、いまだに上層部のほとんどの地位を占めていた。刷新の波は組合の上層部に向かうほど弱まったのである。(10)

組合員はまた、組合指導部の頂上組織である中央委員会選挙の際には圧倒的に不信任投票で応えた。しかしここでも、ヒエラルキーの頂点にいる役員はすぐ下の役員よりも高いポスト維持率を示した。中央委員会の委員は九六%が入れ替わったが、委員長の交代は六八%にとどまった。さらに、新委員長と書記はしばしば党や経営部門、組合の重要なポストから異動した。約三分の一の中央委員会では、新委員長と書記は元工場委員会議長であった。この選挙による大刷新は彼らを工場の指導者層から中央の指導的地位に移動させ、この集団に最大の利益を与えた。非党員の関与を求める党の努力にもかかわらず、党もまた指導的部門のなかで自己の優位を保った。ここでもまた、組織内の地位が高いほど専従党官僚の割合が高まり、労働者の割合は低下した。全体として、新たに選出された組合中央委員議長は労働者ではなく、地方に強力な地位を持ち、組合や産業、あるいは政府の管理者的地位から昇進あるいは異動した指導的官僚であった(11)(ГАРФ: 5451/22/64/10–14)。

VTsSPSが組合の大改造を推進した動機は何だったのか。その目的はスターリンやアンドレイ・ジダーノフが党に向けて策定した計画と同じだった。下からの民主主義の刷新と旧反対派の排除である。党指導部は中級と上級レベルの組合役員を、二—三月の中央委員会総会で「諸侯」と非難した地方党委員会指導者の相似形とみなしていた。概してこれらの組合役員は、非党員労働者よりも問題ある政治的経歴を有していた。さらに、経営者との衝突の際に、組合役員が労働者の利益を代表できないことに労働者は憤っていた。上位の党指導者たちは、一般党員を利用して地方指導者の排除に努めたのと同様に、組合役員の排除に向けて労働者を動員し、労働者の支持を得て旧反対派を標的にすることができたのである。

選挙の分析は、多くの利益が絡み合っていたことを示唆する。スターリン、VTsSPS議長ニコライ・シヴェールニクらは労働者の支持の獲得と旧反対派の根絶を目指した。労働者は、腐敗し自己満足した「官僚」の排除を望んだ。そして地方の指導者たちは、彼らの「一族」をある指導的ポストから別のそれに異動させることで、自らの地位を守ろうとした。選挙はこれらのどの集団にとっても真の勝利ではなかった。地方の指導者たちの指導的ポスト間の異動は、党指導者たちによる「一族」破壊や反対派の根絶を妨げた。労働者は「官僚」の排除に部分的に成功したに過ぎなかった。そして地方の指導者は、新たな地位に就いた後でさえ逮捕され続けた。組合の新中央委員会メンバーの一〇人以上が、選挙の直後に「人民の敵」として逮捕された。「鉄道労働者組合」だけで新たに選出された一九人の役員が「仮面を剝され」、逮捕されたのである(ГАРФ: 5451/22/64/23)。一九三七年から三八年の間、内務人民委員部は、組合役員を互いに非難させることで組合の高官を淘汰し続けたが、これは逮捕者をさらに増大させた。

## 三　交友関係と家族による結びつき

一部の歴史家はテロルを、国家が厳重に統御し、個別のカテゴリーの犠牲者を対象とした「切除の暴力」の一形態と概念化する。しかし、テロルをより混乱させ、制御不能の事態としたのは、大衆参加や非難、権威への攻撃であった。特定のカテゴリーを標的とした大規模民族作戦でさえ、その影響は標的にされた犠牲者だけでなく、親類や同僚、友人にも及んだ。国家の標的とされた犠牲者の集団は、家族と交友関係を通じて、最も忠実な党員にさえも結び付けられた。テロルの政治文化は、ほぼ全ての人から潜在的な敵を作り出した。たとえば鎌と槌鋼鉄プラントでは、社会的・政治的瑕疵のない労働者である党委員長が、民族作戦で逮捕された若いポーランド人共産主義者との交際を非難され、党を除名された。工場の党員は、疑わしい社会的・政治的背景を持つ親類や配偶者について無数の声明を出した。ある者は商人や村の聖職者、富裕な農民を父に持ち、別の者にはラトヴィア人、ポーランド人、あるいはドイツ人の親類や、疑わしい政治的経歴を持つ親類がいた。多くの一般人は、逮捕された親類や保護者、友人、同僚との関係で職場から追放され、逮捕された(12)。

党官僚や職場長、経営者と比較して逮捕者数は少なかったが、労働者もテロルの被害を被った(13)。大規模作戦の多くの犠牲者は物乞いや「貧民分子」ではなく、身分証を忘れた労働者や一般人だった。主要都市の外側では、工場で働く被追放農民が大規模作戦で一掃された。ドネツ州では、被抑圧者のほぼ半数が肉体労働者であった(Khlevniuk 2004: 306; Vasiliev 2006: 158)。一九三八年三月、内務人民委員部次官ミハイル・フリノフスキーはスヴェルドロフスク州の内務人民委員ドミトリー・ドミトリエフ宛の書簡で、同州の民族作戦の一万二四件の逮捕者割合を示した。ドミトリエフは自身の計算で四一四二人をドイツ人作戦で逮捕したとするが、うちドイツ人は三九〇人であったとフリノフスキーは批判的に記している。その九〇%以上は元クラークとその子弟の労働者であった。同様の数字はポーランド人作戦や他の民族カテゴリーにも見られる特徴であった（Хаустов и др. 2004: 659）。

テロルはそれ以外でも一般人に深く影響した。当時、ほとんどの経営者や技師、職場長が生産現場から昇進したばかりの人々で占められていた。彼らは一九三〇年代の大規模な上昇移動の恩恵を受けたため、依然として労働者や農民の家族と密接な関係を保っていた。工場の党員（たとえば「ディナモ」では九〇%以上）もまた、労働者階級や農民の家庭の出身であった。これらの人々が逮捕されるとその家族も逮捕され、職や教育の機会を失い、「人民の敵」との関係で被害を被った（Goldman 2011: 307-309）。犠牲者の階級分析のみで、テロルが労働者階級や農民の家庭、あるいは人口全体に与えた影響を解明することは不可能に近い。実際、犠牲者と一般の人々を分ける明確な境界は存在しなかった。テロルはソヴィエト社会を横断する幅広い層を刈り取り、その影響を受けなかった人はほぼ皆無であった。

党内では、「人民の敵」との弱い結びつきでさえ排除と逮捕の理由になりえた。党員は犠牲者との関係の質、頻度、実態について、長く恐ろしい尋問を受けた。実際にテロルの数年間、党委員会の主な活動は彼らが基盤とする組織の指導ではなく、党員内で敵を狩ることだった。経営者が逮捕されれば、その「サークル」の広範な調査を開始した。犠牲者は多数のスポークを持つ車輪の中心とみなされ、全ての知人が調査対象となった。あらゆる工場で、逮捕に続き知人や同僚、監督者の「一群」が追放され、逮捕される事例さえあった。電気機械プラントのディナモでは、二、三の逮捕が結果的に多数の人々を巻き込んだ。プラントに打撃を与えた最初の逮捕では、動力部門でともに働く四人の男性がトロツキー派との関係を非難され、犠牲となった。彼らの逮捕後、党委員会はその庇護者や友人、指導者といったより大きな集団の調査を開始し、即座に工場指導部が連座した。工場長は一九一八年以来の党員だったが、「人民の敵を身の周りに置き」、工場「支配」を許したとの批判を受け、解雇され、党から除名された。その直後に起こった火事は倉庫を破壊したが、それはさらなる破壊活動の摘発につながった（ЦАОПИМ: 432/1/179/114-117）。全ての犠牲者が徹底的に調査され、怯えた同僚は声明を出して原因とみなされうる情報を追加し、危険にさらされる人々の輪を拡げた(14)。六カ月のうちにディナモの長は三人代わった。ある犠牲者の後継者が新たな職務に慣れると、彼もまた即座に姿を消した。職場長や技師、経営者は決定を下したり、命令を発することを恐れ、職場の労働規律は崩壊した。

党員は声明をいつ提出するか、提出するか否かで苦しんだ。親類や知人を疑う報告をすれば、彼らは厳しく尋問され、さらに他者を危険にさらすだろう。他方で、もし完璧で時宜を得た声明を作成しなければ、隠蔽を理由に除名されるかもしれない。多くの人々が逮捕情報を「自白」しないことを選んだ。友人の逮捕を隠し、「疑わしい」経歴を持つ親類を伏せ、手紙を書くのをやめ、遠回しの意思伝達手法を発達させた。人々は逮捕者の家族との接触を避けるように警告を受けた。しかし、逮捕は数百万の家族に打撃を与えた。多くの人々が、友人や親類を助ける願望と恐怖の間で身動きが取れなくなった。人々は密かに逮捕された親類を支援しながら、職場では他者を公然と告発した。他人に罪を着せた人物がその後逮捕された。犠牲者と加害者の間の境界線は不鮮明だった。あらゆるレベルの党組織が、相互の告発と逮捕によって空洞化した。

多数の除名は、あらゆるレベルの党組織に復権を求める半狂乱の訴えをあふれさせ、再審手続きはカオス状態に陥った。地方の党委員会は逮捕で壊滅状態にあった。人々が獄に消えていくと、調査が中断されたり、再開されたり、停止したりした。逮捕は訴えの調査を中断させただけでなく、以前の決定にも疑問を投げかけた。ある党員を逮捕し、あるいは復権させた幹部が後に逮捕された場合、その決定は取り消されるべきなのか。不確実性と恐怖に覆われた雰囲気を考慮すれば、数万の訴えが放置されたのは驚くべきことではない。経営者は党を除名された人々の雇用を拒んだ。彼らの恐怖は誤解でも過大評価でもなかった。ある人が除名・復権され、後に逮捕された事例を誰もが知っていた。元党員が再入党した場合、党幹部は彼らに仕事を与えるのをためらったが、それは彼らが逮捕される、あるいは彼らの再入党を認めた人が逮捕されることを恐れてのことだった。ほとんどの地方幹部からすれば、最も賢明で安全な方針は何もしないことだった。広がる恐怖もまた新たな党員の登録を中断させた。党規則によれば、候補者は少なくとも三年間ともに働いた三人の党員から推薦を得ることが必要であった。しかし指導部の突然の交代や異動、多数の党員の殺害は、職場の安定的関係を失わせしめた。人々がある監督者と知り合うとすぐに、除名や逮捕、昇進、再配置によって監督者は去っていった。さらに、党員は推薦を与えることを恐れた。推薦した候補者が逮捕されれば、敵を支持したと非難されたからである(Кировец 1938/2/13/2; 1938/7/21/2)。新たな入党は凍結し、訴えの審査はほぼ機能していなかった。数千の憤慨した元党員が職と家を失った。無数の党員が死亡し、投獄された。そして政治的大混乱を生き残った全ての人が、生き残りえなかった人々の運命の形成に加担したのである。

## 四　終結へと向かうテロル

一九三八年初頭から、テロルは徐々に停止に向かった。敵狩り、民主主義キャンペーン、大規模民族作戦は、エジョフが内務人民委員を辞任した一九三八年秋に終わった。エジョフ自身が三九年四月に逮捕された。しかしテロルの終わりについては、その始まりと同様に論争がある。政治的逮捕と国家が作り出した陰謀はスターリンの死まで続き、テロルの恐ろしい遺物はさらに数年間残存した。

中央委員会が変化のシグナルを最初に出したのは一九三八年一月であり、内部から党を崩壊させる敵狩りの狂乱を止めようとした。中央委員会は党委員会に対して、「中傷者」あるいは以前に敵とされた数千の党員を除名した責任者を特定し、処罰することを指示した。党委員会は除名された党員の訴えを慎重に検討し、無罪が判明すれば復党させ、根拠なき告発の責任者を追放することになった。突然の転回のなかで中央委員会は、最も攻撃的な告発者を潜在的な「敵」に、元「敵」を無実の犠牲者に作り変えることでテロルを反転させた。しかしこの反転プロセスは容易ではなかった。地方では、新たな指示は困惑と混乱を強めただけだった。党に残ったほとんどの人が他者の告発に積極的に関わったのだ。いまや彼らは除名され、逮捕されるべきなのだろうか。もしそうであるなら、誰によってだろうか。

告発の文化の反転を試みた中央委員会は、過去数年間の抑圧方針を放棄したのではなく、単にもう一つの集団を「仮面を剝される」べき人々のリストに加えただけだった。中央委員会は、無実の同志を破滅させた責任は「出世第一主義の共産主義者」にあると説明し、これらの無差別告発者に「喚く出世主義者」(крикуны-карьеристы)との呼称を与えた。中央委員会は自己防衛戦略がパージの原動力となったことを認めたうえで、警戒が不十分との批判を避けるために「他の党員を無差別に抑圧した」人々を非難した。また中央委員会は、党員が同志を誤って非難し、遠ざけ、その擁護を拒んだことも認めたが、この周知の行為で非難されたのは、「喚く人々」のさらに少数に限られた。中央委員会は、「巧みに仮面をかぶり、自らが敵であることを隠すために警戒を叫ぶこれらの敵を発見し、仮面を剝すこと」を党組織に要求した(Кировец 1938/1/20/1-2)。ある歴史家が後に記したように、中央委員会が描きだした一連の党会議の模様は「喚く敵」の告発に奉仕するよりも、「一九三七年に発達した恐るべき雰囲気」を再現したのであった(Rogovin 2009: 16)。

中央委員会はこれまでの誤りを是正するために、明快な指示を党組織に与えた。党組織は各党員に「個別のアプローチ」を用いて「無差別の」除名をやめ、全ての訴えを三カ月以内に検証することになった。徹底的な調査や根拠文書の提出をもってしても告発を立証できなかった責任者は解雇された。復党した党員は即座に職務を与えられ、失業者は一カ月以内に再雇用された。除名によって仕事を奪われることはなくなった。党委員会は、誤った告発の撤回をすべて出版物で公表しなければならず、根拠のない告発をしたとされた人物はすべて名誉棄損罪に問われた。中央委員会は、「共産主義者を中傷し、除名された人々を犠牲にして昇進をもくろみ、党員の抑圧によって自らを擁護する出世主義者の仮面を剝す時が来た」ことを宣言した（Кировец: 1938/1/20/1–2）。

中央委員会は、敵を暴露するという初期のキャンペーンや、それが広めた政治文化に何ら責任を取ることなく、テロルを地方党組織の「誤り」に帰した。しかもこれらの「誤り」は被除名者の一部にしか適用されず、非党員の抑圧は対象外であった。中央委員会は内務人民委員部には批判を向けず、政治犯に大赦を行うか、全ての抑圧事例を自動的に再調査することとした。射殺され、収容所に送られた人々は、証拠が疑わしくても「有罪」のままだった。

決議は抑圧の速度を緩めたが止めるには至らなかった。一九三八年一月の中央委員会決議の直後、政治局は連続する二つの民族作戦の拡大を承認し、多数の県で逮捕の上限を引き上げた。内務人民委員部は三七年に九三万六七五〇人を逮捕し、三八年には六八万三五〇九人を逮捕した（Хаустов и др. 2004: 659–660）。三月、以前の見世物裁判同様のプロパガンダが集中する最中、モスクワでニコライ・ブハーリンや他の著名な指導者の見世物裁判が開廷し、被告は同じ罪で有罪とされた。ファシスト国家のための諜報活動、キーロフ殺害の陰謀、党指導者の暗殺計画、資本主義の復活計画である。裁判は再び、被告の自白と互いの告発のみに基づいていた。国と工場の新聞は裁判を詳細に報道し、記録の長文の抜粋を掲載した（Кировец: 1938/3/1［Правда: 1938/2/28 から転載］; 1938/3/3/1）。二一人の被告のうちブハーリンやアレクセイ・ルィコフを含む一八人が銃殺され、他の三人は一五―二〇年間の収容所送りを宣告された。

一九三八年夏の間、告発の狂乱はさして速度を緩めなかった。初秋までに、工場新聞は「嘆く人々」や中傷者を含む全ての敵の正体を暴露する呼びかけを停止した。敵狩りはもはや党の優先事項ではなくなった。一〇月の内務人民委員部の指令は、敵の妻の逮捕を、彼女たち自身に反革命活動の容疑があるときにのみ限定した（Kuhr 1998: 213; Alexopoulos 2008: 109）。一一月半ば、スターリンは大規模民族作戦を終結させ、悪名高い違法な「トロイカ」から法廷に判決の場を移した。二日後、エジョフは内務人民委員部の高官の中に潜む敵を見逃したことを認め、内務人民委員を辞職した。ラヴレンチー・ベリヤがその後任となり、数カ月後の三九年四月、エジョフを逮捕した。エジョフはポーランドとイギリスのための諜報活動で有罪を宣告され、四〇年に銃殺された(Getty and Naumov 1999: 530-540, 555)。地方党組織の破壊と同様の自壊のプロセスが、ついに内務人民委員部の頂点に達したのである。

一九三八年一二月、国家は職場での欠席や遅刻、怠業を減らす目的で、新たに厳格な規則を制定した(Известия: 1938/12/21/1; Правда: 1938/12/29/1; Filtzer 1986: 310–311)。工場の党委員会は再び生産と労働規律を他の事項に優先させるようになった。一九三九年春、組合と党の指導者は公式に組合民主主義キャンペーンを終わらせた。モスクワでは市の党委員会が地方の党と組合の役員の合同会議を呼びかけた。ＶＴｓＳＰＳ議長シヴェールニクは、モスクワ党委員会は来る組合選挙を「監督する」と述べた。新たな規則は直接選挙を廃止し、労働者が「選挙人」を選び、選挙人が党委員会と工場委員会とともに工場評議会から候補者を選ぶことになった。労働者が独立候補をリストに加えることは許されなかった。組合はいまや二つの課題を掲げた。選挙と生産計画の「達成と期限前完了」である。上司や組合役員への挑戦を労働者に奨励する期間は終了した。

一九三九年三月に開催された第一八回党大会では、中央委員会書記でレニングラードの市と州の党組織を率いるジダーノフが基調報告を行った。報告は表向き党規約の構成の手直しに費やされたが、党の方針に重大な変更を加え、国の戦争準備を目指すものであった。まずジダーノフは、党は労働者の入党を優遇せず、新たな入党を審議する際に階級をカテゴリーとして用いることはないと述べ、全ての候補者に共通の基準を推奨した。すなわち、候補者を三年以上知る三人の党員からの推薦である(後にその期間は、要員の激変や殺害、推薦者の獲得が困難であることを考慮して一年に短縮された)。除名された党員、あるいは逮捕・処刑された党員に代わる新たな要員を党は渇望し、入党規則を緩和したのである。またジダーノフは全党員が有する「権利」のリストを提案したが、それはあらゆる党幹部を批判し、自身の懲戒事件に参加し、中央委員会を含むあらゆる党組織に訴えを提出する権利を含んでいた。ジダーノフはこれらの権利を、官僚主義を挫き、党員を地方党幹部から保護するための方法と述べたが、それは地方組織が内部から崩壊し、地方のレベルを越えた訴えの実践が拡大していることの暗黙の承認でもあった。彼は「大規模な粛清」の廃止を訴え、「敵性分子」がそれを「誠実な幹部を殺戮する」ために利用したことを理由とした。しかしジダーノフは、彼が用いた「大規模な粛清」という用語が、一九三七年に見られたような「敵」とされた党員の除名と逮捕を意味するわけではなく、「受動性」を理由としたより早い段階での除名を指すことを明確にした（XVIII съезд 1939: 672, 511–519）。

## おわりに

抑圧の手綱はスターリンと中央の党指導者にあった。彼らはテロルを開始し、終結させた。しかし、テロルを完全に制御したわけではなかった。テロルの始まりも終わりも、その背景となるより大きな出来事や社会の反応と切り離すことはできない。集団化と工業化による大変動、党組織内で働く組織的力学、一般の人々の参加拡大のすべてが決定的な役割を演じたのである。キーロフ殺害の物語を形作ったのは、旧反対派への恐怖の増大であった。一九三六年秋に一般人を巻き込んだ党指導部の決定は、旧反対派粛清に対する地方の無関心への不満が生み出したものでもあった。民主主義キャンペーンもまた、地方の権力者集団への攻撃に支持を動員することを目的としていた。しかし、大衆参加は制御不能な要素をテロルに付加しただけでなく、国家の政治文化も形作った。告発と恐怖、不信、連帯の崩壊、党と組合での多数の殺害が、党指導部にテロルの停止を余儀なくさせたのである。実際、中央委員会の決定はテロルが各方面に与えた大混乱と破壊を受けた直接の対応であった。一九三八年までに党組織は機能不全に陥り、新党員の登録や除名者の復党、執行部への候補者選出は不可能になった。党組織は非難の応酬なしに会議を開催できず、大衆を組織することもできなかった。そしてジダーノフが一九三九年三月に第一八回党大会で講演したまさにその時、ナチスはチェコスロヴァキアを占領していた。

一九三九年の党大会とともに、テロルと大規模な抑圧は終りを迎えた。しかし、政治文化の変化には程遠かった。恐怖と不信は、党の内でも外でも人々を関係づける特色であり続けたのである。彼らは公けの場で語ることを控え、口を滑らしたことで悩み、親しい友人とでさえも政治について自由に話すことを恐れて、正直に話したいという衝動と、密告者への絶え間ない恐怖の狭間で闘った。これらの恐怖はテロルを生き残った人々を歪めただけでなく、その後の数世代の人々をも形作ることとなる。

（1）　ロシア連邦保安庁中央文書館資料（ЦАФСБ: ф. 8 os., оп. 1, д. 80）によれば、一九三七―三八年の内務人民委員部による逮捕者は一五七万五二五九人に上った（Хаустов и др. 2004: 659–660）。

（2）　大規模民族作戦については、Хаустов и др. (2004: 273–281）参照。その他、この作戦については、Getty (2002), Hagenloh (2009: 227–287), Khlevniuk (1995), McLoughlin (2003), Shearer (2009: 320–370), Ватлин (2004), Gregory (2009）も参照。

（3）　本章の議論はテロルの政治社会史に関する二冊の本からの抜粋である（Goldman 2007; Goldman 2011）。

（4）　ゲッティとナウモフは一九三五年の調査についてやや高い数字を挙げている。それによれば、党除名者の一一・一％にあたる二六万三八八五人の内、二・八％にあたる七五〇四人がトロツキーないしジノヴィエフの支持者として除名された。一九三五年には党員と非党員を合わせた全人口のうち、三万一七四人が「反革命罪」を宣告された（Getty and Naumov 1999: 198）。

（5）　一九三七年二―三月の中央委員会総会でのモスクワ州内務人民委員アグラノフの発言によれば、ヤゴーダとモルチャノフは事件を制限しようとし、強制的な自白を信じようとはしなかった（О так называемом 1989: 85）。アグラノフの二―三月総会での発言は、Getty and Naumov (1999: 249）を参照。

（6）　ケメロヴォと一九三七年一月の見世物裁判のつながりは、Goldman (2007: 95–109）参照。

（7）　この論文は一九三七年四月二一日の『プラウダ』紙にも掲載された。

（8）　完全な速記録は一九九二―九五年の『歴史の諸問題』誌に分割掲載された。同誌の九二年二・三号は、総会は「大規模な抑圧の新たな波のシグナル」だったと記す(ВИ: 1992/2-3/3)。

（9）　例えば、ウクライナ中央委員会書記スタニスラフ・コシオル演説を参照(ВИ: 1993/6/6-9)。

（10）　同じパターンは一九三七年五月の党選挙にも見られた。地方(область, край)の第一書記は地位を保持したが、地区(район)と初級の党幹部は地位を失った(Getty 1997: 28)。

（11）　選挙のより完全な分析については、Goldman(2007: 141-161)参照。

（12）　交友関係と家族の結びつきについては、Goldman(2011: 140-198, 199-250)参照。

（13）　サーストンは、テロルは「一般の」労働者には拡大しなかったと述べている(Thurston 1996)。

（14）　工場内のサークルの結びつきについては、ЦАОПИМ: 432/1/179/39-56 参照。

## 文　献


Alexopoulos, Golfo (2008), Stalin and the Politics of Kinship: Practices of Collective Punishment, 1920s-1940s, *Comparative Studies in Society and History*, vol. 50, no. 1.

The Case (1936), *The Case of the Trotskyite-Zinovievite Terrorist Center. Report of Court Proceedings*, Moscow.

Davies, R. W. (1996), *Crisis and Progress in the Soviet Economy, 1931-1933*, Basingstoke; London.

Deutscher, Isaac (1977), *The Prophet Unarmed: 1921-1929*, New York.

Filtzer, Donald (1986), *Soviet Workers and Stalinist Industrialization: the Formation of Modern Soviet Production Relations, 1928-1941*, London.

Getty, J. Arch (1985), *Origins of the Great Purges: The Soviet Communist Party Reconsidered, 1933-1938*, Cambridge; New York.

Getty, J. Arch (1991), State and Society Under Stalin: Constitutions and Elections in the 1930s, *Slavic Review*, vol. 50, no. 1.

Getty, J. Arch (1997), Pragmatists and Puritans: The Rise and Fall of the Party Control Commission, *The Carl Beck Papers in Russian and East European Studies*, no. 1208.

Getty, J. Arch (2002), "Excesses are Not Permitted": Mass Terror and Stalinist Governance in the Late 1930s, *The Russian Review*, vol. 61, no. 1, January.

Getty, J. Arch and Oleg V. Naumov (1999), *The Road to Terror: Stalin and the Self-Destruction of the Bolsheviks, 1932–1939*, New Haven.

Getty, J. Arch et al. (1993), Victims of the Soviet Penal System in the Pre-War Years: A First Approach on the Basis of Archival Evidence, *American Historical Review*, vol. 98, no. 4, October.

Goldman, Wendy Z. (2007), *Terror and Democracy in the Age of Stalin. The Social Dynamics of Repression*, New York.

Goldman, Wendy Z. (2011), *Inventing the Enemy. Denunciation and Terror in Stalin's Russia*, New York.

Gregory, Paul (2009), *Terror by Quota: State Security from Lenin to Stalin: an Archival Study*, New Haven.

Hagenloh, Paul (2009), *Stalin's Police: Public Order and Mass Repression in the USSR, 1926–1941*, Maryland.

Khlevniuk, Oleg (1995), The Objectives of the Great Terror, 1937–1938, in J. Cooper, M. Perrie, and E. A. Rees eds., *Soviet History, 1917–1953. Essays in Honor of R. W. Davies*, New York.

Khlevniuk, Oleg (2004), *The History of the Gulag. From Collectivization to the Great Terror*, New Haven.

Kuhr, Corinna (1998), Children of 'Enemies of the People' as Victims of the Great Purges, *Cahiers du Monde Russe*, vol. 39, nos. 1–2.

Lenoe, Matthew (2010), *The Kirov Murder and Soviet History*, New Haven.

McLoughlin, Barry (2003), Mass Operations of the NKVD, 1937–9: A Survey, in B. McLoughlin and K. McDermott eds., *Stalin's Terror. High Politics and Mass Repression in the Soviet Union*, Hampshire.

The Origins (1985), *The Origins of the Great Purges. The Soviet Communist Party Reconsidered, 1933–1938*, New York.

Rittersporn, Gabor (1991), *Stalinist Simplifications and Soviet Complications: Social Tensions and Political Conflicts in the USSR, 1933–1953*, Reading.

Rogovin, Vadim Z. (2009), *Stalin's Terror of 1937–1938: Political Genocide in the USSR*, Michigan.

Shearer, David (2009), *Policing Stalin's Socialism. Repression and Social Order in the Soviet Union, 1924–1953*, Stanford; New Haven.

Thurston, Robert (1996), *Life and Terror in Stalin's Russia, 1934–1941*, New Haven.

Trotsky, Leon (1975), *The New Course. The Challenge of the Left Opposition, 1923–1925*, New York.

Vasiliev, Valerii (2006), The Great Terror in the Ukraine, 1936–38, in Melanie Ilic ed. *Stalin's Terror Revisited*, Hampshire.

Ватлин А. Ю.(2004), *Террор Районного Масштаба : «Массовые Операции» НКВД в кунцевском районе московской области, 1937–8*. М.

ВИ, Материалы Февральско-Мартовского Пленума, *Вопросы истории*. № 2–3, 1992; № 6, 1993; № 11–12, 1995. 本文中では順に年／号／頁を記す。

XVIII съезд(1939), *XVIII съезд Всесоюзной Коммунистической Партии(б), 10–21 Марта 1939. Стенографический отчет*. М.

ГАРФ, Государственный Архив Российской Федерации. 本文中では順にフォンド／オーピシ／ヂェーラ／リストを記す。

*Известия*. 本文中では順に年／月／日／頁を記す。

*Кировец*. ディナモ工場の新聞。本文中では順に年／月／日／頁を記す。

*Мартеновка*. 鎌と槌鋼鉄プラントの新聞。本文中では順に年／月／日／頁を記す。

О так называемом(1989), О так называемом «антисоветском объединенном Троцкистско-Зиновьевском центре», *Известия ЦК КПСС*. № 8.

О террористической(1989), Закрытое Письмо ЦК ВКП(б). О террористической Деятельности Троцкистско-Зиновьевского Контрреволюционного Блока, *Известия ЦК КПСС*. № 8.

*Правда*. 本文中では順に年／月／日／頁を記す。

Реабилитация(1991), *Реабилитация политические процессы 30–50–хх годов*. М.

*Труд*. 本文中では順に年／月／日／頁を記す。

Уроки(1989), Закрытое Письмо ЦК ВКП(б). Уроки событии, связанных с злодеиским убиитством тов. Кирова, *Известия ЦК КПСС*. № 8.

Хаустов В. Н., В. П. Наумов, и Н. С. Плотникова ред.(2004), *Лубянка. Сталин и главное управление госбезопасности НКВД, 1937–8. Документы* . М.

ЦАОПИМ, Центральный Архив Общественно-Политической Истории Москвы. 本文中では順にフォンド／オーピシ／ヂェーラ／リストを記す。

# 6　大祖国戦争と戦後スターリニズム――思考の源泉、展開と生成論理

長尾広視

## 一　戦争被害の状況と国民意識

対独戦争の大部分を負担したソ連が終戦時にどれほどの疲弊状態にあったかは、今でこそかなりよく知られている。綿密な人口統計モデルを用いた分析によれば、独ソ戦によるソ連側の人的損失（過剰死亡）は、出生率低下による負の影響を捨象しても、約二六六〇万人に達した（ВКП 1995: 395–396; Жиромская 2001: 128–132）。総人口は戦前比で約二五〇〇万人（約一三％）減少したが、とくに労働年齢層の男性の喪失（戦前比で約一一〇〇万人＝二一％の減少）が顕著であった（Росстат 2015: 24）。戦死した軍人は少なくとも六八八万人、その他の未帰還軍人（死亡した捕虜、最終的な行方不明者・外国亡命者）が一七八万人以上、後遺障害を負った従軍者も二五〇万人を超えた（Кривошеев 2001: 295–498）。軍人犠牲者を民族別にみると、その三分の二をロシア人が占めた（Филимошин 1999: 99）（ただし、戦前の総人口中のロシア人比率は六割弱であり、戦死者中の代表性が極端に過剰だったわけではない）。それらに加えて、被占領地を中心に、戦火と略奪によって戦前の国富（動産・不動産）の約三割が失われたと評価されている（Росстат 2015: 129）。こうした終戦時の収支表が、戦後ソ連社会の現象を多少なりとも本格的に語るさいの出発点となるべきであろう。

しかし、この膨大な損失に関する認識が、同時代的に共有されていたわけではない。それどころか、ソ連指導部が

四六年三月にあえて公表したのは、戦死者と被占領地・強制移送先での喪失の合計で約七〇〇万人という数値であった(Правда: 1946/3/14)。同年初頭にニコライ・ヴォズネセンスキーの率いる特別調査委員会がスターリンに「一五〇〇万人の人的損失」を報告していたとの説明(Волкогонов 1990: 418)を信ずるならば、スターリンは疲弊した自国の弱みを目立たせまいとして、過度に現実離れしない範囲で、被害状況を意図的に過少申告してみせたことになる。

こうした過酷な戦争の四年間――悲観に満ちた劣勢と苦難の末の挽回、そして「英雄的勝利」という心理状態の巨大な転変――を経て、損失の全体像とは言わないまでも、その甚大さを十分に想像しうるような様々な状況を目撃したあと、辛くも生き残ったソ連国民には、いかなる意識、世界観、行動方針が形成されたのだろうか。

この疑問に対しては、当時の従軍者や銃後の市民の声について歴史家が入手できる情報(投書・検閲書簡・民情報告)がかなり豊富になった今日でさえ、一義的に回答するのは容易でない。歴史家エレーナ・ズプコーヴァが言うように、戦争体験を通じ、兵士の間で真の意味での社会への帰属意識・市民意識が強まったとか、戦場で生死を賭けた決断を迫られる中で、兵士が自己判断力を高め、これが「自然発生的な脱スターリン化」の萌芽になったとか、出身地や経歴等、毛色の異なる戦友たち(収容所体験者を含む)の率直な会話をつうじて、社会事情に関する認識が深まったとか、死と向き合った兵士たちにとっては、スターリンへの恐怖心すら希薄化された、などといった心境・認識の変化、また、これとは逆に、軍隊生活を通じて元従軍兵に指令・服従型の思考・行動様式が定着した(Зубкова 1994: 21–24)というような現象は、それぞれに、さもありなんと思わせるものがある。しかし、ただでさえ移ろいやすい人間心理を瞬間的に記録した堆積物の中から、そうした精神状態の持続力や代表性を見定めることは不可能に近い。

とはいえ、独ソ戦時には、不穏な動きや部隊の士気を点検するために、信書の軍事検閲や、部隊内の政治部員による隠密裏の情報収集が日常的に行われていた。党・国家指導部は、ますます社会生活の裏側に潜伏するようになった市民の心情を把握することに、膨大な精力を傾けていたのである。兵士や市民の士気が国家の存亡に直結している以上、そうした強い関心はある意味で当然であった。こうした民意と国家の運命との連関にかかわる戦時中の経験は、戦後においても一定の痕跡を残したであろう。

この戦後の市民意識に関して、進駐先である西側世界との接触が、祖国ソ連の立ち遅れぶりについて兵士・国民を開眼させ、彼らを潜在的な改革勢力に変える可能性があったとする議論もある。すなわち、一九世紀の祖国戦争後にツァーリ専制に対して武装蜂起した貴族将校に擬えて、独ソ戦の帰還兵を「新たなデカブリスト」と捉える見方である。ズプコーヴァは、こうした機運が結実しなかった理由として、終戦直後の国民は何よりも傷の癒しと安らぎを求めていたのであり、個々の不満が集約されて綱領化されるには一定の時間が必要であった、要するに、機が熟していなかったのだと論じている（Зубкова 1994: 25–28）。

この変革の機運をめぐる問題は、戦後のソ連で盛んに展開された一連の思想教化運動の射程の問題とも関わってくる。この点で、ズプコーヴァは、党指導部の狙いは主として反対派・異論の「予防」にあったとしつつ、他方で、こうした脅威認識が全くありもしない幻影に対して向けられたというわけでもない、と論じた（Зубкова 1994: 70, 78–80）。以下、本章では、こうした議論の妥当性や事象説明能力を検証するとともに、戦後スターリニズムの諸現象を論じる際に、別の視角を組み入れることの有用性を提言してみたい。

## 二　イデオロギー・キャンペーンの発端と党指導部の問題意識

すでに多くの研究が指摘しているように、スターリンの晩年も、物理的な抑圧手法が採られなくなったわけではない。この時期にも、たとえば、調達戦闘機の「欠陥」を理由に空軍や航空産業省の幹部が弾圧された四六年春の「航空機事件」や、四七年のグリゴーリー・クリクら軍幹部の逮捕、四八年一月の俳優ソロモン・ミホエルス暗殺、四八年末—四九年のレニングラード事件とゴスプラン事件、同時期のユダヤ人反ファシスト委員会事件、そしてスターリン最晩年の医師団事件、ミングレル事件など、断続的に刑事弾圧は続けられていた。ただし、五三年一月に『プラウダ』紙で報じられた医師団事件の「暴露」を例外として、上記の抑圧事件はいずれも公に報じられることはなかった。四七年の死刑廃止の影響下で（五〇年一月に制度復活）、ソ連社会では表面上の「平穏」が保たれていたのである。

こうした理由もあって、文化界や学術界の知識人向けに、党決議や新聞雑誌、集会等を通じて精力的に展開された一連の思想運動こそが、戦後ソ連を彩る社会現象となった。これがいわゆる「ジダーノフシチナ（ジダーノフによる思想的介入）」である。その代表例が、四六年八月の文学と演劇、同年九月の映画、四八年二月の音楽等、文芸諸分野を対象とした一連の党決定であり、また党決定という形こそ取らなかったが、四九年一月のコスモポリタン＝演劇批評家批判などもその一種と言える。さらに、同様の政治的介入は、学術論争とリンクする形で、四七年六月の哲学討論、四八年八月の遺伝学・生物学討論、未遂に終わった四九年初頭の物理学討論をめぐる経緯、五〇年半ばの言語学討論、同年から翌年にかけての医学・生理学討論などにも現れた。科学界での討論がしばしば当該分野の専門家を大挙動員する「劇場型」の形で展開されたことも、社会的な衝撃を高めるのに寄与した。

### スターリンの現状認識と「思想教育」の標的

では、こうした思想運動を通じた党・国家指導部の狙いはどこにあったのであろうか。この点については、当時の新聞雑誌で展開された言論から透けて見える部分も多いが、党官僚と文学官僚という二つの立場から記録された、当事者による直接的な証言がある。

そのひとつ、四七年秋に党宣伝煽動局（部）の実質的な責任者となったドミトリー・シェピーロフの説明に耳を傾けてみよう。彼が四七年九月半ばにイデオロギー担当の党書記アンドレイ・ジダーノフから聞き取ったスターリンの考え方は次のようなものである――戦争は終わったが、ソ連指導部の眼前には、工業・農業をごく短期間で全面復興させ、さらに本格的に前進させるという「巨大な経済上の課題」が立ちはだかっていた。もちろん、スターリンは、戦時中に「筆舌に尽くし難い」自己犠牲とヒロイズムを発揮した国民が困憊の極みにあること、終戦後の今、彼らが何よりも「よい生活」を欲していること、そして党指導部としてはその望みに応えるべき立場にあることを理解していた(1)。だが、いささか逆説的なことに、「こうした〔経済上の〕課題を解決するためには、大衆の間で膨大な思想活動を行う必要がある(傍点引用者)」のであった。それはなぜか。国内要因に目を向ければ、「何百万もの人々が外国に、多くの国々に足を踏み入れた。彼らは悪い面だけでなく、考え込まされるような物事も目にした。そして、目撃したことの多くは、頭の中で、誤った一面的な意味を与えられて」いた。また、知識人を中心に、政治への倦厭や、個人的な安逸・利得・自由・休息を求める気分が広まっていた。他方、国際情勢に目を配れば、「戦場でソ連を打ち破ろうという試みが挫折したいま、帝国主義はソ連に一層執拗なイデオロギー攻勢を仕掛けてくる」はずである。

スターリンの信念では、「良い暮らしにつながる道とは、正しい政治にある」のであり、「政治こそがソヴィエト体制の死活的な基盤」であった。「党の正しい政治があり、大衆がその政策を自らの血肉の問題と受けとめるならば、我々は全てを解決し、ありあまる物質的・精神的福利を創りだせる」はずである。その逆ならば、ソ連体制を待つのは「破滅」であろう。こうして、「政治的無関心や無思想性の風潮」はソ連の運命にとって極めて危険であり、そうした風潮に西側の政治・文化の美化、「西側へのへつらい」が加わると一層危険なものとなる、との結論的な認識が示されることになったのである(Шепилов 2001: 87–89)。

もう一つ、当時のソ連作家同盟の副書記長コンスタンチン・シーモノフの回想(四七年五月一三日のスターリンとソ連作家同盟幹部の会談記録)を見てみよう。スターリンの訓示によれば、目下、作家が関心を持つべきテーマは、何よりも「ソヴィエト愛国主義」の問題であった。なぜなら、たとえばソ連の「学術知識人、教授、医師ら」の間ではソ連的愛国意識が充分に涵養されておらず、「外国の文化に対する不当な崇拝」が見られるからである。この「後れた伝統」は多くのドイツ人を招聘したピョートル大帝時代に遡り、以来、ロシアに「外国人崇拝」が根づいてしまったと評価された。この結果、ソ連の知識人は、外国を前にして自らを未熟な存在として卑下することに慣れきり、ロシアの歴史的役割や自己の事業の偉大さを理解していない。したがって、今後「一〇年ほど」は、「自己卑下の精神と闘う」ための教化努力を「繰り返し行う」必要があるのであった(Симонов 1990: 111–112)。

このように、スターリンには、政治的無関心、無思想性、ソ連人民(特に知識人)の自己卑下、翻っては「西欧跪拝」との闘争が必要であり、切実な課題であるとの強固な信念があった。こうしたメッセージは当時公表された一連の党決定の中に直接的にちりばめられており、それ自体は驚くべき発見ではない。問われるべきは、スターリンが感じ取った「危惧すべき風潮」の正体、つまり、脅威認識に対応する現実的な裏づけの有無である。

もちろん、前述のシェピーロフの証言からも窺えるように、戦後の思想運動の背景には、すでに触れた「ネオデカブリスト」的な思想潮流への警戒心も確かにあった。シーモノフも回想録の別の部分で、欧州に進軍した一〇〇万単位のソ連兵が自国の生活水準との大きな格差を目の当たりにし、道徳的・心理的衝撃を受けたことについて触れている(Симонов 1990: 91–92)。そもそも、党指導者にとってデカブリストは「革命的蜂起」の偉大な先駆者であり、その思想形成のプロセスは十分に研究され、つねに意識下に置かれていたであろう。

ソ連知識人による西側への共感や中立的態度を危惧するだけの一定の根拠が、党指導部になかったわけではない。ソヴィエト政権は、体制下で厚遇されていた非党員知識人の間でさえ本物の忠誠を勝ち得てはいなかった(デイヴィス 1998: 336–342)。また、独ソ戦の初期には、疎開せずに被占領地域に留まった知識人も少なくなかったが、こうした態度には、「文明的で洗練されたドイツ」のイメージが大きく作用していた。つまり、ソ連国民の直接的な対独協力だけでなく、中立的態度でさえもが占領体制の長期化・安定化に寄与したはずであった。だとすれば、西側諸国との戦争再発に備え、それに類する心理を払拭しておく必要があると考えられたとしても不思議ではない。

さらに、戦時中に保安機関が極秘裏に収集した文学関係者の意識に関する報告書（一九四三年中頃の作成）によれば、戦争の泥沼でもがくソヴィエト政権を醒めた目で眺めていた文学者もけっして少なくなかった。その中には、大量の死刑や逮捕が行われる「祖国」よりも「スイスの方が好きである」とか、「同盟国なしにはやっていけない」という声、さらには、第二戦線実現のためには「同盟国に譲歩する必要がある」とか、国内の自由化を実現するために「外圧」に期待する声などがあふれていた（Артизов и Наумов 1999: 487–499）。こうした考えは、かつての非ボリシェヴィキ政党の党員だけではなく、戦中・戦後にスターリン賞の受賞という形で国家指導部の政治的承認を受けた多くの作家からも表明されていた。このような内部情報は、スターリンの信念を強めるのに大いに役立ったはずである。

## 転機としてのクリュエヴァ＝ロースキン（ＫＲ）事件

とはいえ、すでに述べたとおり、当時のソ連では「ネオデカブリスト」と呼ぶに足る改革思想が結晶化していたわけではなかったし、欧州に進駐した従軍兵たちも、誰もが「西欧への憧憬」を抱いたわけではなく、逆に旧枢軸国の住民の暮らしぶりを見て報復の念を募らせる者さえいた（СЖ 2003: 357–358）。では、党指導部がたんに「漠とした雰囲気」を嗅ぎとっただけで、壮大な思想教育運動を思い立ったのかと言えば、もちろん、そうではない。ウィンストン・チャーチルのフルトン演説（四六年三月）に代表される外的要因が影響を及ぼしたのも間違いないが（ジダーノフ 1954: 52）、じつは、スターリンが「知識人の間に蔓延る西欧跪拝」にこだわった理由については、上掲のシーモノフの回想の中で直接的に説明されている。それが、四六年秋から翌年初頭にかけて生起した「ＫＲ事件」である。

ソ連末期までほとんど注目されていなかったこの事件は、ソ連の微生物学者ニーナ・クリュエヴァとグリゴーリー・ロースキンが開発に従事していた抗癌剤「ＫＲ」に関する未発表論文と試薬が、ソ連指導部の「許可なしに」、四六年秋に渡米したソ連医学アカデミーの幹部によって米国の科学者に提供された――と見なされた――ことに端を発していた。元々、この抗癌剤開発の有望性は四六年春にソ連メディアが対外宣伝したもので、その後、米国医学界の強い関心を惹きつけて、米ソ双方の医学関係者による相互訪問・視察が実現していた。研究成果の「引き渡し」は、こうした交流の過程で生じたものであった。しかし、この行為は四七年二月にスターリンの発意により党中央委員会政治局で討議され、愛国心を欠く科学者による国家機密の対外漏洩事件という刻印をおされるに至る（Кременцов 2004: 100–169）。これを受けて、開発者本人やソ連医学アカデミー・保健省の幹部がさまざまな懲罰を受けるとともに、同年三月末以降、国家機関や重要組織内で、愛国心や警戒心の欠如を示した職員を懲戒する「名誉裁判」が秘密裏に展開された（Политбюро 2002: 229–237）。この事件がスターリンの思念にいかに強烈にこびりついていたかは、四八年から翌年にかけて、「愛国心を欠き、西欧跪拝に陥ったソ連科学者による軽率な機密漏洩」を主題にとった戯曲や映画が党・国家指導部の後押しで次々に上演され、スターリン賞を得たことが示すとおりである。

こうして、四七年春以降、ソ連社会では「ソヴィエト愛国主義」が鼓吹されるとともに、「政治性を欠いた西欧観」や「西欧跪拝」を糾弾する動きが急速にエスカレートしていった。そして、こうした思想運動を裏打ちするように、四七年二月一五日にはソ連市民と外国人との婚姻を禁止するという異例のソ連最高ソヴィエト幹部会令が採択され(2)（C3 1948: C. 36）、同年六月には国家機密保持の一層の厳格化が図られた（C3 1948: C. 40–42）。

### 「愛国主義」キャンペーンのジレンマ

こうした党指導部の方針に沿って、四七年四月、党中央委員会宣伝煽動部は、「住民の間でのソヴィエト愛国主義思想の宣伝措置」に関する提案書を策定し、党書記ジダーノフの承認を求めている。この行動計画案では、国民の一部に見受けられる「西側資本主義国や現代ブルジョア文化に対する跪拝の感情」が、「人々の意識の中でソヴィエト愛国主義の発展と強化を妨げる、資本主義の最も有害かつ危険な残滓の一つ」として大書された。そして、三九年の党大会でスターリンが表明した「資本主義の鎖から解き放たれた最後尾のソ連市民ですら……どんな外国のお偉方よりも頭一つ高く立っている」という主張が、愛国教育の基本テーゼとして持ち出された。このように、愛国心の涵養と西欧跪拝批判はほぼ表裏一体のものとして扱われていたのである。

しかし、党官僚としては、排外主義すれすれの愛国路線と、プロレタリア国際主義との整合性に配慮することも必要であった。このため、この行動計画案には、「ソ連人民を現代で最も進歩的な傑出した人民と認定することは、人類に対するその真正の功績に基づくものであり、ソ連人にとって異質な人種的または民族主義的虚構に基づくものではない」、「母国に対するソ連人の誇りの感情は、いかなる民族主義的狭量さとも無縁」であって、ソ連人には「他国民の功績を評価し、世界文化の最良の成果を批判的に加工しながら利用する能力がある」との興味深い一節も盛り込まれている(РГАСПИ: 17/125/503/40, 42-43)。

外国との対比において自国民をまるごと先進者扱いするような発想は、第三者からみれば尊大さと背中合わせであり、下手をすれば「優等人種」理論の変形に堕する危険すらあった。まさにそれゆえに、宣伝部の官僚は、人種論とのアナロジーは成り立たないのだとあえて釘を刺さねばならなかったのである。その反面、愛国心や新しい社会建設の参加者としての自意識といったものが、民衆を経済復興に向かわせるうえで有用であることは確かであり、愛国教育を正面から拒絶することは難しかったであろう。このため、愛国主義の潜在的な危険性を訴える党官僚の声は、どこか言い訳めいた弱々しいものとならざるをえない。「愛国心」の名のもとに国家的高慢さや排外的風潮を煽りつつ、その愛国心が偏狭に陥らないよう戒めるというのは、パンドラの箱を開けておいて、箱から飛び出してきた化け物に説教を垂れるような、ある種、悲喜劇的な様相すら帯びた行為であった。

## 三　レトリックの源泉――「コスモポリタニズム」解題

前節でみたように、KR事件は明らかに国内の「西欧跪拝」排撃の展開における「転機」となった。しかし、この事件はそうした批判運動の出発点だったわけではない。なぜなら、それに先立つ上述の文学・演劇に関する党決定(四六年)には――主たるアクセントは別の要素、すなわち「無思想性」や「堕落」にあったにせよ――既に「外国文学、ブルジョア文化に対する跪拝」に警鐘を鳴らす表現が盛り込まれているからである。

さらに、この超愛国主義かつ反欧米的な思想運動のなかで、ある時点から「コスモポリタニズム(コスモポリタン)」という表現を用いた批判が展開されるようになる。この事実自体は良く知られているが、当時使用されたソヴィエト愛国主義、西欧跪拝、コスモポリタニズム等のプロパガンダ用語は渾然一体のものとして扱われがちであり、それらの特殊な語彙の発祥やニュアンスの差異について、真剣な関心が向けられてきたとは言いがたい。

この結果、コスモポリタン批判運動は、四九年一月の「コスモポリタン＝演劇批評家」批判が醸した強烈な印象のもとで、専らユダヤ人弾圧の煙幕と位置づけられてきた。つまり、戦後ソ連での「国家主導型の反ユダヤ主義」を説くゲンナージー・コストィルチェンコが引用するように、党・国家官僚の間で囁かれたとされる警句「反ユダヤ主義者との評判を立てないために、ユダ公をコスモポリタンと呼べ」に集約される形で片付けられてきたのである(Костырченко 2001: 310)。しかし、これは事象の実態と遠く隔たっている。この点を解き明かすには、西欧跪拝やコスモポリタニズム(世界市民思想)に対する批判の源泉について、つぶさに再検証してみる必要がある。

### 批判運動の思想的根源――理論的支柱としてのベリンスキーの遺産

この問題を解く鍵は、四〇年代後半の愛国問題に関わる公的言論空間において、一九世紀の文学批評家ヴィッサリオン・ベリンスキーの著作からの引用が頻発している点に隠されている。たとえば、独ソ戦の終了直後に雑誌『新時代』の創刊号（四五年七月）巻頭を飾ったオットー・クーシネンの偽名論文「愛国主義に関して」は、この批評家の言説を引用しながら、民族的な偏見に侵された盲目的な愛国主義と、階級性を無視した売国的「コスモポリタニズム」の双方に批判を加えている（Балтийский 1945: 4-6）。

じつは、このベリンスキーの運命は、三〇—四〇年代におけるソ連愛国主義の展開と何度も交差している。まず、戦前のソ連史・ロシア民族観の転換点となった一九三六年は彼の生誕一二五周年にあたり、この「批評家にして革命的民主主義の先達」の思想と歴史的役割が新聞・雑誌で改めて特集された。その後、第二次世界大戦の勃発とほぼ同時期に、ベリンスキーの思想の意義は哲学史家ミハイル・ヨフチュークによって再説されている（ヨフチュークは四一年に党中央委宣伝煽動局に登用され、翌年から四七年二月まで局次長の要職にあった）。そして、戦後の一九四八年（新暦六月七日）は、奇しくもベリンスキー没後一〇〇周年にあたっており、彼の思想に改めて照明が当てられたのである。

ベリンスキーの思想遍歴は曲折に富んでいるが、彼が重宝されたのは、周知の「純粋芸術の否定」や文学に対する社会性の要求といった主張のみによるものではない。三〇年代中頃以降の国際環境の下で、党指導部が彼の「教え」の中から引き出そうとした最大の要素は、むしろその愛国精神であった。そして、前述の三六年の特集が、「ロシア人民の力強さをどこまでも信じ、人民の敵との闘いに全精力を捧げた」ベリンスキーへの一般的な賞賛に止まっていたとすれば（Правда: 1936/6/14/1. 3）、三九年の論点はより具体化され、力点の置き所にも変化がみられる。そこでは、スラヴ派の「発酵した《クワス的な》愛国主義[3]（ロシア民族の過剰な美化）」のみならず、西欧派の極端な「コスモポリタニズム[4]」に対しても両面論争を仕掛ける正しき道の唱道者ベリンスキー、ロシアの民族的美点と能力を称え、「民族性なくしては、人類は死した論理的抽象物となる」のであり、「この問題に関して、自分は人間中心主義のコスモポリタンの側に留まるよりは、むしろスラヴ派の側に移る覚悟がある」と明言したベリンスキー、そして、一九世紀の祖国戦争で「ナポレオン側に寝返り、その後再びロシアに舞い戻った」ファデイ・ブルガーリンの「背信、二重の忠誠」を「醜悪、卑劣な非人間的所業」と断じ、この「変節者、よそ者、浮浪者」を「深く蔑む」と記した熱烈な愛国者としてのベリンスキーの姿が、ソ連愛国者の理想像として再構成されているのである(Иовчук 1939: 129–138)。

つまり、この問題は、約百年前の帝政ロシアで展開された西欧派とスラヴ派の思想対立、ロシアの歩むべき道、民族の意義、愛国心の理想像などをめぐる論争とシンクロしていた。この視点は、ソ連の党指導者が、ベリンスキーを「始祖」とする革命的民主主義者に自己の政治的・思想的源流を求めていたことを考えれば、なおさら重要である。

そして、こうした愛国主義の理論形成は、先に触れた一九三六年初頭のイデオロギー政策の「転換」――すなわち、ドイツの再軍備宣言、イタリアのエチオピア侵攻、日本の対中進出の拡大と二・二六事件、国共内戦における中国共産党の敗勢等の国際情勢のもとで、ソ連初期の主流派の歴史解釈が見直され、愛国心の精神的支柱たる「ロシアの歴史・文化」への依拠が顕著になっていく流れの延長線上にある。(5) 三六年には、まずミハイル・ポクロフスキーの歴史学派による「民族性の軽視と反愛国性」に批判の矛先が向けられ(Правда: 1936/1/27/1)、次いで、ブハーリンのテーゼ(「ロシア人の国民性」たる怠惰性(オブローモフ主義)と、レーニンによるその克服という解釈)が『プラウダ』紙上で糾弾された。こうした観点では、ロシア人が「超巨大な国家の枠内で歴史的な発展を遂げ」、「芸術創作・科学思想の巨人たち」を世に送り出せたことが説明できない、と主張されたのである(Правда: 1936/2/10/3)。さらに、当時編纂が始まったソ連初の『ソ連邦史』教科書では、民族意識の力、その意義が強調されるとともに、「ソ連国外の敵と友」と題した章の中で、戦争支持勢力たるファシストがソ連の「敵」であることが明示された(Шестаков 1937: 206–208)。

前述の『プラウダ』紙のブハーリン批判論説では、ロシアの民族文化の偉大さを象徴するものとして一二人のロシア偉人の名前が列挙されているが、この、いわば「列聖」された偉人の一人がベリンスキーであった。同様の評価は、独ソ戦開始後四一年一一月の十月革命記念日にスターリンが行った演説でも繰り返されている（Сталин 1949: 18-36）。

そのベリンスキーは、一八四〇年のロシア文学を概観した批評論説のなかで、進歩を遂げた百年後のロシアの姿を夢見て、「教養ある世界の頂に立ち、学術・芸術に法則を与え、全ての啓蒙された人類からの恭しき尊敬の貢物を受けとる一九四〇年のロシアを目にする運命にある我々の孫、曽孫たちが羨ましいものだ」と謳っていた（Белинский: 3/488）。この言葉と、ほぼ百年後に放たれたスターリンの発言――先にその一部を引用した三九年の第一八回党大会での発言――を比較すると、両者が、歪んだ形ではあるが、発想の点で通底しているように見えるのである。この発言の中でスターリンは、政治指導者や軍事指導者に対して発動されたテロルがソ連の混乱と弱体化をもたらしたという、「外国の報道関係者」の「大法螺」に対する反論という文脈で、以下のように述べた（傍点筆者）。

> 有害で敵対的な分子からのソヴィエト組織の浄化が、どうしてソヴィエト体制を動揺させ、瓦解させられるというのか？　外国の前に這いつくばり、外国の役人の一人一人に対する奴隷的な跪拝根性が染みついて、連中のためのスパイ奉仕も厭わないようなトロツキー゠ブハーリン派のスパイや殺人犯、妨害工作者の一団が――そして、資本主義の鎖から解き放たれた最後尾のソ連市民が、資本主義の殿様根性のくびきを肩に引きずるどんな外国のお偉方よりも頭一つ高く立っているということを理解しなかった連中の一団……が、誰を「瓦解」させられるというのか？（Правда: 1939/3/11）

このように、愛国心の涵養に向けられた三〇年代後半の党指導部の施策において、その約十年後に猛威を発揮するロシアの歴史、文化、民族的活力の宣伝と、その派生物としての外国跪拝の弾劾という思考枠組みはすでに準備されていた。一方、この理論武装の過程で引用された「正しき愛国者」ベリンスキーが、一九世紀半ばに極端な西欧派＝コスモポリタンを批判したのは、後者がロシア人民を怠惰で惰性的な集団と見なして、その潜在力を軽視し、社会の靭帯としての民族性《ナツィオナーリノスチ》の強固さを理解せず、（少なくとも、ソ連の党官僚の理解では）人民革命の可能性を信じようとしなかったからであった。この点で、双方の発想に大きな矛盾はない。したがって、ベリンスキーが用いた「コスモポリタン」という表現が、西欧跪拝の同義語として自然に使用される素地は整っていたのである。

こう考えてみると、ベリンスキーの同業者である後世の文筆家らが、戦後、わざわざ「コスモポリタン」というある種優雅な文学的表現を多用して批判言説を展開したことに得心がいく。逆に、こうしたロシア思想史と関わる背景に思い至らなければ、この一種不思議な用語は「ユダヤ人」の同義語と解釈されてしまうのである。

## 広義の反コスモポリタニズム運動の展開——世界連邦主義との闘争

ただし、戦後のソ連で「コスモポリタン」という表現が再興したのは、単なる先祖返りだけで説明がつくものではない。実態としては、前述の思想的素地——民族性の否定や西欧跪拝の類義語としての「コスモポリタニズム」——の上に、実際に「世界市民」的と形容しうるような具体的な現象への対応が重なり合っていたという事情があった。すなわち、幾つかの先行研究が指摘してきたように、戦後のソ連における「コスモポリタニズム」批判の言説は、この時期に西側知識人の間で高まった世界連邦主義の動きと密接な関係がある。

さほど説明を要すまいが、単一世界の形成という点では、共産主義運動(プロレタリア国際主義)も、世界革命を志向するかぎりにおいて、世界市民主義と共鳴する性格を有していた。その近似性は、社会主義の目的は諸民族の融合にあるとするレーニンの議論(Ленин 1969: 256)が示すとおりである。しかし、同時にレーニンとその「弟子」たるスターリンは、(階級性をめぐる問題は措くとしても)そうした融合が一足飛びにではなく、諸民族の解放という移行期を経て実現されると考え、一定期間の民族の生命力を認める立場に立っていた。こうした発想の反映のひとつが後者の一国社会主義理論であり、すでに見た三〇年代半ばの「民族の力」を基礎に据えた愛国心の鼓吹であった。この結果、ソ連外部から現れる国家統合思想は、必然的に共産主義運動の競合思想となりやすい運命にあった。

戦間期に起源をもつ世界連邦運動は、戦後になると物理学者アルベルト・アインシュタインやバートランド・ラッセルらの積極的な支援を得て、四六年一〇月に「世界連邦政府のための世界運動」を発足させ、四七年八月にモントルーで第一回世界大会を開催している。こうした動きと並行して、下野した英国のチャーチルは、ふたたび「欧州合衆国」構想への関心を強め、四六年三月のフルトン演説では英米の庇護による「欧州の新たな統一性」の必要性を、そして同九月のチューリヒ演説では共産主義の伸張に対抗するための「欧州合衆国」の形成を主唱していた。そして、同年末には「統一欧州――戦争防止の一方法」と題する彼の政治パンフレットが発表される(細谷 2001: 75-82)。

知識人による「世界連邦運動」と、政治家による地政学的な「反ソ連合」の構想は、それぞれ一定の自律性をもった運動だったはずである。しかし、四七年初頭にチャーチルが欧州統合の文脈で、究極的目標としての「世界平和」と「超国家的世界政府」について語り、その展望を開く手始めとしての「地域統合」について論じたとき、両者の境界は不分明になる。そして、その後の展望を見れば、欧州統合の動きは、確かにソ連への対抗を強く意識した欧米の政治・経済・軍事ブロックに結実していく。

したがって、ソ連指導部がこうした海外動向に警戒を怠らなかったのは不思議ではない。たとえば、前出の四六年チューリヒ演説後に現れた党機関誌の論説は、戦後の米国外交の分析を試みつつ、世界連邦・世界政府の創設を目指す運動は「民主的・平和主義的言辞」を纏ってはいるが、実際には米国が覇権確立のために推進している「アメリカの世紀」理論の一変種であり、その支部としての「欧州合衆国」創設の事業の陰では「名うての反ソ主義者」リヒャルト・クーデンホーフ=カレルギーが暗躍している、と喝破している(Лемин 1946: 57)。

この運動に対するソ連指導部の認識は、四七年秋にアインシュタインが国連総会に送付した公開書簡をめぐる論争にも明瞭に表れた。世界連邦運動の中心人物であったアインシュタインは、この書簡の中で、平和と人類存亡の脅威に取り組むべき国連の機能不全を訴え、国連総会の権限強化を手始めとする「超国家的秩序の確立」、「世界政府の形成」に乗り出すよう呼びかけた。そして、この構想に対するソ連の反対は承知のうえで、仮に、真摯な説得工作の末にソ連の賛同が得られなくても、「世界の主要な産業・経済地域の少なくとも三分の二」が単独で「部分的な世界政府」を形成するように提言したのだった。これに対して、その数カ月後、ソ連物理・化学界の大御所四人が公開書簡の形でこの呼びかけに反論する。反論の趣旨は、帝国主義勢力が優勢な現状において「世界政府」なるものを形成しても、それは独占資本による世界支配の格好の隠れ蓑、民族自決の動きを阻止する口実となるだけであり、この運動は本質的に米帝国主義の目標とほとんど異なるものではない、という点にあった[6]（НВ: 1947/11/26/14–17）。

したがって、世界政府構想に対する初期の批判では直接的な表現こそ用いられなかったものの、最終的に、この思潮こそが危険視すべきコスモポリタニズムの本尊と見なされたのは自然な流れであった。これが、実際に一九四八―四九年のソ連の言論空間（とくに『文学新聞』紙上）で展開されたコスモポリタニズム批判の核心であった（Александров 1948: 174–192; ЛГ: 1948/6/30/4; 1948/7/7/4; 1949/8/6/4; 1949/8/10/3; 1949/8/31/4; 1949/9/21/2; НВ: 1949/3/16/3–5; 1949/4/6/10–15; Правда: 1949/4/7/2-3）。攻撃対象が示すように、そこにはユダヤ人問題との強固な関連性は存在しない。そして、筆者が別稿で論じたように、こうした広義のコスモポリタン批判が、批評家ベリンスキーの言説を結節点として、文学・演劇批評の問題を軸にユダヤ系文化人を巻きこむ形で現出したのが、四九年初頭の騒々しいコスモポリタン狩り、つまり狭義の「コスモポリタン批判」だったのである（長尾 2007: 124–125; 長尾 2012: 141–146）。

じつは、この狭義のキャンペーンの時期、ソ連南部の民族共和国では、汎イスラム、汎イラン、汎チュルク主義など「既成民族」の枠を超えた地域統合思想が「コスモポリタニズムの表れ」として糾弾されていた（Фатеев 1999: 109）。こうした事実も、本節の論点を踏まえれば違和感なく理解できるであろう。

## 四　思想教化キャンペーンの真の狙いと生成論理

### 生産振興における文芸・学術知識人の役割

以上の部分で、戦後の文化運動の思想的背景や具体的な契機についてひととおりの説明を行った。ただし、こうした当局の国民教化に向けた努力が、まさに実際に出現したような表現形態をとった理由について、若干補足説明しておく必要があるだろう。

本章冒頭で、戦後ソ連が負った巨大な戦争被害や、市民や帰還兵の「安息への希求」、生活改善への期待に触れた。また、疲弊した国民をあえて鼓舞し、息つく暇もなく生産活動に駆り立てようとするスターリンの逆説的なロジック（政治教育の重要性）についても紹介した。ここで留意すべきは、戦後に展開された思想介入には確かに個別具体的な対象があったにせよ、そして、いかに批判そのものが自己目的化しているような様相を呈する場面があったにせよ、全体としての大目的は、あくまで冒頭で述べたような戦後の経済復興（「良い暮らし」や「ありあまる物質的福利」）の実現にあり、思想教育はこの目標の達成に向けて国民を動員する一手段にすぎなかった、という点である。

たとえば、四六年の文学に関する党決定についての説明報告の中で、ジダーノフは、文学界での「欠陥」摘発を工場での不良品検査にたとえながら、ソ連の人民はソ連の作家から、偉大な建設計画の遂行や、国民経済の復興と更なる発展のための計画の遂行を手助けするような精神の糧を期待している（ジダーノフ 1954: 41-43）と述べた。そもそも、三四年のソ連作家同盟創設によって文芸知識人を組織化した目的も、彼ら「人間の魂の技師」を社会主義建設に動員することにあった。さらに、戦時中には作家や芸術家たちが従軍記者、演奏旅団や前線劇場の形で活躍し、兵士との精神的交流を通じて士気の鼓舞に重要な役割を果たした（MB 1995: 567-569）。これらすべてのことを総合すれば、戦後の精神的動員における文化人の役割への期待は、強まりこそすれ、弱まることはなかったであろう。

ここで、次の事実を想起しておきたい。本章第二節で紹介した思想運動の担い手のうち、シェピーロフは、開戦直後にみずから従軍志願し、スターリングラード戦以降、枢軸軍を追ってブダペスト包囲戦、ウィーン解放戦等を戦った第四親衛軍の幕僚であり、まさに「西欧世界を目撃したソ連軍人」の一人であった。同時に彼は三〇年代半ばには国営農場で政治活動に従事し、経済学を修めた知識人でもある。一方の人気作家シーモノフも、ノモンハン事件を皮切りに、独ソ戦を通じて従軍記者として活躍し、ソ連軍の南東欧諸国への進駐やベルリン解放戦に同行した経歴の持ち主であった。彼らの中にあって、従軍経験、愛国心、戦後復興への思いと使命感は見事に融合していたのである。

科学者（学術知識人）に対する党・国家指導者の期待についても、前述の文芸知識人の事例とほぼ同じことが言える。四六年二月にスターリンが行ったソ連最高ソヴィエトの選挙演説は、対独戦の勝利に貢献した過去の五カ年計画の「先見性」に触れつつ、戦後の第四次「復興」五カ年計画の基本構想を提示したものであるが、そこでは、消費財の生産拡大や勤労者の生活水準の向上に特別な関心を払うという約束とともに、この課題の解決策の一環として、「科学にその実力発揮の機会を与えられるような、あらゆる研究機関の建設」が公約された。その際にスターリンは、戦後復興という文脈で、「わが国の科学者に然るべき援助を与えれば、間違いなく、彼らは外国の科学の業績に追いつくだけでなく、近いうちに追い越せるであろう」と述べ、大きな期待を表明していたのである（Косолапов 1997: 15）。

この演説と、冒頭で紹介した四六年三月のスターリンによる戦時被害についての言及や、まさに愛国思想運動の中心的媒体となっていく党宣伝煽動部の機関紙『文化と生活』の創刊（四六年七月）が時期的に連続しているのは、おそらく偶然ではない（この新聞が、明確な理由説明のないまま、第四次五カ年計画終了後間もない五一年二月に廃刊となっているのも、思想運動と経済復興との直接的な連関を窺わせるという意味で非常に示唆的である）。

さらに言えば、この復興への熱意というモチーフは、思想運動に止まらず、一部の刑事弾圧事件にも織り込まれている。たとえば、五カ年計画の繰りあげ達成が至上命令となっていた四八―四九年には、国家計画委員会（ゴスプラン）関係者の弾圧事件が発生した。従来「レニングラード事件」として括られてきたこの事件の発端は、近年の研究により、季節変動を無視した経済成長の維持を求めるスターリンの強引な要求と、それに軽はずみに応じて収拾のつかなくなったゴスプラン議長ヴォズネセンスキーのごまかし工作にあったと論じられるようになった（Микоян 1999: 560–562; Попов 2002: 20–24; Политбюро 2002: 274–311）。焦りと期待は、それが裏切られたときに怒りに変わるのである。こうした事例も、スターリンが経済復興にかけていた思いを間接的な形で証明してくれる。

### 思想運動の作動・拡散メカニズム

しかし、戦後のソ連は、急速な経済復興のための原資に事欠き、甚大な労働力喪失を蒙っていた。巨大な人件費が財政を圧迫し、特異な行政・管理制度に由来する非効率な出費や違法支出も巨額にのぼった（Рубцов 1999: 273, 277）。政府は戦費捻出のために膨大な国債を発行し、四五年末の国債発行残高は、同年の国家予算の約五割に達していた。同年の国債購入額を労働者・職員の賃金に換算すると一・二カ月分となるが、国債購入の「ノルマ化」を考えれば（СЖ 2003: 535–552）、これは実質的に労働者・職員給与の一割を国家が手元で差し押さえていたに等しい。

したがって、党指導部は、愛国心を軸にした精神論・根性主義に訴える半面で、冷徹なコスト計算に基づく国費の極限までの切り詰めや、なりふり構わぬ収益増大策をとった。本章第二節で列挙したような党の文化・芸術活動への介入に比べるとはるかに認知度は低いが、四八年三月には映画館および演劇場に対して国費節約と収益性向上を課する政府秘密決定が採択され（РГАЛИ: 6-7об., 76–78, 105–107）、さらには「西欧跪拝」批判との整合性も顧みずに、戦利品として接収していた欧米の娯楽映画を国内上映することで、映画館の収益増大が図られた（長尾 2007: 120–121）。

これらに加えて党・国家指導部が講じたのが、戦前から実証済みの一連の生産喚起手段をさらに強化することであった。その一つは、点検原理としての批判・批評の奨励である(長尾 2007: 116–118, 121–122; 長尾 2013: 184–202)。スターリンが前述の四六年の選挙演説で「勝者は裁かれない」という格言に反駁し、勝者と雖も、裁き、批判し、点検することは可能であり必要でもある(Косолапов 1997: 15–16)と述べたのは、まさにこの方針を確認したものと言える。

そして、これと両輪をなすもう一つの手段が、報奨措置のさらなる拡大である。これは三六年憲法で定式化された成果主義的な労働報酬原理や、三九年末に制定されたスターリン賞の延長線上にある措置といえる。この結果、四六—四七年にかけて俸給体系の見直しや所得税の累進率の引き下げが行われ、科学者と芸術家に対する巨大な金銭的優遇措置が打ち立てられた(長尾 2007: 116; Кожевников 1997: 52)。つまり、一見純粋な精神論に見える超愛国運動も、実際には唯物論者らしい冷徹で金銭的《マテリアル》な梃子に支えられていたのである。

こうした知識人への優遇措置は一般大衆が置かれた状況と際立った対照をなしている。四六年九月には、食糧品の値上げとともに、形式を問わず「いかなる賃金・賃率の引き上げも禁止する」よう厳命する党・政府の合同決定が秘密採択されたからである(Политбюро 2002: 210–221)。つまり、この当時の「社会主義建設」は、のちのソ連の経済運営のイメージ——温情主義やぬるま湯体質——とは遠く隔たった、経済的制約とのぎりぎりの駆け引きのなかで展開されていた。これが、一部の論者がスターリン体制の「生産、経済運営の実態に対する厳しいリアリズム」を説くゆえんでもある(市川 1996: 194; Чуев 1991: 286–289, 291, 487, 507)。

それゆえに、戦後ソ連の思想運動の激越化や騒々しさを考えるうえでは、さまざまな知識人層に遍在する学説論争や意見対立、利益配分などをめぐる主導権争いが、社会集団内での報奨格差の拡大や相互批判の奨励を通じて増幅され、さらにそれがイデオロギー的なレトリックを纏う形で展開されたという側面があったことも見逃せない。

戦後ソ連で展開された個々の思想介入を見ると、その生成には一定のパターンがある。第一の型は、スターリン自身が体系的に作品を点検していた文学や映画など、介入が単刀直入に「上から」開始された分野であり、音楽作品への批判もこれに属する。第二に、社会集団内の論争や利害対立が相互批判に発展し、批判の一形態である投書や告発をきっかけに、最終的に「教師」スターリンの介入を招いたものがある。そうした直訴の例としては、哲学討論（Есаков 1993: 83–106）、生物学論争、演劇批評家批判（Наджафов 2005: 195–200）、ゴスプラン事件（Хлевнюк 2001: 83–84）、言語学論争が挙げられる。

政治指導部が効果的な大衆動員を行うためには、上からの指導一本槍ではなく、大衆の主体性を最大限に利用することが望ましい。さらに、そうした大衆の主体性が、指導部が欲する方向性から大きく逸脱することなく、上が行うべき指導的効果を自発的に代替してくれるならば、なおさら有難いであろう。つまり、党指導部は、自らが主導する思想運動が、まさに人民の願望を反映し、彼らに受容される素地を持ち、それゆえに知識人の動員に資するものであることを「裏付ける」とともに、ときには上からの介入行動を促す媒介物を必要としていた。その表現形態の一つが「下からの訴え」であった。

その半面、愛国心の涵養と西欧跪拝の根絶というスローガンは、社会集団内の抗争当事者が、愛国的行動の名で自己の利益追求を正当化し、行く手を塞ぐ人間や行為を糾弾するための格好のレトリックを提供した。その際、自称「愛国者」の訴えの中には、党指導部の教導言説が用いたのと同様の、保革両勢力間の相克、独占的支配グループによる批判の圧殺などといった典型的な表現が詰め込まれた（図1参照）。

そして、とくに読み手に対する訴求力を持っていたのは、当然ながら、従軍経験者や（自称を含めた）愛国者の声であった。一言でいえば、戦時貢献の度合いによって、倫理面での階層化が生じたのである。このことを象徴するように、先述の党文学決定で批判された作家たちは、「大祖国戦争中に」「疎開先で」戦争努力にまったく貢献しない無思想な作品を書いたと非難された（ジダーノフ 1954: 20–21, 30）。同様に、戦時「功労者」が、疎開先に去った「非愛国者」を非難するというモチーフは、戦後の物理学界における抗争にも現れる（長尾 2003: 127–131）。

指導者＝「教師」

訴え ↑↓ 呼応

**「人民への奉仕の過程で直面する障害」との闘争の物語**
（「被請願者の指導的介入のみが解決しうる」と主張される）

| 主人公＝正義の少数派 | | 独占的な敵対勢力 |
|---|---|---|
| （属性） | ⟺ | （属性） |
| 愛国的誇り<br>（ソ連的・ロシア的＝「我々」） | （相容れないイデオロギー対立） | 西欧跪拝<br>（異質性，よそ者＝「奴ら」） |
| 人民性に根ざす | （社会的基盤） | 労働者・農民から遊離 |
| 実用性・実践的 | ＋　（有用性）　－ | 腐れ儒者的<br>形式主義的・空論的 |
| 若さ・将来性・独創性<br>（＝健全な成長の諸イメージ） | ⟵ 圧迫<br>進歩・発展を阻害<br>若者の堕落を助長 | 支配的グループ・派閥の形成<br>コネや影響力の濫用<br>批判の圧殺 |
| 無垢，慎ましさ，無欲 | ⟵ 中傷 | 傲慢な態度 |
| 原則に忠実（不屈さ） | 闘争 ⟶<br>エネルギー・生命力の費消<br>人生を賭けた生命を削る闘い | 非政治性・無思想<br>ご都合主義・出世主義 |

訴えの源泉：訴え主は，対立が個人の利害や感情に基づくものでないことをしばしば強調するが，実際には訴えの端々に個人的な怨恨や不満が滲み出ており，これが訴えの引き金となることが多い．

図1　「下からの訴え」のレトリック構造

しかし、「愛国思想の正しい姿」という点では、本章第二節で見たように、常に両義性が残されていた。すでに詳しく紹介したベリンスキーの立論も、本来はコスモポリタニズムと「発酵した愛国心」ないし「腐った西欧」論の双方を痛烈に批判するものであった。何が「舶来の文物に対する跪拝」であり、何が許容されるべき「他国民の功績の評価」であるかを線引きする客観的基準も存在しなかった。さらに、文芸作品を例にとれば、本来両立されるべき評価基準（思想性と芸術性、或いは思想性と収益性）の重心の置き所は不分明であったし、科学界においても、実用性と理論研究／陳腐さと先進性という二律背反がつきものであった。批判のあり方をとっても、建設的な批判・同志的批判と「偽装した中傷行為」との間の隔壁は、特に固定されているわけではなく、伸縮自在の可動の壁であった。

　こうしたことが、その中間に存在するはずの「狭き正しき道」をめぐる議論を蛇行させ、ある局面においては、振り子がさまざまな民族主義的主張の側に極端に振れる結果を生んだ。そのうえ、多岐にわたる監督機関の併存と、それらが発する「指示」の相互矛盾、あるいは監督機関同士の相互批判なども加わって、「正しき道」の模索をめぐる闘争は想像以上に攪乱材料に満ちたものとなったのである。

## むすび

　総じて言えば、戦後スターリニズムは、世界戦略においても、国内の結束手段としても、民族の自決、その独立性、民族（国民）意識に由来する祖国愛といったものに依拠していた。その反映が、国民の尊厳を貶める「西欧（西側・外国）跪拝」根性の叩き直しであり、また、民族（国家）の枠組みを希薄化することでその抵抗力を失活させ、結果的に「米国の覇権ブロック」の形成を可能とする「コスモポリタン思想」との闘争であった。しかし、第三節で見たような一九世紀西欧派＝スラヴ派論争に連なる愛国心や西欧観、コスモポリタニズムをめぐる言説や、戦後国際社会における一種のコスモポリタン運動＝世界連邦運動という現象には、残念ながら、この問題を扱った近年の浩瀚な資料集や研究書でもほとんど関心が向けられていない（Наджафов 2005; Костырченко 2001; Костырченко 2005）。

　ＫＲ事件や世界連邦運動が示すように、戦後の思想介入の発動にあたっては「国内的な芽」の存在や冷戦下の国際事情も一定の影響を及ぼしていた。とはいえ、この壮大なる教化運動の源泉は、やはり戦後の国力回復に向けたスターリン本人の狂信的な熱意と、それに呼応したソ連社会の無数の「愛国者」の想いに求めるべきであろう。

　本章で論じたとおり、最広義の「西側崇拝批判」と呼びうる、ロシア民族を中心とする民族性への依拠（ならびに、それに裏打ちされた愛国心の植え付け)は、三〇年代半ばの政策に端を発するものであった。「民族問題の専門家」たるスターリンは、諸民族の持続性・生命力に対する確信から、愛国心強化の軸を、この民族的なるものに据えたのである。したがって、戦後に登場したソ連の社会現象の内的論理と舞台装置は、いずれも新奇なものではなく、戦争という「試練」を経て有効性を証明した、戦前のそれの延長線上にある。

この主題は戦時中の連合国間の協力の中で後景に退いてはいたが、この時期にも、四三年のエレンブルグ＝ファヂエーエフ論争(Фатеев 1999: 21-22)や、前述の四五年クーシネン論文、同年一一月のスターリンによるモロトフ批判(長尾 2007: 114)が示すように、階級性を忘却した過度の西側世界への接近や「コスモポリタン」的思考は、個別対応の形で戒められていた。その後、戦後復興への取り組みとフルトン演説以降の米英との対峙を背景に、広義の「西欧跪拝」批判運動が四七年初頭のＫＲ事件の前後に本格発動され、その一変種としてのコスモポリタニズム批判の方は、ほぼ同時期に生じた欧米の国際政治運動への対応として展開されていった。さらに、これらの思想運動の理論的支柱の一つが文学批評家ベリンスキーに求められたことも強く影響して、演劇・文学批評家グループに対する短期集中型の批判運動(狭義のコスモポリタン批判)が生じた。以上が、戦後の思想教化運動の外郭をなす入れ子構造である。この狭義のキャンペーンにおける「ユダヤ人問題」の混入は、重要ではあるが、むしろ付随的な要素であった。

「世界戦争の時代」の民族意識と愛国心の役割という点では、本章で示したとおり、スターリンによるドグマ化はあったにせよ、手本にすべき思想の雛形はすでに一九世紀の先人によって用意されていた。そして、スターリンの採った極端な手法の適切性については大いに議論の余地があるにせよ、その施策の一貫性はある程度認めねばならない。シーモノフも示唆しているように(Симонов 1990: 159-166)、人種理論に基づくナチス・ドイツの脅威に晒されていたスターリンのソ連が、まさにヒトラーの言う「スラヴ民族の劣等性」に正面から反駁する形で、ロシア民族の優れた資質と愛国心に依拠して理論武装と思想教化という対抗策を講じたのだとすれば、それは極めて理に適っている。

つまり、ここで想像を逞しくすれば、三〇年代後半以降のスターリニズムの流れは、「ヴィッサリオン(＝ベリンスキーの名でもある)の息子」たるヨシフ(スターリン)が、新たな戦争の勃発を見越して、過去の防衛戦争を勝ち抜いた先人の経験と智慧に(非常に特異なやり方ではあるが)学びつつ、それを勝ち抜くための「功利主義的な」理論武装を周到に推し進め(三〇年代中頃以降)、その方針の「正しさ」を対独戦の勝利という形で証明したあと、戦後の諸課題に対応するために、それと同じ思考形態を適用しようとした、という構図であったようにも感じられるのである。

さらに敷衍するならば、本章で概観した問題は、現代の一部の歴史家の議論が示唆するように、戦争の記憶とそこから引き出すべき教訓、国家と国民意識(愛国心)のあるべき姿、欧州統合か「ユーラシア独自の道」かの選択、ブロック化した西側世界(今日においては主としてEU／NATO)に対する評価と対応といった、現代ロシアが直面しているすこぶる今日的な争点とも緊密な連続性を有している(Вдовин 2013: 115-131)。その意味で、本章で扱った主題は、現代でもまったく重要性を失ってはいないのである。

(1)　戦後のソ連国民の関心事項の優先順位を正確に推し測るのは難しいが、食糧問題(四六―四七年には再び大規模な飢饉が生じ、配給制が四七年一二月まで継続した)と、住宅問題(戦災による住宅焼失のため、この問題は戦前よりも更に深刻化した)が死活的に重要であったことは間違いない(СЖ 2003: 67-182)。

(2)　ソ連駐在の欧米人とソ連国民との結婚は、とくに戦時中の連合国間の協力を背景に、かなり頻繁に生じていた。英国大使館を例にとれば、この種の国際結婚が戦時中に約四〇組を数えた(なお、四〇年代末から五〇年代初頭における駐ソ外交団の規模は総勢で約五〇〇名)。こうした婚姻関係は当然四七年法に抵触することになり、五〇年代初頭には例外的な現象となった(Salisbury 1961: 34, 36, 60, 73, 162, 223, 237-238)。

(3)　「発酵した愛国主義」とは、詩人ピョートル・ヴャーゼムスキーが一八二七年発表の『パリからの書簡集』で用いた表現。ロシアの大衆発酵飲料「クワス」にかけて、過剰な祖国愛、人民性、「真正のスラヴ性」への歪んだ熱意を揶揄したもの。

(4)　ベリンスキーは、最晩年の書簡論争(一八四七年一一月二一日)の中で、代表的な西欧派の知識人コンスタンチン・カヴェーリンから「スラヴ派的な響きがある」と批判されたのに対して、度を越えた西欧派を「コスモポリタンの西欧派」と強く批判し、「間投詞を万年使い回し、クワスだ、カーシャだと言って稼ぎ種にする、歓喜に満ちた愛国者〔スラヴ派〕には我慢ならないが、かといって、打ち明けて言えば、落ち着き払った懐疑論者とか、抽象的な人間、人類の中のパスポートを持たぬ浮浪者連中は、自分にとって惨めで不快なのだ」と応じた事実がある(Белинский: 12/433)。

(5) この一年ほど前、一九三五年三月一九日の『プラウダ』紙社説「ソヴィエト愛国主義」は、「ファシズムの蛮行に対する勝利」に言及しており、愛国心の鼓吹と対ファシズム戦争に向けた備えとの連関性は明瞭である。しかし、この論説では、愛国主義の精神的支柱はむしろ抽象的な「革命国家への愛情」に求められており、民族への愛着を重視する兆候は窺えない。

(6) ここで見たような戦後のソ連側関係者の論旨は、レーニンが『ヨーロッパ合衆国のスローガンについて』(一九一五年)で展開した主張とも大筋で重なっている。

## 文 献


市川浩(一九九六)『科学技術大国ソ連の興亡――環境破壊・経済停滞と技術展開』勁草書房。

ジダーノフ(一九五四)『党と文化問題』除村吉太郎・蔵原惟人・山辺健太郎訳、国民文庫社。

デイヴィス、R・W(一九九八)『現代ロシアの歴史論争』内田健二・中嶋毅訳、岩波書店。

長尾広視(二〇〇三)「戦後ソ連物理学界の抗争とユダヤ人問題――知識人層における反ユダヤ現象の一側面」『スラヴ研究』第五〇号。

長尾広視(二〇〇七)「「コスモポリタン批判」再考――ソ連演劇界にみるスターリン統治の論理」『思想』第九九六号。

長尾広視(二〇一二)「スターリン時代のユダヤ人問題」塩川伸明・小松久男・沼野充義編『ユーラシア世界2 ディアスポラ論』東京大学出版会。

長尾広視(二〇一三)「党の指導と批判・自己批判の相克――一九四〇年代後半の『文学新聞』編集部の実践に着目して」中島毅編『新史料で読むロシア史』山川出版社。

細谷雄一(二〇〇一)「ウィンストン・チャーチルにおける欧州統合の理念」『北大法学論集』第五二巻第一号。

Salisbury, Harrison E.(1961), *Moscow Journal. The end of Stalin*, Chicago.

Александров Г. Ф.(1948), Космополитизм-идеология империалистической буржуазии, *Вопросы философии*. № 3.

Артизов А. Н. и О. Наумов сост.(1999), *Власть и художественная интеллигенция. Документы ЦК РКП(б)-ВКП(б), ВЧК-ОГПУ-*

*НКВД о культурной политике. 1917–1953 гг.* М.

Балтийский Н.（1945）, О патриотизме, *Новое время.* № 1.

Белинский В. Г.（1953–1959）, *Полное собрание сочинений в 13 томах.* М. 本文中では順に巻号／頁を記す。

Вдовин А. И.（2007）, «Низкопоклонники»и«космополиты», *Наш современник.* № 1.

Вдовин А. И.（2013）, Против пропаганды космополитизма, *Политическое просвещение.* № 3.

ВКП（1995）, *Всероссийская Книга Памяти. 1941–1945: Обзорный том.* М.

Волкогонов Д. А.（1990）, *Триумф и трагедия.* Книга 2. М.

Есаков В. Д.（1993）, К истории философской дискуссии 1947 года, *Вопросы философии.* № 3.

Жиромская В. Б. отв. ред.（2001）, *Население России в XX веке: исторические очерки. Том 2. 1940–1959.* М.

Зубкова Е. Ю.（1994）, *Общество и реформы 1945–1964.* М.

Иовчук М. Т.（1939）, Патриотизм В. Г. Белинского, *Исторический журнал.* № 11.

Кожевников А. Б.（1997）, Игры сталинской демократии и идеологические дискуссии в советской науке: *1947–1952* гг., *Вопросы истории естествознания и техники.* № 4.

Косолапов Р. И. сост.（1997）, *И. В. Сталин : сочинения.* Т. 16. М.

Костырченко Г. В.（2001）, Тайная политика Сталина. Власть и антисемитизм. М.

Костырченко Г. В. сост.（2005）, *Государственный антисемитизм в СССР от начала до кульминации 1938–1953.* М.

Кременцов Н. Л.（2004）, *В поисках лекарства против рака : Дело«КР».* СПб.

Кривошеев Г. Ф. ред.（2001）, Россия и СССР в войнах XX века: Потери Вооруженных Сил. Статистическое исследование. М.

ЛГ, *Литературная газета.* 本文中では順に年／月／日／頁を記す。

Лемин И.（1946）, Послевоенные тенденции внешней политики США, *Большевик.* № 22.

Ленин В. И.（1969）, *Полное собрание сочинений.* Том 27. М.

МВ（1995）, *Москва военная 1941/45. Мемуары и архивные документы.* М.

Микоян А. И.（1999）, *Так было.* М.

Наджафов Д. Г. отв. сост.（2005）, *Сталин и космополитизм: Документы Агитпропа ЦК КПСС 1945–1953.* М.

НВ, *Новое время.* 本文中では順に年／月／月／頁を記す。

Политбюро (2002), *Политбюро ЦК ВКП (б) и Совет Министров СССР. 1945–1953*. М.

Попов В. П. (2002), *Сталин и проблемы экономической политики после Отечественной войны (1946–1953)*. Изд. 2-е, исправленное. М.

*Правда*. 本文中では順に年／月／日／頁を記す。

РГАЛИ, Российский государственный архив литературы и искусства. ф. 962, оп. 3, д. 1727.

РГАСПИ, Российский государственный архив социально-политической истории. 本文中では順にフォンド／オーピシ／チェーラ／リストを記す。

Росстат (2015), *Великая Отечественная война. Юбилейный статистический сборник*. М.

Рубцов Ю. В. (1999), *Alter ego Сталина. Страницы политической биографии Л. З. Мехлиса*. М.

СЖ (2003), *Советская жизнь 1945–1953*. М.

СЗ (1948), *Сборник законов СССР и Указов Президиума Верховного Совета СССР (1947 г.)*. М.

Симонов К. М. (1990), *Глазами моего поколения : размышления о И. В. Сталине*. М.

Сталин И. В. (1949), *О Великой Отечественной войне Советского Союза*. М.

Фатеев А. В. (1999), Образ врага в советской пропаганде. 1945–1954 гг. М.

Филимошин М. В. (1999), Людские потери вооруженных сил СССР, *Мир России*. Т. 8. № 4.

Хлевнюк О. В. (2001), Советская экономическая политика на рубеже 1940–1950-х годов и «Дело Госплана», *Отечественная история*. № 3.

Чуев Ф. И. (1991), Сто сорок бесед с Молотовым: из дневника Ф. Чуева. М.

Шепилов Д. Т. (2001), *Непримкнувший*. М.

Шестаков А. В. ред. (1937), *Краткий курс истории СССР*. М.

コラム……c

# 現代ロシアにおけるスターリン

溝口修平

ロシアでは、現在でもヨシフ・スターリンに対する評価は両義的である。大祖国戦争での勝利をはじめ、彼の指導力を肯定的に評価する声もあれば、スターリンによる過酷な農業集団化や大規模な粛清を否定的に捉える声も根強い。

全ロシア世論調査センターやレヴァダ・センターなどの世論調査機関が最近行った調査によれば、国民の約半数は、スターリンには良い面と悪い面が同等にあったと考えている。しかし、スターリン期を「どちらかと言えば良かった」とみなす人が、「どちらかと言えば悪かった」と答える人よりも近年増えているのも事実である。このような傾向をどのように理解すればよいだろうか。

**ソ連時代へのノスタルジー**　一つには、現代ロシアではソ連時代へのノスタルジーが依然強いということが挙げられよう。ウラジーミル・プーチン大統領もかつて「ソ連の崩壊は二〇世紀最大の地政学的惨事だ」と発言したことがあるように、ソ連時代を懐かしむ言説はよく見られる。また近年、アレクサンドル・ドゥーギンのように、ロシア帝国やソ連を賛美し、反米的な立場を明確にする人物の影響力も増しており、ロシア全体で反欧米ナショナリズムの高まりや社会の保守化が進んでいる。そうした傾向が、年配者や低所得者層を中心にソ連時代への憧憬という形で顕れていると言えよう。

スターリンに対する評価も同様である。前述の世論調査によれば、六〇歳以上の世代ではスターリンを尊敬しているという回答が最も多く、若年層ほどスターリンに特別な感情を持たないという回答が多い。ただし、一八歳から五九歳までのどの年齢層でも、回答者の約四分の一はスターリンを尊敬すべき人物だと考えている。そして、その高い評価は主に大祖国戦争での勝利に結びつけられている。

**歴史教育と政治**　大祖国戦争の記憶は、現代ロシアの国家アイデンティティにとって中核的意味を持っている。スターリンの評価が、否定的なものだけでなく、肯定的な面も併せ持つのは、彼が戦勝に大きな役割を果たしたと国民に記憶されているからである。こうした歴史の記憶は、歴史教育によって国民に根付くものであり、その意味で「歴史政策」の重要性は大きい。

ペレストロイカ以降、ソ連時代の歴史叙述に対する社会的関心が高まり、一九九〇年代の歴史教育では史実の解釈の多様性を教えることが重視された。これに対し、二〇〇〇年以降は、政権が歴史教育の「統一」を要求するようになる。また、ロシアの利益を脅かすような「歴史の歪曲」に対抗しようという動きも見られるようになった。ＥＵの東方拡大後、ヨーロッパ全体で東中欧諸国の公的歴史認識を共有する傾向が強まったことが、そのような動きをもたらしている。

確かに、九〇年代の歴史教科書と比較すると、最近の教科書は大祖国戦争をより愛国主義的に描くようになった。そして、これがスターリン評価の変化に影響を及ぼしているのかもしれない。しかし、歴史解釈の多様性を強調し、一次資料や課題を通して生徒自身に史実の意味を考えさせる工夫が施されていることも、最近の教科書の大きな特徴である。

スターリンの肖像の前にたたずむ子供．メーデーや大祖国戦争戦勝記念日(5月9日)にスターリンを描いたプラカードを掲げる人々も見られる(2010年5月1日，サンクトペテルブルグ・イサーク広場．写真提供：123RF)．

つまり、当局が意図的に歴史教育に介入し、ソ連時代の過去を美化しているとみなすのは、単純化にすぎる。ロシアにおける愛国主義の高まりやスターリンに対する肯定的評価は、えてして体制の権威主義化と結びつけられがちであるが、歴史政策の分野について言えば、それは適当ではない。また、プーチン自身のスターリン評価も両義的である。彼は、二〇一五年の「国民との直接対話」において、ナチズムとスターリニズムは同等ではないとしつつも、第二次世界大戦後にソ連が東欧諸国に政治体制を力ずくで押し付けたことを認めなければならないと述べた。プーチンによれば、それは「現在米国がやっていることと同じ」である。ここで、プーチンは米国の民主化支援政策をスターリニズムのようなものだと批判したのである。歴史認識はその時々の政治状況に強く影響を受けるものであるが、それは一般的に思われているほど単純ではないことをこの逸話はよく示している。

立石洋子(二〇一五)「現代ロシアの歴史教育と第二次世界大戦の記憶」『スラヴ研究』第六二号。
横手慎二(二〇一四)『スターリン』中公新書。
Sherlock, T. (2016), Russian Politics and the Soviet Past: Reassessing Stalin and Stalinism under Vladimir Putin, *Communist and Post-Communist Studies*, vol. 49, no. 1.
Зоркая Н. А. (2007), «Ностальгия по прошлому», или какие уроки могли усвоить и усвоили молодые, *Вестник общественного мнения*. № 3 (89).

# III　国境を越えるスターリニズム

# 7　コミンテルンから中国革命・中ソ対立へ

石川禎浩

## はじめに

ロシア革命の影響は、一九一九年に設立されたコミュニスト・インターナショナル(コミンテルン、第三インター)を通じて、世界へ拡大していった。その影響と働きかけの下、東アジアでも各地に共産党が結成され、高麗共産党(一九二一年五月)、中国共産党(一九二一年七月)、日本共産党(一九二二年七月)が相次いで最初の党大会を開いている。資本主義経済の発展段階やマルクス主義受容でいえば、かなり格差のあるこの三つの地域で、ほぼ同時に共産党が結成されていることが暗示するように、それら共産主義運動の組織化には、一九二〇年以降、東方に目を向けたコミンテルンの強い働きかけがあった。以後、一九四三年にコミンテルンが解散するまで、各国の共産党、および社会運動や労働運動は、その強い影響下に置かれたと言ってよい。

中でも中国共産党にたいするコミンテルンの影響の大きさは特別である。その結党は言うまでもなく、党の初期の方針となった中国国民党との提携(国共合作。一九二四―二七年)、その提携破綻に伴う農村部での武装蜂起とソヴィエト革命への方針転換(一九二七年)、そして抗日民族統一戦線への路線転換(一九三五年)等々、中国共産党(以下、適宜「中共」と略称する)の歩みは、コミンテルンぬきには語れない。

一方、コミンテルン、およびそれを実質的に指導したロシア共産党（全連邦共産党）、ソ連首脳にとっても、中国における革命運動は極めて重要な問題であった。中国革命の指導は、抽象的次元でいえば、マルクス主義の有効性とロシア革命の経験をアジアにどう適合させるのかという理論的難題を伴うものであり、他方で外交・安全保障の次元でいえば、東方からソ連体制を脅かす日本への対処の一環として、中国に安定した親ソ政権、少なくともソ連を敵視しない政権をいかに扶植するのか、というソ連の現実的な外交政策とも接合しなければならなかった。さらに言えば、一九二〇年代のスターリン・トロツキー抗争の争点のひとつが、中国革命への指導の当否だったことが示すように、中国革命の成否はソ連指導者にとっても、政治生命を左右しかねない重要な問題だったのである。

コミンテルンの中国支部として発足した中共は、やがて一九三〇年代から四〇年代にかけて、次第にその権威や影響を離れて、自前の革命方針を持つに至り、それは一九四九年の中華人民共和国の建国に結実することになる。ただし、建国の当初に「一枚岩」と呼ばれた中ソの同盟関係はほどなく瓦解、一九六〇年代以降は一転して激しい対立関係に入るわけだが、この一連の過程は、巨視的に見れば、非西洋の革命運動がソ連型の共産主義運動を離れて、どれほどの個性や独自性を持ち得るのか、そして持ち得たのかという二〇世紀全体をおおう世界史的な問いにほかならない。それは中国から見れば、中国に独自の共産主義革命はあり得るのかという問題であり、ロシア側から見れば、十月革命以後に世界の共産主義運動の主流となったコミンテルン・ソ連型のそれがどれほどの普遍性を持つものだったかという問題だと言い換えることができるだろう。

もっとも、上記の問題に関しては、次のような解答がつとに流布している。すなわち、長らくコミンテルンの圧倒的影響を受け、中国の実情から乖離した革命運動を強制されてきた中共は、一九三〇年代後半から四〇年代前半の毛沢東の指導権確立を境に、ソ連・スターリン流の教条的マルクス主義理解を排して、中国的な土着要素を取り入れた自立的党に生まれかわっていった、それを代表するのが一九四〇年代半ばに定式化される「毛沢東思想」であり、一九六〇年代以降に顕在化する中ソの対立は、こうした歴史的背景から理解されるべきである、と。[1] この答えは正しいのか。正しいとすれば、どの程度正しいのか。スターリンによって完成をみたソ連型共産主義を、毛は本当に克服していったのか、本章はこうした問題に中国共産党史の側から答えんとするものである。

## 一　コミンテルンによる中国革命の指導

まず、中共(中国革命)に対するコミンテルンの関与を簡単に振り返っておこう。中国での共産主義組織の結成は、一九二〇年に来華したロシア共産党の使者グリゴーリー・ヴォイチンスキーの働きかけに、新文化運動の旗手だった陳独秀らが呼応して始まった。中国での本格的なマルクス主義紹介(河上肇、堺利彦ら日本の社会主義研究に依拠した理解、受容が広く見られた)は、その前年に始まったばかりだったから、極めて短期間のうちに学説の紹介から組織の結成へと運動が進展したことになる。このため中国では、マルクスの学説とレーニン流のボリシェヴィズムとが同時並行的に受容され、早い時期からボリシェヴィズムとマルクス主義とが同一視される傾向があった。西洋諸国(および日本)の社会主義運動であれば、第二インターと関わり、それとの決別を経てボリシェヴィズム、コミンテルンへと行き着くわけだが、中国の場合は、そうした前史がないだけに、コミンテルンはまさに唯一無二の共産主義モデルであった(石川 2001: 68–89)。

結党して間もない中共が、大多数党員の反対にもかかわらず、一九二三年以降国民党との協力、それも国民党への入党(すなわち二重党籍方式による国共合作)という方針に転じたことも、コミンテルンの意向が大いに関係している。当時、五百に届かなかった中共党員数が三年後には一万を超え、さらに翌一九二七年には五万に達したように、国共合作は結果的に、中共の党勢と影響力の拡大に大いに寄与した。また、当時広東一省の支配すらおぼつかなかった国民党の側も、ソ連の人的、物的支援を受け、また活動力のある若い中共党員を迎えたことにより、急速に力をつけ、孫文死後の一九二六年から始まった北方への軍事攻勢（北伐）では、予想外ともいうべき成功をおさめた。

だが、国共合作という傘の下で力をつけた中共は、その増長を危惧した国民党の軍事指導者・蔣介石と対立、北伐さなかの一九二七年についに両党の提携は破綻、以後ほぼ一〇年間、農村での武装割拠方針に転じた中共が国民党（国民政府）による弾圧と全国統一に、激しく抵抗することになる。この間、一九二八年以降コミンテルンがいわゆる第三期論（世界的な資本主義危機論）に立脚した指導を行ったため、中国でも革命情勢を過度に高く見積もり、無理な攻勢（都市部でのゼネスト・暴動、農村に展開する紅軍に対する都市攻略指令など）が繰り返された。

モスクワの助言・指導による活動が失敗した時、責任を問われるのは常に中共の指導者の側だった。一九二七年七月にスターリンが腹心モロトフに宛てた書簡の一段は、指導する者の傲慢さを如実に示してくれる。国民革命という燃えさかる革命運動の中で、なすすべを知らない中共指導部に対し、スターリンは次のように皮肉るのである。

わたしは中国共産党の中央委員会に、あまり多くのことを要求したくはない。それに過大な要求をしてはいけないこともわかっている。しかし、簡単なやさしい要求がある。それはコミンテルン執行委員会の指令を達成することだ（Lih et al. 1995: 140）。

かくして、その後も一九三〇年代前半にかけて、何人かの中共指導者がその「簡単なやさしい要求」を達成できずに更迭されるという事態が続いた。結党期以来の指導者陳独秀が国共合作崩壊時に、「日和見主義」の誤りを譴責され、更迭されたのを皮切りに、一九二八年には瞿秋白が、さらにその二年後には李立三らがそれぞれ「盲動主義」「反インター」といった誤りを犯した責任を問われて指導者の座を追われている。「日和見主義」や「盲動主義」など、貼られるレッテルこそ違え、そもそものモスクワの指導は正しかったのに、中共が現地での指導・実践に失敗したのだという総括の筋立ては同じだった。

こうして李立三の後には、ソ連で直に教育を受けたいわゆるソ連留学組（留ソ派）が党中央に抜擢されることになる。モスクワでは、一九二一年に設立された東方勤労者共産主義大学（КУТВ）のほか、国共合作時期には中国人革命家を養成する学校（孫逸仙大学――孫逸仙は孫文のこと）が設立され、多くの若者が学んでいた。ただし、ロシア語とマルクス主義学習に長けたかれらに党勢の挽回を期待するなど、土台が無理な相談だった。やがて上海をはじめとする都市部での党組織が弾圧を受けて壊滅状態となると、党中央は毛沢東らが一九二七年以来切り開いてきた華南の農村根拠地に移転（一九三四年）し、現地で農村革命の実績を積み上げてきた毛から実権を奪うこととなったのである。

今日の中国では、この間の党の路線について、陳独秀の「右傾日和見主義」とその後の三度にわたる誤った左傾の指導（瞿秋白、李立三、王明ら留ソ派）が中国革命の進展を妨げ、結果として中共存亡の危機を招いたとされている。そしてその間も、コミンテルンの権威と教条主義的指導に盲従せず、中国の実情に合った農村革命を実践した指導者、さらには留ソ派の無謀な指導によって風前の灯火だった中国革命と中共を救った指導者、それが毛沢東であると定式化されているわけである。

中共とモスクワのコミンテルンとの間の連絡は、緊急度が高い場合には電信（無線）によって行われた。ただし、何と言っても数千キロを隔てた通信であるから、不通、不着、解読不能という事態が――特に緊急事態に限って――しばしば発生した。中国官憲側の妨害、破壊による場合もあれば、中共側の機材や暗号コードの設定に問題がある場合もあった。国共合作が危機に瀕していた一九二七年五月から六月にかけて、モスクワ発のコミンテルン決議や指示が武漢の中共中央に届くのに、数週間を要した事例がある。また、そのコミンテルンの指示が届いても、それを農村根拠地の末端に伝達するのに、極端な場合はさらに半年以上を要したことすらある（高橋 2006: 117-118）。

中共とコミンテルンの関係史を前後に大きく分かつならば、長期にわたって両者の通信・連絡が途絶えた長征（一九三四―三六年)をその分岐点とすることが可能である。根拠地の防衛に失敗した中共中央とその軍は、一万キロを超える長征(撤退・移動)を行ったが、移動と戦闘の中で早々に大型通信機の遺棄を余儀なくされたため、一年半ほどの間、モスクワのコミンテルン本部と正常な交信をすることができなかった(紅軍部隊同士の短距離通信は可能)。図らずも中共は、コミンテルンの意向を離れて自主的に判断し、決定を下すという、それまでにはなかった状況に置かれることになったわけである。そして、奇しくもその一年半ほどの間に、モスクワと中共中央それぞれに大きな転換が起こっていることを忘れてはならない。すなわち、コミンテルンの側では第七回世界大会に象徴される反ファシズム統一戦線への方針転換が起こり、他方中共中央では長征途上で党指導部の変更が起こったのである。毛沢東が軍事指揮に関する指導権を回復したとされる中共中央政治局拡大会議、すなわち遵義会議(一九三五年一月)は、まさにモスクワの意向を聞こうにも聞けない長征の最中に行われたものであった。

長征を経て陝西省北部に到達してのち、中共は一九三六年六月ごろにモスクワとの無線通信再開にこぎ着けるが、再び寄せられるようになったモスクワの意向は、もはやかつてのような強い拘束力を持たぬものになっていた感がある。いわば、無線途絶という事態の中、独自の判断による決定の経験を積んだ中共は、その逆境をむしろ奇貨として、モスクワからの自立性を獲得していったと見ることができよう。長征の途上で起こった張国燾(結党以来の大幹部)がらみの中共・紅軍の分裂騒動の後始末として、中共中央が張国燾を処分する意向をコミンテルンに伝えたときの応酬などはその一例である。(2)

深刻な党内分岐を生じさせた張国燾の行動(第二中央の樹立)について、長征を終えて後の一九三七年三月、毛主導の中共は張を徹底批判する党内キャンペーンを行うべく、その旨をコミンテルンに通告したが、それはその可否を翌日までに回答してほしいと求める性急なものだった。事実上の事後報告に等しいこのやり方に対し、コミンテルン執行委員会書記局は、張を強く批判する決議を出すことには、党内融和の見地から賛同できないし、そもそも無理な回答期限をつけた照会には問題があると強く反発した(ВКП и Китай 2003: 1101–1102)。だが、それを無視するかのように、返電の翌日に中共は政治局拡大会議で張の誤りに関する討議を開始、一週間後には「張国燾同志の誤りに関する決議」が採択され、張は党の中枢から完全に排除されたのだった。

むろん、コミンテルンからの助言が党の運営を左右する事例も、なくなったわけではない。中共第七回大会の主要議題として、党の従来の路線の歴史的総括を行いたいという中共の意向に対して、コミンテルン首脳が難色を示した例である。長征、抗日戦争勃発を経て党内の指導権を確立しつつあった一九三八年、毛沢東は党の従来の路線、とりわけ自らを排除し、結果として根拠地の喪失をもたらした一九三〇年代前半の留ソ派執行部の方針を批判的に検証し、歴史的総括を行うことを構想していた。それを一九二八年以来開催されていない次の党大会で本格討議しようと考え、コミンテルンに伝えたところ、モスクワからもたらされたのは、「来るべき第七回大会では、抗日戦争に関する現実問題に重点が置かれるべきで、過去の歴史問題を論議するのに多くの時間を費やすべきではない。一〇年の経験の総括について、インターは特に慎重であるべきだと考える」というディミトロフ(当時、コミンテルン執行委員会書記長)の意向であった(王 1989: 141)。その結果、中共の第七回大会は、この七年後の一九四五年までずれ込むことになる。コミンテルンでは、一九三五年の組織改革により、東方書記局など地域別の書記局が、それぞれの地域を管掌する責任者を明確にする書記局(個人書記局)へと改編され、最高指導者ディミトロフ自らが中国を管轄する書記局の責任者をつとめていた。コミンテルンの中国重視ぶりがうかがわれよう。

ただし、この時にもたらされたディミトロフの「助言」は、毛にとって悪い話ばかりではなかった。中共指導部内のリーダーシップという極めてデリケートな問題について、ディミトロフは「指導部にあっては、毛沢東を頭とする指導のもとで〔諸事の〕解決を行うべきである」と明確に毛の名を挙げて、かれが党の最高指導者であることを確認したのである(王 1989: 141)。まさにお墨付きというべきものであった。この助言を受け、直後の一〇月に開かれた中共六期六中全会で、毛は初めて党中央を代表して政治報告を行うことになる。党中央委員会総会での政治報告、それは時々の党の指導者が誰かを明示するという意味では一種の「儀式」であり、毛の権威を全党に強く印象づけることになった。コミンテルンの支持は、指導権確立に欠くことのできない要件だったわけである。

かくて、その後一九四三年三月に中共中央書記処が毛、劉少奇、任弼時の三人で構成されたさい、書記処の扱うあらゆるルーティンな問題の討議にかんしては、毛が最終決定権を持つと規定されるにいたる(中共中央文献研究室 2013a: 430)。いわば、制度的にも毛の指導権が保証されたわけで、これをもってかれの党内覇権は不動のものになったと見なすことができよう。その二カ月後に、毛はコミンテルン解散の報に接することになるわけである。

## 二　毛沢東によるコミンテルン・スターリン評価

コミンテルンが解散を宣言した一九四三年まで、中国革命に対するコミンテルンやソ連共産党の指導の当否を、中共が表立って論評することは基本的になかった。中共はあくまでも、コミンテルンの中国支部なのであり、コミンテルン幹部が中共指導部の成敗を云々することはあっても、その逆はなかったわけである。党の創立とコミンテルンの関係について、中共(毛沢東)が「そもそもコミンテルンがなくても、中国共産党は間違いなく生まれていたであろう」(一九四三年五月、毛沢東文献資料研究会 1983: 22)と公言できるようになったのは、コミンテルンの解散決定の報を受けてのことであった。

その後、一九四九年の中華人民共和国建国、一九五三年のスターリン死去を経て、一九五〇年代後半になると、毛沢東の口から比較的率直なコミンテルン評価が語られるようになっていく。語る時期と状況によって若干のブレはあるが、コミンテルンの二四年間をおおむね前(一九一九—二七年)、中(一九二七—三五年)、後(一九三五—四三年)の三期に分けた上で、前と後の時期はよかったが、中期はひどかったという評がなされるようになるのである。中国革命に対するソ連の干渉に関しても、中ソ対立が深まっていくと、それまでは聞かれなかったスターリンへの恨み節が毛の口をついて出るようになった。例えば、次のようなものである。

レーニンの頃のコミンテルンの指導は良かった。かれの死後、コミンテルンの指導は教条主義的になった。……のち〔スターリンの時期〕になると、各国の特色を顧みないような教条主義になり、ロシアのとおりにやらせようとした。そのせいで中国は大変な目にあった。我々は整風というやり方で十数年にわたり教条主義を批判し、マルクス主義の精神にのっとって独立自主的にやってきた。そうしてはじめて中国革命の勝利をおさめることができたのだ（一九五七年三月、毛 1972: 112-113）。

毛の発言が指すものについては、若干の補足説明が必要であろう。まずは、レーニン時代はよかったが、コミンテルンの中期には「教条主義」の弊害がひどかったという評価についてである。中共の結成と第一次国共合作の方針は、いずれもレーニン存命の時期のことであり、その当時のコミンテルンの指導は高く評価できる。それに対して一九二七年から三五年には、スターリン指導下のコミンテルンによる教条主義の弊害のせいで、中共は苦労したということだが、この教条主義の路線は前節で見たように、今日三度にわたる誤った「左傾路線」と総括されているものである。とりわけ、「教条主義」の権化とされた王明ら留ソ派指導部時代の路線については、毛はかれらがモスクワの意向やスターリンの意を体して、土着のおのれを排斥、迫害したのだと強く感じていた。

最後の段、コミンテルン由来の「教条主義」を克服する上で大きな成果をあげたとされる「整風」とは、長征・抗日戦争勃発を経た一九四〇年代前半に、中共の根拠地で推進された思想と組織の引き締め運動である。簡単に言えば、毛の指導者としての権威を確認し、それへの全面的服従を全党に求めたのが整風運動である〔陝西省北部の延安に党中央があった時期に行われたため、延安整風と称される〕が、これについては、次節で詳述する。

他方、コミンテルン解散後も続いた中国革命に対するスターリンの干渉についても、一九五〇年代後半になると毛はかなり辛辣な批判をしている。

中国の革命は、スターリンの意思に逆らうことで勝利を収めたのである。「真洋鬼子《あいつ》」は革命はまかりならんと言ってきたりした。……王明のやり方では、つまりスターリンのやり方では、中国革命は成功できなかったのである（一九五八年三月、毛 1999: 371）。

スターリンへの毛の不満は相当なものだったと見えて、かれは同じ年にソ連の駐華大使ユージンにも、あけすけにこう述べている。

あなた方はずっと中国人を信用してこなかった。スターリンもそうだった……かれは一番大事な時に、我々に革命を許さなかった。我々が革命をするのに反対したのだ。この点で、かれは大きな誤りを犯した。……コミンテルンは解散していたのに、それでも命令してきたのだ（毛 1999: 386）。

スターリンは革命を許さなかったというくだりで、毛が念頭に置いているのは、一九四五年八月の日本降伏のさい、中共中央が麾下の軍に対して近辺の日本軍占領地域への進駐と武装解除を命じた時のことである。この時すでに一〇〇万に近い兵力を持ち、抗日戦を自力で戦い抜いてきたと自負する中共は、待機せよとの国民政府の軍令を無視して、つまりは国民党との衝突・内戦も辞さない方針でこの挙に出たのであった。華中にいる部隊に対しては、上海・南京・武漢などの大都市や主要交通線の占領が命じられるだけでなく、長江下流諸省や上海・南京といった主要都市の首長名簿も作成されていた（鄧 2010: 247–253）。政権奪取の構えである。

戦争から革命へというロシア革命をなぞるかのようなこの計画が八月中旬に急浮上する中、それに異を唱えてきたのがスターリンである。八月一四日に国民政府との間で中ソ友好同盟条約を締結したソ連は、中共にたいして内戦の回避と国民党との交渉を勧告、つまりスターリンは同条約でヤルタ密約のソ連権益を保証してくれた国民党の中国を望んだのだった(楊 2005: 224–230; 楊 2010: 462–463)。中共はやむなくそれまでの強硬方針を撤回し、蔣介石・毛沢東会談の提案を受け入れるに至る。これが毛の言う革命を許さなかったスターリンである。

このほか、恐らく毛の念頭には、一九四九年一月にスターリンが国共の和平交渉の仲介を持ち出したこともあったことだろう。すなわち、再び始まった内戦の帰趨が共産党の勝利にほぼ決しつつある中、スターリンは中共にたいして、ソ連がかりに国共の停戦、和平交渉を仲介する場合、それを受け入れる可能性はあるかを打診してきたのである(楊 2005: 280–284)。その打診は、あくまでも確認のためで、決して受け入れを求めるものではないという懇ろな但し書きがついており、また今度は中共も受け入れるには至らなかった。だが、毛にしてみれば、スターリンがあたかも中国の南北を国共両政権が分割支配する「南北朝」を押しつけてきたように感じられたことだろう。

いったいに、スターリンらモスクワの首脳たちは、国民党とりわけ蔣介石への評価が高く、中共の実力や経験を過小評価しがちであった。その背景には、中共へのある種の優越感情のほか、余りに急速な中共の台頭は、帝国主義列強の武力介入を招きかねないというスターリンに特徴的な懸念があるように思われる。一方、蔣に対しては、かれの実力を高く評価し、その政権を保全して、何とか親ソの側に持ってこようとする傾向が強かった。国民革命時期において、周囲からの度重なる警告にもかかわらず、スターリンが蔣の反共クーデタ(一九二七年四月)までかれを信任していたこと、西安事変(一九三六年一二月)に際しては、張学良によって捕らえられた蔣の懲罰や処刑にあくまでも反対し、平和的解決を図るよう中共に求めたこと等々、そうした事例は、挙げるに事欠かない。毛にとって、スターリンからの助言や指示は、いちいちが余計な口出しに見えたに違いない。

そんなスターリンと毛沢東の二人が初めて対面したのが、人民共和国建国直後の一九四九年一二月、毛がソ連を公式訪問した時のことであった。二人の最初の会話について、中国ではしばしば次のような応酬があったと伝えられている。スターリンらモスクワに散々虐げられたという思いを抱いていた毛は、スターリンに会見(一二月一六日)するや、開口一番「わたしは長らく迫害され、排斥されてきた人間です」といういささかトゲのある自己紹介をしたが、スターリンはその言葉を途中でさえぎり、「勝利者は非難されない。勝利こそ全てだ……」と作り笑顔で応対した、と(師 1995: 434-435)。

このやりとり、特に毛の言葉は、国家元首同士の初対面の挨拶としては、極めて不自然、かつ剣呑であり、公式の会談記録やソ連側通訳の文章には、そうしたやりとりは記されていない(Fedorenko 1989; Ледовский 1999: 119-120)。毛沢東とソ連要人との会談のさい、たびたび通訳を担当した師哲(一九四九年訪ソ当時は中共中央書記処政治秘書室主任)が「脚色」、あるいは「創作」した可能性がある(3)。ソ連への毛のねじれた感情をよく知る師哲は、一九四九年の毛の訪ソでも露わになった毛とスターリンの不和、あるいは中ソの確執をより印象づけるために、毛の心中にあったであろう屈折した感情を忖度して口に出させたということである。

いずれにせよ、毛沢東のスターリンへの恨みがかなり根深いものであったことだけは確かであろう。先の毛の論評に見えるように、スターリンのやり方を王明のそれと同一視して教条主義だと切り捨て、自分らはそれを脱したからこそ、中国革命は成功したのだとまで断言しているわけだから、この場合のスターリンは反面教師にほかならない。そして、中共は一九四〇年代の整風によって自主的にその教条主義を克服したがゆえに、革命の大業を成し遂げることができた、それはある意味でスターリンに逆らうことであり、そのゆえに自分はスターリンをはじめモスクワから長らく迫害、排斥されてきたのだ。これが毛沢東の基本的認識だったと言って、さほど事実から遠くはあるまい。

もっとも、近年の研究があきらかにしているように、スターリンらモスクワの首脳たち、あるいは王明らモスクワ駐在の中共代表団は、決して毛を排斥してきたわけではない。詳細は専著に譲るが、ソ連首脳にとって毛沢東は、当初は謎の人物、次いで農村革命の実践において抜群の実績をあげた指導者であり、王明らにしても、一九三五—三六年くらいまでは、毛を類い希な中国人革命家として高く評価していた。一九三〇年代前半に、実際に毛に様々なレッテルを貼り、実権を奪ったのは、中国現地のライバルたち、具体的に言えば、秦邦憲、張聞天といった留ソ派、および党務に経験豊富な周恩来らである。すなわち、毛はコミンテルンやスターリン、王明によって直接に排斥されたのではなく、その威を借りる現地幹部によって、失脚させられたのであった(Панцов 2007: 332-389)。

したがって、自分はモスクワから嫌われてきたという毛の認識は、事の一面を見れば被害妄想であるが、別の角度から見れば、後に確立された歴史像(歴史認識)を過去に投影した解釈である。となれば、スターリンやかれが築いたソ連型の共産主義に対して、反面教師だと言わんばかりの突き離した認識が生まれる以前、毛にとってスターリニズムは果たしていかなるものだったのかを改めて検証する必要があるだろう。権力確立期の毛沢東、すなわち一九四〇年代前半の整風運動の現場に立ち返ってみよう。

## 三　延安整風の滋養源としての『全連邦共産党(ボ)歴史小教程』

コミンテルンが解散を決めた一九四三年五月、中共はまさに整風運動のさなかにあって、毛沢東の指導権が不動のものとなろうとしていた時だった。毛沢東の共産党、それは一九四五年の中共第七回大会において、「毛沢東思想」という言葉が党規約に盛りこまれたことで完成を見るが、かれが指導権を築く上で最終的な仕上げとなったのが、一九四〇年代前半の延安整風運動といわれる党内の思想刷新・組織引き締めの運動である。この運動では、マルクス主義の理論や知識を中国の実情に即して応用、実践していくこと、すなわち「作風」(活動スタイル)を改めていくことが強く求められた。単純化して言えば、党指導者の権威を、モスクワ仕込みで理論・知識を身につけた教条主義の連中から、中国に根ざした革命の実践者たる毛沢東に移動させることが試みられたわけである。

この運動において、毛が「作風」の刷新とともに重視したのが、中共党史の総括だった。すなわち、かれは一九三

○年代半ばまでの党中央の路線を誤ったものと認定し、その誤りを正した者として自らを定位したのである。既往の党指導部を構成した留ソ派幹部への批判という点でいえば、前述の教条主義批判と矛先は同じである。党史資料の収集・編纂を伴って進められたこの歴史書き換えの作業は、前述の第七回党大会に合わせて、「党の若干の歴史問題に関する決議」（一九四五年四月、以下「歴史決議」と略称）として採択された。歴史叙述がそのまま党の決議となるのは異例だが、二万七千字ほどのこの文章はその後、長期にわたって中共党史の最高規範となっていくことになる。

さて、毛沢東が後年、中国革命に及ぼしたソ連・コミンテルン・スターリンの負の影響に言及したさい、中共がスターリン流の教条主義を克服できたのは、この整風運動のおかげであると自負したことは、すでに見たとおりである。コミンテルン・スターリンの権威をちらつかせ、中国の実情も知らぬ王明ら留ソ派の連中のせいで、中共は大変な目にあったが、かれらの、そしてその背後にあるスターリンのやり方を改めることができたから、中共は整風運動によって生まれ変わり、革命運動を勝利に導くことができたのだ。ごく簡単に言えば、これが整風運動についての毛の事後説明である。

だが、結論からいうならば、毛のこの説明は矛盾に満ちたものといわざるを得ない。すなわち、延安整風の滋養源となったのは、スターリン主義の経典とも称されるソ連の『全連邦共産党（ボ）歴史小教程』にほかならないからである。『全連邦共産党（ボ）歴史小教程（*История ВКП(б) краткий курс*）』（以下、適宜『小教程』と略称）、今やその名を聞くこともほとんどなくなったが、スターリンの直接関与、部分執筆を経て刊行されたこともあり、かつては「マルクス・レーニン主義基礎知識の百科全書」（刊行にあたっての党中央委員会の特別決定、一九三八年一一月一四日）と呼ばれた経典的党史著作である[4]。ロシア語の初版が一九三八年九月に刊行されて以来、世界での累計総発行部数は四〇〇〇万部を超えると言われる。スターリン批判ののち、ソ連では一転して出版されなくなり、世界的にも急速に影響力を失ったが、中国では一九七五年まで版を重ねた。同書の最大の特徴は、ソ連共産党の歴史を度重なる路線闘争の連続ととらえ、レーニン、スターリンの言葉を金科玉条の如くちりばめ、スターリンの無謬性を確認することにある。ソ連史学のみならず、マルクス主義理解や共産主義運動の指針にいたるまで、極めて広範な領域、人士に影響を及ぼしたことは、改めて認識さるべきである(木村 1972; Li 2010)。

中共は早くも一九三七年時点で、ソ連で進められているこの経典的党史著作の編纂に関心を寄せ、その動向を注視していたようである。『小教程』編纂に先立ってスターリンが示した構想(党史編纂者への書簡、『ボリシェヴィーク』一九三七年第九号、五月)は、早くも三カ月後には延安でも翻訳の上で、党の機関誌で報道されており[5]、その関心の高さをうかがうことができる。

果たして『小教程』ロシア語版が刊行されるや、当時モスクワにいた中共幹部の任弼時は、党中央に直ちにその翻訳に取りかかるよう提案し、ソ連の外国語文献出版所による翻訳に協力するとともに、自らもスターリン直々の執筆とされた第四章「弁証法的唯物論と史的唯物論」の校訂にあたったという(中共中央文献研究室 2000: 536)。かくて、『小教程』の漢訳版は一九三九年一月に、まずモスクワの外国語文献出版所より『蘇聯共産党(波爾什維克)歴史簡要読本』というタイトルで刊行された。間もなく大使館経由で中国に持ち込まれた後、次第に『聯共(布)党史簡明教程』と呼ばれながら、共産党関係者を中心に広く読まれた模様である。このモスクワ訳の流れを汲むものには、延安の解放社から同年五月に刊行された『聯共(布)党史簡明教程』(以下、中国語版については『簡明教程』と略す)があるほか、別にもう二種類の訳本があることが知られている(朱 2012)。

『簡明教程』の中国での反響は大きく、同年末に周恩来がコミンテルン執行委員会で行った報告では、ソ連から入った漢訳版は二カ月で一万部を超えたほか、国内の漢訳版も重慶、香港、上海などで一万部以上発行されたと述べている(ВКП и Китай 2007: 366)。また、一九四一年三月までに発行部数は一〇万冊余りに達したという記録もある(方 1992: 790)。同書が中共党員以外にも広範な読者を得ていたことがうかがえよう。

むろん、同書に最も強く影響を受けたのは、中共である。整風運動の期間、『簡明教程』は党内学習の必須読本に指定され、全ての党員が読むべく指示されたが、史と論を兼備した同書に心服し、その普及徹底の旗振り役となったのは、ほかならぬ毛沢東その人であった。毛の整風時期の代表的著作とされる「我々の学習を改造しよう」(一九四一年五月)で、『簡明教程』は次のように称えられている。

マルクス・レーニン主義を研究しようとするのなら、『簡明教程』を中心的な教材としなければならない。『簡明教程』はこの百年来の全世界の共産主義運動において、最高のまとめにして総括であり、理論と実践との結合の手本である。世界を見渡しても、完全な手本はこれしかない(毛 1991: 802-803)。

毛の評価がこのようなものである以上、かれが「自分はこの本を十回は読んでいる。皆にも何度も繰り返し読んでほしい」と語ったのも、ごく自然だと言えるだろう(陳 1996: 305-306)。公刊の選集、文集に収録されている毛の著作に限定しても、毛は一九四〇年から四五年にかけて、少なくとも五―六回は『簡明教程』に言及し、特に一九四五年の中共七大では、『共産党宣言』などとともに、必読書五点の一つに挙げている。

中でも、『簡明教程』の結語部分、すなわち党史から得られる教訓を六カ条にまとめて総括した部分は、毛のよく引用するところであった。その代表的事例が、整風運動のさなか、一九四二年一一月に西北局高級幹部会議(延安)で二日間にわたって行った「ボリシェヴィキ化の十二カ条」という長大な講演である。この講演は、同会議で最大の焦点となった陝西・甘粛の現地党組織の歴代の路線総括に関して、毛が具体的事例をあげつつ、スターリンの教えをもとに論評したものだが、その教えとは『簡明教程』結語部分とスターリン著作「ドイツ共産党の前途とボリシェヴィキ化とについて(一九二五年二月)」末尾のボリシェヴィキ化十二カ条(『スターリン全集』第七巻所収)であった[6]。

注目すべきは、毛のこの講演を受け、西北局の会議が現地党組織の歴史総括に関して下した結論は、のちの「歴史決議」つまり全党の歴史総括の雛形になっていたということである。すなわち、現地党の歩みは正(真正ボリシェヴィキ)と邪(似非ボリシェヴィキ)の二つの路線の闘争の歴史だと総括されたが、その構図はのちにそのまま党中央に適用され、毛を正とする「歴史決議」につながっているのである(石川 2010)。遵義会議以降、それまでの指導部を批判して党の主導権を握った毛沢東ではあったが、かれがおのれの正当性をどのように裏づけて全党に周知させるのか、それを模索していた時に現れたのがまさに『小教程』だった。先に述べたように、毛は一九三八年、コミンテルンに対し、次の党大会に向けて従来の党の路線を歴史的に総括したいという希望を伝えたものの、それを却下されていた。その意味で言えば、待ったをかけられたすぐ後に、党史総括の手本がソ連から届いたことになる。党の歩みを路線闘争の歴史とし、その勝利者としてスターリンを位置づける『小教程』は、毛にとってまさに学ぶべき経典と映ったに違いない。

党史をなぜ重視するのか、その党史はどのような見地から研究すべきかについて、毛は党中央の幹部を前に、「いかに中共党史を研究するか(如何研究中共党史)」と題する講話をしている(一九四二年三月三〇日、毛 1993: 399–408)。『小教程』にも言及するこの講話は、先に延安で翻訳・発表されていた前述のスターリンの文章「どのようにソ連共産党史を研究するか(怎様研究聯共党史)」を念頭に置いたものと言ってよい。むろんこの講話では、外国の理論を盲信して、機械的にそれを中国に当てはめようとするソ連崇拝者への批判もなされているが、党史研究によって正しい路線を認識、周知徹底するというスターリン流の党史観はしっかりと保持されている。つまりは、外来理論の崇拝を排しているかに見えて、実はスターリン的手法を中国に応用したものにほかならないのである。別の言い方をするならば、往々マルクス主義の中国化を図ったと評される延安整風運動は、むしろスターリン主義の中国化として現れたということになろう。

かつて、木村汎は『小教程』の特徴を、①「党史の個人化(Personalization)」(党史がスターリン個人の発言や行動を中心に展開していくこと)、②かれを革命正統(マルクス・レーニン)の後継者にして、勝利の英雄として描いたこと、③明確な善玉と悪玉、友・敵の対置構造の反復などの諸点にまとめた(木村 1972)が、それはスターリンを毛沢東に置き換えれば、ほぼそのまま「歴史決議」の特徴となるものである。そして、「歴史決議」と相前後して、中共は百万の党員を擁するに至った巨大組織の人事・運営体制も、ソ連をモデルにして整備している。すなわち幹部等級別待遇制度(いわゆるノメンクラトゥーラ)の制定や党員人事記録(個人档案)の整備といった党員管理システムが、『小教程』の翻訳をいち早く提言した任弼時(留ソ経験あり)の主導によって導入されるのが、一九四〇年代半ばなのである(陳 1998: 366–367)。

一九四〇年代後半以降、大きな力を持ち、ついには国民党政権を粉砕した中共とその指導者毛沢東は、ソ連共産党の経験をかりながら、対ソ一辺倒といわれる国づくりを進めることになるわけだが、建国初期のそうした中ソの蜜月は、整風以降に顕著になるスターリン型モデルの移入・定着によって下地が作られたと言っても過言ではあるまい。中国でも貧しい陝西省北部の延安は、今日なお中国型社会主義揺籃の聖地としてもてはやされてはいるが、その地の共産主義者が想像し得た共産主義とは、なおソ連のスターリン型共産主義の枠を超えるものではありえなかったわけである。その意味では、スターリン型モデルは毛らによって選びとられた、あるいは利用されたというよりも、むしろそれ以外にはあり得ない、唯一絶対のモデルとして受け入れられたと言えるであろう。

## おわりに――スターリン死後の『小教程』と中国の社会主義モデル

誰の目にも中共の勝利が動かしがたいものとなり、新国家樹立が日程に上るようになった一九四九年二月、『簡明教程』は中共七期二中全会で再び幹部必読文献に指定された。改めてソ連に学ぶ姿勢が打ち出されたわけである。附言すれば、その『簡明教程』の毛沢東版ともいうべき「歴史決議」(一九四五年)も、公表にさいしてはソ連への心遣いが盛りこまれている。すなわち、当初非公開だった「歴史決議」は、一九五三年に『毛沢東選集』第三巻に附録として収録され、初めて公開されたが、そのさいにレーニン、スターリンと肩を並べるような印象を与える「毛沢東思想」の語が削られ、代わって中国革命へのコミンテルンやスターリンの貢献がかなり加筆されたのである(胡 2003: 324-327; 周 2012)。すべては、新国家建設の援助者であるソ連(スターリン)への配慮ゆえであった。

その後、スターリン批判を受けてソ連で『小教程』の発行が停止されてのちも、中国では『簡明教程』の出版が続けられた。中国での総発行部数は最終的に一〇〇〇万を超えるといわれている(朱 2012)。すなわち、一九五〇年代後半以降、この本が最も読まれたのは中国なのである。まさに、スターリンの正しさを、あるいはスターリンの正しい部分を継承するのは中国共産党なのだ、という思想的配置図の中で、『小教程』はソ連を離れ、中国に引き取られたのだった。

毛自身も、ソ連での『小教程』の行方を複雑な思いで見ていたようである。一九五七年秋、ロシア革命四〇周年記念式典などに参列するため二度目の訪ソをしたかれは、一一月一八日の世界一二カ国共産党・労働党代表会議での演説で、『小教程』の冒頭の第一句「はじめはわずか数十人の小さなグループにすぎなかったが、やがて社会主義国を指導する政党になった」に言及し、「ソ連の同志たちよ。みなさんが『小教程』を修訂することになっても、この冒頭の部分だけは削除しないでほしい」と呼びかけている(中共中央文献研究室 1992: 637)。ソ連共産党第二〇回大会でのスターリン批判から一年半余りが経ち、『小教程』の内容が大きく書き換えられることを懸念しての発言だったと見られる。だが、毛の観測は甘かった。前述のように、『小教程』を待っていたのは、半端な書き換えや部分削除などではなく、出版停止という書物への死刑判決だったからである。

スターリンの功罪について、毛は当時の演説の場で、「かれの誤りがたとえ何十カ条あろうとも、かれの生涯においては、ほんのわずかな部分にすぎず、その大部分においてかれは正しかった」と述べ、ソ連のスターリン批判に雷同することを拒んだ（中共中央文献研究室 2013b: 254-255）。先に紹介したように、毛はその後間もなく、内部講話や要人との対談で、スターリンの中国革命への介入を厳しく批判するようになるが、それでも社会主義陣営の団結と名誉をいたずらに損ってはならないという見地から、公然たるスターリン批判を展開することをよしとはしなかったのである。ちなみに、毛のスターリン評価は、毛の死後にほぼそっくりそのまま、中共の毛評価に当てはめられることになる。文化大革命などについて、「毛沢東同志は重大な誤りを犯し」たが、それは「究極的には偉大なプロレタリア革命家の犯した誤り」であり、その功績は「過ちをはるかに凌いでいる」と（中共「建国以来の党の若干の歴史問題についての決議」一九八一年六月採択）。

毛に対する評価がこのようである以上、毛逝去の前年まで版を重ねた『簡明教程』[7]への中共の評価も、決して低くはない。もっとも、中国語版はその年を最後に増刷されなくなり、いわゆる改革開放政策の時期に入ると、むしろ文革時期に頂点に達した中共党史の極端な路線闘争史観をもたらした元凶という負の側面も指摘されるようになった。一九八八年一〇月には、北京で『簡明教程』の評価やその影響に関する中共党史専門家の座談会も開かれ、廖蓋隆、張静如、龔育之といった大家たちが自身の読書・学習体験を披露しつつ、同書の正負の影響を率直に語っている（中共党史研究編輯部 1989）。さすがに文革時期を含め、激動止むことのない党史部門で辛酸をなめ続けてきた面々だけあって、座談会の基調は『簡明教程』のマイナス面を多く指摘するものであった。政治理論と歴史叙述とが自覚されないまま、あるいは意図的に強く結びつけられたため、政治に対する歴史の従属を決定づけたという指摘もあれば、路線闘争や指導者への個人崇拝を煽り、それ自体が教条主義に棹さす風潮を作ってしまったなどなどである。

だがと言うべきか、にもかかわらずと言うべきか、それらオールド・ボリシェヴィキたちは、『簡明教程』を読むことによって、初めて革命運動の実際・現実をマルクス主義理論を通して理解することができた、マルクス主義の精髄とその歴史への応用を実感として消化することができたと口を揃える。そしてそうした感激をもって同書を読んだのは、かれら高級知識人党員ばかりでなく、中等程度の教育を受けただけの党員にも及んでいたと指摘することを忘れなかった。確かに振り返れば、路線闘争史観をもたらした元凶かも知れないが、一九四〇—六〇年代までは、熱烈な読者を得ていたという事実を指摘するかれらの証言は、後世の高みから見ることだけが歴史の評価ではないということを示唆しており、貴重である。歴史の正邪を単純明快に、誰にでもわかる図式で提示するスターリン流手法、これもまた十月革命の遺産の一つと考えねばなるまい。

整風運動を経て、中国の現実に根ざした独立自主の党に生まれかわった共産党、中共がそうした自己像を形作るためには、何らかの敵役が必要だった。一九四〇年代においては、その役はそれまで党指導部を牛耳ってきた留ソ派に割り振られ、次いでその背後にいたコミンテルンに、そして最後には公然とではないが、スターリンがその敵役に配された。だが、本章で子細に検討したように、その手法自体、つまり党指導部内の不一致を、路線をめぐる正邪の闘争と見なし、その闘争の過程を党史の基調に据える手法は、スターリン流イデオロギーの結晶たる『小教程』を応用したものにほかならなかった。延安整風を冷静な目で振り返るオールド・ボリシェヴィキの一人、何方（かつて張聞天の秘書を務めた国際問題専門家）は、その事実を次のように喝破する。

毛沢東はのちに一再ならず、「整風は実際にはソ連風のやり方を是正したもので、スターリンやコミンテルンの誤りを批判したものだ」と説明しているが、それは党史にしばしば見られる例のあと知恵であり、……事後の説明とは正反対に、当時の延安整風とは主にソ連に学んだものである（何 2005: 289）。

そして、何氏はソ連に学んだ最たる証拠として、『小教程』を挙げるのである。毛沢東とスターリンの近似性については、むろんこれまでも先学が指摘してきたことである。例えば、戦後日本における毛沢東研究、とりわけ権力獲得期（一九三〇—四〇年代）の毛沢東研究で大きな成果をあげた徳田教之は、「延安的伝統に根ざす政治優先の指導方法が、スターリン主義に近似した結果をもたらした」ことを毛沢東の「悲劇」だと評した（徳田 1977: 330）。「近似した結果」となったのは間違いないが、その近似は延安(あるいは中国)的伝統のせいで毛の指導方法がスターリン主義に近いものになったのではなく、毛がスターリン主義に範をとったために、当然の如くスターリン主義になったという方が、事実に近いように思われる。

毛沢東があまたの社会主義モデルからスターリン主義を選びとったということであれば、そしてスターリン主義を共産主義のロシア的畸形物とするのであれば、毛はその選択の責任を問われるであろう。ただし、現実問題としてスターリン主義以外にとるべきモデルがなかった、あるいは想像できなかったという事実が他方で存在する。スターリン主義に行き着いたことが「悲劇」であったと言うとき、それは毛や中国が選択を誤ったという意味で「悲劇」だったのではなく、それ以外の選択肢はなかった、あるいは想像し得なかったという意味での「悲劇」だったであろう。いささか逆説めくが、レーニン・スターリン型以外の社会主義への展望や想像を長期にわたって著しく狭めたという点でも、十月革命の国際的影響は、はかりしれないほど大きいのである。

やがて、毛はソ連とは明確に異なる共産主義モデルを掲げて「プロレタリア文化大革命」なる大運動を起こすが、スターリン主義を超えるような成功したモデルを提示・実現できたとは考えられない。それは、スターリン主義のもとで哺育されてきたことによる中国革命とその指導者の「悲劇」だと言い換えることができるかも知れない。

(1)　中ソの対立が一九五〇年代後半から露呈するようになると、それまで拮抗していた中ソの社会主義に関する二つの解釈——中ソ一枚岩論(中国に対するソ連の影響を重視する観点。ロバート・ノース〔R. C. North, *Moscow and the Chinese Communists*, Stanford, 1963〕あたりがその代表)と中ソ異質論——は、大きく後者に傾いた。このあたりの事情については、自著 *Chinese Communism and the Rise of Mao* に寄せたベンジャミン・シュウォルツ(Benjamin Schwartz)の二つの序文(一九五一年初版と一九五八年第三版の序文)を読むと、当時の状況がよく理解できる。また、以下の文献にも関連記述がある。Tony Saich, *The Rise to Power of the Chinese Communist Party: Documents and Analysis*, Cambridge, MA, 1996, pp. xii–xiii.

（2）　江西省からやって来た毛らの紅軍（第一方面軍）と一九三五年夏に四川省西部で合流した紅第四方面軍の首領・張国燾が毛らの指導権を認めず、別行動をとって同年一〇月に第二中央の成立を宣言した事件。のち、張はそれを取り下げて、毛沢東らの党中央に帰順した。

（3）　毛が発した第一声が「わたしは長らく……」で、それに対してスターリンが「勝利者は……」と応じたという説は、すべて当時通訳をつとめた師哲の回想に行き着く。師哲の回想は、最高機密に属する国家指導者間の生のやりとりを現場で目撃した者の記録として、頻繁に引用され、日本語訳もされている（劉俊南・横澤泰夫訳『毛沢東側近回想録』新潮社、一九九五年）が、内容に疑問符のつく箇所も多い。例えば、問題の毛とスターリンの最初の会談にしても、師哲は、ソ連側の配慮と信頼があったため、会談の場にソ連側の通訳はおらず、自分が一人で通訳したと述べる（師 1995: 434）が、実際にはソ連側の通訳（フェドレンコ）も立ち会っている。あるいは、師哲は毛とスターリンのこのやりとりを、劉少奇が人民共和国成立を前にして訪ソし、スターリンと面談したさいの対話内容と混同しているのかも知れない。すなわち、同じく師哲が通訳をつとめた劉とスターリンの会談では、スターリンが「我々はあなた方を混乱させたり、妨害したりしたのではありませんか？」と述べ、それにたいして劉が「いいえ」と答え、最後にスターリンが「勝利者は裁かれません。勝利をおさめた者は正しいのです」と話を引き取っている（中共中央文献研究室・中央档案館編『建国以来劉少奇文稿』第一冊、中央文献出版社、二〇〇五年、四〇一—四一一頁、師 1995: 414）。

（4）　『小教程』については、資料集を兼ねた専著が刊行されている。М. В. Зеленов, Д. Бранденбергер, *Краткий курс истории ВКП(б). Текст и его история, Ч. 1: История текста*, М, 2014.

（5）　「論聯共党史課本」「怎様研究聯共党史」「聯共党史研究提綱」（『解放』第一三期〔一九三七年八月九日〕、第一七期〔九月二五日〕）。なお、一九三七年時点の延安では、ソ連の刊行物として、『コミュニスト・インターナショナル』『インプレコール』『プラウダ』『ボリシェヴィーク』などが閲覧可能だったようである。

（6）　毛の「ボリシェヴィキ化の十二カ条（布爾什維克化的十二条）」は、全文四万五千字あまりで、毛の講話としては異例の長さである。ただし、その一部が公刊の書物に引用されることはあるが、全文は公表されていない。筆者は、文化大革命時期に油印（ガリ版）発行された小冊子（『布爾什維克化的十二条』発行日時、場所不明）に拠っている。

（7）　最後の漢訳版（中共中央馬克思・恩格斯・列寧・斯大林著作編訳局訳、人民出版社、一九七五年版）は、『小教程』の初版（一九三八年）を底本として翻訳されている。

## 文献

石川禎浩（二〇〇一）『中国共産党成立史』岩波書店。

石川禎浩（二〇一〇）「小説『劉志丹』事件の歴史的背景」石川禎浩編『中国社会主義文化の研究』京都大学人文科学研究所。

石川禎浩（二〇一六）『赤い星は如何にして昇ったか――知られざる毛沢東の初期イメージ』臨川書店。

木村汎（一九七二）「党史と政権――歴史的・比較的研究」『スラヴ研究』第一六号。

ソ連共産党中央委員会特別委員会編（一九七一）『ソ連共産党（ボリシェビキ）歴史小教程』東方書店出版部訳、東方書店。

高橋伸夫（二〇〇六）『党と農民――中国農民革命の再検討』研文出版。

徳田教之（一九七七）『毛沢東主義の政治力学』慶応通信。

王稼祥（一九八九）『王稼祥選集』人民出版社。

何方（二〇〇五）『党史筆記――従遵義会議到延安整風』香港、利文出版。

胡喬木（二〇〇三）『胡喬木回憶毛沢東（増訂本）』人民出版社。

師哲（一九九五）『在歴史巨人身辺――師哲回憶録（修訂本）』中央文献出版社。

朱宝強（二〇一二）「《聯共（布）党史簡明教程》在中国的翻訳、出版与伝播」『党史研究与教学』四期。

周兵（二〇一二）「《関於若干歴史問題的決議》的版本研究」『中共党史研究』第三号。

中共中央文献研究室編（一九九二）『建国以来毛沢東文稿』第六冊、中央文献出版社。

中共中央文献研究室編（二〇〇〇）『任弼時伝』修訂本、中央文献出版社。

中共中央文献研究室編（二〇一三ａ）『毛沢東年譜（一八九三―一九四九）』修訂本、中巻、中央文献出版社。

中共中央文献研究室編（二〇一三ｂ）『毛沢東年譜（一九四九―一九七六）』第三巻、中央文献出版社。

中共党史研究編輯部編（一九八九）「《聯共（布）党史簡明教程》対中共党史教学和研究的影響」『中共党史研究』第一期。

陳永發（一九九八）『中国共産革命七十年』台北、聯経。

陳晋（一九九六）『毛沢東読書筆記解析』広東人民出版社。

鄧野（二〇一〇）『民国的政治邏輯』社会科学文献出版社。

方暁（一九九二）『中共党史辨疑録』下巻、山西教育出版社。

毛沢東文献資料研究会編（一九八三）『毛沢東集（第二版）』第九巻、蒼蒼社。

毛沢東（一九七二）『毛主席論党的歴史』北京、油印本。

毛沢東（一九九一）『毛沢東選集』第三巻、人民出版社。
毛沢東（一九九三）『毛沢東文集』第二巻、人民出版社。
毛沢東（一九九九）『毛沢東文集』第七巻、人民出版社。
楊奎松（二〇〇五）『毛沢東与莫斯科的恩恩怨怨』江西人民出版社。
楊奎松（二〇一〇）『中間地帯的革命——国際大背景下看中共成功之道』山西人民出版社。
Fedorenko, N.(1989), The Stalin-Mao Summit in Moscow, *Far Eastern Affairs*(Moscow), no. 2.
Li, Hua-yu (2010), Instilling Stalinism in Chinese Party Members: Absorbing Stalin's Short Course, *China Learns from the Soviet Union, 1949-Present*, Lanham, MD.
Lih, L. T. et al. eds.(1995), *Stalin's Letters to Molotov 1925-1936*, New Haven.(『スターリン極秘書簡——モロトフあて・一九二五年—一九三六年』岡田良之助・萩原直訳、大月書店、一九九六年）
ВКП и Китай(2003), *ВКП(б), Коминтерн и Китай: Документы. Т. IV. 1931-1937*. М.
ВКП и Китай(2007), *ВКП(б), Коминтерн и Китай: Документы. Т. V. 1937-май 1943*. М.
Ледовский А. М.(1999), *СССР и Сталин в судьбах Китая: документы и свидетельства участника событий 1937-1952*. М.
Панцов А.(2007), *Мао Цзэдун*. М.

# 8　スターリンと石原莞爾——満ソ国境をめぐる攻防

麻田雅文

## はじめに

一九三一年九月一八日、満洲事変が勃発した。日本による満洲（現在の中国東北部）の全面的な支配の始まりであり、翌年の三月には満洲国の建国へと至る。満洲国の国境は、黒龍江をはさんでソ連と接するだけではない。その西部でも、ソ連に従属するモンゴル人民共和国と国境を接する。一九三〇年代に出現したこの新たな国境線は、いずれも曖昧さを残していた。のちに、この国境をめぐって、数々の紛争が惹起されることになる。

本章は満洲事変からノモンハンの戦役までの一九三〇年代を中心に、この国境をめぐる日ソの駆け引きに注目し、国境防衛がいかに両国の関係を規定したかを見てゆく。国境の防衛とは、すなわち安全保障の問題である。この時期、ソ連において対日戦略を練っていたのはスターリンだった。一九二〇年代の権力闘争に勝ち残った彼は、その独裁的な権限を手中に収めつつあった。対日戦略についても同様であり、彼の指導力は随所に発揮された。

一方、日本において対ソ戦略の頭脳となっていたのが、石原莞爾《いしわらかんじ》である。満洲事変当時、石原は中堅将校に過ぎなかったが、彼の立案した満洲事変の成功は、日本の対ソ戦略を根底から覆した。前述した長大な国境を守ることになる国防は、明治・大正期に対ソ戦略を担ってきた指導者たちが予期していないことだった。一人、石原は満洲事変前からこの国防構想を練り、満洲国の建国を見届けてからも、参謀本部で対ソ戦略を担う。

本章はスターリンと石原の、満ソ国境をめぐる見えざる戦いから、一九三〇年代の緊迫化した日ソ関係を読み解く。

## 一　石原莞爾の対ソ戦略

### 満洲事変という「対ソ戦」

満洲事変が起きたのは、複合的な原因がある。しかし、首謀者の石原莞爾らにとっては、何よりも「北満」の向こうにいるソ連を牽制するための武力発動であった。

一九三一年五月二九日、関東軍参謀の石原莞爾は、「満蒙問題について」と題し、以下のように講演した。北満にロシアが勢力を有するかぎり、日本の国防は安全とはいえぬ、満蒙問題が完全に解決され日本の勢力が北満におよべば、わが国防の第一線は、黒竜江の大河より大興安嶺にわたる線にこれを選定し、呼倫貝爾《ホロンバイル》の砂漠地帯を前地とするから、ロシアの優勢な兵力をもってする攻勢もすこぶる困難となり、おそらく東漸を断念せざるをえないであろう。そのときには、沿海州も自然にわが勢力範囲に入らなければならぬ（小林 1987: 174）。

このように石原は、ホロンバイルの「砂漠」や、黒龍江（アムール河）といった満洲の自然国境を利用した国防計画を打ち出していた。それは、満鉄と中東鉄道の乗換駅である長春を境とする日ソの棲み分け、という対ソ外交の基本方針を否定するものであった。

石原はこの構想に自信を持っていた。同じく一九三一年五月に作成された「満蒙問題私見」で、次のように述べている。「呼倫貝爾、興安嶺の地帯は、戦略上特に重要なる価値を有し、我が国にして完全に北満地帯をその勢力下に置くにおいては、露国の東進はきわめて困難となり、満蒙の力のみをもってこれを拒止すること困難ならず」（角田

1967: 77)。

石原の対ソ戦略は、明治陸軍の伝統を引き継ぐものであり、それを否定するものでもある。すなわち、満洲で日露の大軍が会戦を繰り広げ、この会戦に勝利して沿海州も攻略するのは、日露戦争後に改定が繰り返されてきた帝国国防方針を引き継いでいる。

石原の構想の革新性は、日本が「満蒙を我領土とする」という方針を打ち出したことだ。それは、満鉄を足掛かりに経済進出を果たし、地方軍閥である張作霖、張学良の奉天派を懐柔するか脅迫して既得権益を確保してきた、それまでの日本の方針を否定するものだった。一九三一年に石原は、その戦略を次のようにまとめている。「吾等ノ満蒙経略ハ之ヲ軍事的ニ対露作戦ノ基礎ヲ確立シ且《かつ》速ニ治安ヲ恢復《かいふく》シテ富源ノ開発ヲナスニアリ」(稲葉ほか 1988: 182)。

## 対ソ戦術

以上が石原の対ソ戦略であるが、実際の戦場では、石原はどう戦うつもりだったのか。

石原は決戦の場であるホロンバイルを「砂漠地帯」と書くが、むしろユーラシア大陸に広がるステップ地帯の東端と考えたほうが良い。丈の低い下草が生える草原である。この戦場で戦うには、石原は「軍隊の機械化」が必要だと考えていた。さらに「飛行隊」を増やし、「砲兵および輜重を自動車編制」として、「強大なる装甲自動車隊」を編制しなければならない。これが石原の戦術である。のちの装甲(機甲)師団の考え方に近いが、いかんせん日本には、石原を満足させるほどの飛行機も戦車も足りなかった(川田 2016: 124)。

火力の増強に限界を感じる中で、石原が頼ろうとしたのが、毒ガスである。一九三一年七月付の「北満現地戦術」と題された石原の研究では、ソ連軍は歩兵連隊内に砲兵を持つから、歩兵による正面戦闘では、日本軍は「到底蘇《ソ》軍に及ば」ない。石原は、著しく劣った日本軍の火力装備を、ソ連軍に優越させるのは無理であるから、近似する程度で満足するほかなく、その格差は「国内資源豊富なる化学兵器を採用」することを提言している（加藤 2015: 276）。

ソ連軍が火力で日本軍に勝るという石原の認識は、陸軍にあって対ソ戦略を練っていた面々にも共有されていた。陸軍歩兵学校の面々は、一九三一年初春に、ソ連との戦場と目されていた北満洲を視察するが、機械化部隊の行動に有利な地形であることを確認して、戦車の機動力強化や歩兵の火力増強を確認したのだった（種稲 2014: 148-149）。

このように、満洲事変前の日本陸軍は、ソ連軍に火力で引き離されていることを十分認識していた。それだけに、北満洲という、有利に立てる地形をあらかじめ確保して、襲来するソ連軍に対抗しようという石原の戦略は、陸軍の将校たちには魅惑的に映っただろう。満洲事変の駆動力は、こうした陸軍の対ソ戦略にも求められる。

## 満洲事変後の対ソ戦略

満洲事変の成功後も、石原は対ソ戦の研究を怠らない。「軍事上より見たる皇国の国策並国防計画要綱」を、一九三三年六月付で作成している。この中で、ソ連に対する作戦は、「北満方面の地形を巧に利用して戦略的持久戦を行ひ以て戦争の経済的持久を策す」としている。やはり主戦場は「北満」に設定されているのだが、「持久」の二文字が繰り返されているのが意味深い。石原は、速戦即決の短期決戦ではなく、ソ連との息の長い戦いを見越していた。従って、ソ連領に攻め込むにしても、その範囲は、西はホロンバイル、東は沿海州までで、必要とあらばアムール州に攻め込む程度である。ソ連から満洲国を防衛するように、関東軍の目的を再設定したものと見てよい。

石原は、一九三三年八月に仙台の歩兵第四連隊長に任命されて、満洲国からも東京の陸軍中央からも遠ざかった。それでも彼の頭は、依然として「北満」が占めていた。

一九三四年三月に作成された無題の文書では、満洲国の育成の構想を記している。その中で、満洲国は、日本の建国の「努力と犠牲」に感謝して、北満洲の未開拓地を日本人に提供するべきであると記している。ただハルビンを中心とする北満洲の中心部はすでに「漢民族」によって開墾されているとして、日本人の移民地としては「黒龍江北部」などの「不毛地」を予定している。

石原は「移民」だけではなく、一九三五年八月の文書で、軍隊の「北満」進駐の必要を次のように説いた。「北満に極東蘇軍に劣らざる日本陸軍を移駐することは、満洲国安定の根本条件なり。……我等軍人は、此重大時局に於て、自ら低き生活に甘じ、敢然として右北満経営の先駆たるべし」(稲葉ほか 1965: 669)。

最初の満洲農業移民は一九三二年春に始まった。一九三三年から三五年度の試験移民を経て、三六年五月の関東軍主催の第二回移民会議において、「百万戸移住計画案」が審議される。同年八月には、広田弘毅内閣の七大国策の一つとなった。

## 二　ソ連の国防強化

### 戦力不足に泣くソ連

この節では、時間を戻して、満洲事変から一九三〇年代半ばまでの、ソ連の対日政策を見てゆきたい。

満洲事変前の一九三一年七月、対ソ戦争を実行すべきとの日本の駐在武官の提言が、ソ連当局に傍受される。この重要情報を得たスターリンは、「ガマルニクへ！　重要だ」と書き込んで送った(寺山 2014: 183)。ヤン・ガマルニク陸海軍人民委員代理は、一九二四年六月に三〇歳で極東革命委員会議長に就任した経歴のある、現地に通じた軍官僚である。

それからも、日本軍の動きを知らせる情報が、ソ連には切れ切れに届いていた。九月七日にも、タスの通信員が、満洲の日本軍増強を中国の新聞が報じていることを報告し、中国側ではこれを、日本軍による満洲占領を目的としたものと見ていることを付け加えている（Горбунов 2010: 29）。

しかしそれでも、満洲事変はソ連にとっては不意打ちであった。満洲事変の勃発に際して、ソ連は中立を維持したことが知られている。ただその姿勢は、日本軍の満洲全面占領という現実を前に、次第に消極的な協力へと変わっていった。その原因は、端的に言って日本と対峙する軍事的な能力の不足である。

満洲事変前に日本側は、極東のソ連軍は兵力五万人、航空機一〇〇機、戦車三〇両と見積もっていたが、実際はそれより少なかった。一九三二年一月一日の兵力は四万一〇〇人、戦車三六両（うち二〇両が軽戦車）、航空機は八八機、馬一万二〇〇〇頭でしかなかった。

なかでも兵士の不足は深刻で、沿海州での増強のために、イルクーツクやチタの部隊から兵士を引き抜いて増員しなければならなかった。当然、西側は手薄になる。しかも、ハバロフスクにいるヴァシリー・ブリュッヘル特別赤旗極東軍司令官が、チタ方面とウラジオストク方面を同時に防衛するのは困難が伴った。結果として、一九三二年二月からは、ザバイカル方面やヤクート自治共和国は、チタに置かれた兵団のもとに置かれ、特別赤旗極東軍から切り離されている。この兵団が、一九三五年にザバイカル軍管区に昇格する（Горбунов 2010: 56; 稲子 2007: 337）。

### 極東の戦力増強

極東の戦力増強は急務となる。スターリン、クリメント・ヴォロシーロフ陸海軍人民委員、モロトフ、カガノーヴィチ、オルジョニキッゼから成る政治局の国防委員会が、満洲事変に対応した軍備計画を策定したのが、一九三二年一月一三日である（ただし、カガノーヴィチの正式な委員就任はこの年の六月）。

この計画書はスターリン、ヴォロシーロフ、ガマルニク陸海軍人民委員代理だけにコピーが用意された、極機密の文書である。ガマルニクは会議直前に、極東に派遣されていた。

さて、この会議では、緊急措置としてヨーロッパ・ロシアから大規模な部隊を極東に派遣することになった。具体的には、バイカル地方、極東地方、モンゴル人民共和国である。特に、バイカル地方と沿海州には合わせて四個師団が配備される手厚さである。シベリア鉄道沿いに東西へ日本が進出してくるのを恐れたのだろう。他に、モスクワから二個の戦車大隊、リャザンなどから砲兵師団三個、ヤロスラヴリからは化学戦大隊、他にも装甲列車三両、爆撃機と戦闘機部隊などを極東に急派することを決定している。さらに、極東の鉄道と国境警備に六〇〇〇人が投入され、モンゴル人民共和国軍には機関銃や戦車など、豊富な戦備が与えられることになった。赤軍の平時編成も九〇万から、一九三二年一〇月までに九六万人に増強することになった。七万人の将兵も休暇から呼び戻し、臨戦態勢を取らせる。

沿岸の防備も固められ、ウラジオストクや、カムチャツカ半島の中心地ペトロパヴロフスク＝カムチャツキー、北サハリンの中心都市アレクサンドロフスク＝サハリンスキーなどに、重点的に部隊が配備されている。特にウラジオストクには口径の大きい砲が配備され、要塞化が進められた。

ヴォロシーロフはこの決定をもとに、一九三二年一月一七日に特別赤旗極東軍の増強計画を策定した。さらに同年三月には、日本軍を迎え撃つための作戦計画が赤軍参謀本部によって立案されている。この案によれば、日本軍は戦争初期にアムール州と沿海州の占領を目指すと見られていたため、特にこの地域への防衛強化が急がれた(Горбунов 2010: 58–59)。

結果として一九三三年一月には、特別赤旗極東軍は一四万一六〇〇人にまで膨れ上がった。装備も充実して、飛行機は二六七機、戦車は四六八両、軽戦車二六五両、装甲車六六両を数えるまでになった(Горбунов 2010: 66–67)。

こうした措置には四三二万五〇〇〇ルーブルが投じられることになったが、これは第一次五カ年計画で極東に投資した額の一四一％に当たる(Bone 1999: 62–63)。

想定外の軍備増強のつけは、ソ連が命運をかけた、第一次五カ年計画の進行を狂わせるほどだった。一九三三年一月の中央委員会・中央統制委員会合同総会でスターリンは、五カ年計画を四年で達成するはずだったのが、工業生産が九三・七％にとどまったのは、「極東情勢の緊迫で、一連の工場を早めに軍需生産に切り替えた」ためである、と述べている(富田 1996: 40)。

### ソ連国防計画の転換

満洲事変直後の軍備の増強は、基本的には陸軍の兵員増強を重視したものだったと評価できる。こうした方針を転換したのが、ミハイル・トゥハチェフスキーである。

トゥハチェフスキーとスターリンに、ロシア革命後の内戦期から確執があったことはよく知られている。その後、トゥハチェフスキーは赤軍参謀総長や陸海軍人民委員代理を歴任し、赤軍内での地位を固めていった。しかし、スターリンとの溝は必ずしも埋められていたわけではない。

一例として、一九三〇年三月にスターリンは、トゥハチェフスキーの作成した壮大な軍事計画書を全面否定している。ヴォロシーロフに宛てて、彼はその計画書をこう評価した。

「私がトゥハチェフスキーのことを尋常ならざる能力を持つ同志として、とても尊敬しているのは、君も知っているだろう。……しかし彼の計画書は抜本的なものではない。つまり農業や、財政や、文化面での、現実的な可能性を考慮したものではない」。こう記したスターリンは、トゥハチェフスキーの軍事計画書を「空想的」だと切って捨てた(РГАСПИ: 11/447/8)。

それでも、トゥハチェフスキーは提言をやめなかった。一九三三年七月一一日、彼はヴォロシーロフに宛てて、以下のように報告書で言明した。「極東を占領する為の日本の組織的な戦争準備が急速に進んでいます。三四年には本当に軍事的な脅威となることでしょう」(Samuelson 2000: 155)。

日本の動員できる兵力は三五個師団、航空機は一四〇〇機とトゥハチェフスキーは見た。そこで、日本が競合できない分野、第一に航空機、次に戦車を強化するように進言した。トゥハチェフスキーは、日本の強力な海軍に対抗するのも、やはり航空戦力だと考えていた。一九三三年一一月二一日のスターリンへの報告書では、赤軍第四部(諜報担当)の情報に基づき、日本がソ連攻撃に動員してくる海上戦力を割り出した上で、航空隊、潜水艦隊、魚雷艇を準備するよう進言した(РГАСПИ: 11/447/82)。日本に有利な艦隊決戦を挑むのではなく、航空機や潜水艦で戦いを挑もうというわけだ。

## 日ソ戦争の危機

こうして軍事力の増強が重ねられたが、スターリンの対日警戒心は解かれなかった。

一九三四年一月に開催された第一七回党大会でもスターリンは、日本との戦争に備えるよう演説し、国防人民委員(三四年に陸海軍人民委員から改称)ヴォロシーロフも、日本のあらゆる社会階層がソ連との開戦を公然と口にしている、と警告した(Сиполс 1980: 103)。

同じくこの大会に登壇したトゥハチェフスキーは、ソ連軍の強化について報告した。特に日本の参謀本部の注意をひいたのは、ソ連の西部国境と東部国境とがかけ離れているので、航空部隊でも急場には間に合わないから、極東に航空、戦車、砲兵の諸部隊を配置しなければならなくなった、という部分である。航空機、戦車、砲兵の増強で極東を守ろうとするソ連側の意図を嗅ぎ取ったのだ(林 1974: 74)。

ソ連の敵意が公然と日本へと向けられるようになった一九三四年は、日ソ関係がそれまでになく緊張した一年である。東京の英米大使館も、日ソの開戦近しという情報をしきりに流した。関東軍参謀長の小磯國昭も、一九三四年三月に昭和天皇へ、満洲国とソ連の国境では、「永久築城を施し極東兵力の増加を図り交通通信の整備拡張を策する等鋭意極東の防衛紛争の準備に努力を払いつつあり」と奏上している(アジア歴史資料センター：C14030074400)。

ソ連が想定する日本軍との戦場には、まず満洲が予想された。そのため、ソ連軍では「あらゆる角度から日本、日本軍、将来の戦場と予想される満洲を研究する」ことが、一九三六年には目標として定められている(ローシキナほか 2015: 286)。

さらにスターリンは一九三六年に、極東にさらに航空機を送り込むことをメモしている。特に戦闘機と偵察機、爆撃機の配備を進めようとした(Сахаров и Христофоров 2009: 172)。スターリンもまた、トゥハチェフスキーに劣らず、極東における航空機の重要性を認識していた証左だ。

## 三　参謀本部における石原の戦略

### 対ソ戦略の見直し

ソ連への備えとして引き起こされた満洲事変が、ソ連が極東で軍備を強化することを招いた。今度はその動きが日本側を刺激し、満ソ国境をめぐる日ソ間のシーソーゲームが続く。

こうした緊張する日ソ関係が続いているさなか、長い交渉の末、一九三五年三月二三日にソ連が中東鉄道を満洲国に売却した。この件は、単なる鉄道の売買に留まらず、前年からの両国の緊張を緩和するものとして歓迎された。

だがスターリンは、日本への警戒をいささかも緩めない。売買がまとまった直後の同年三月二九日に、イギリスのアンソニー・イーデン国璽尚書との会見で、スターリンは言う。「〔第一次世界大戦前の〕一九一三年には潜在的侵略国はただ一つ、つまりドイツだけだった。現在は二つ、ドイツと日本だ」。さらに、日本についてこう語る。

なるほど日本が満州を消化するには多分ほんの少しは時間もかかることだろう、それは本当だが、自分としては日本がそれだけの征服に満足しておとなしくしてはいないものと信じているといった。日本の政策は南京政府を転覆させてしまうか、それを支配するかのどちらかだ。しかもその一六勝負（冒険的な政策）の最初の手はすでにもういくつか着々と打たれている、と（イーデン 2000: 145）。

こう語るスターリンは、中東鉄道の売却も、「それでうまくやったことだけではまだ極東の平和を保証するには十分でないと付け加えた」（イーデン 2000: 146）。

日本でも、この売買で日ソの融和が成ったという世論を、冷ややかに見ている男がいた。仙台の歩兵第四連隊連隊長を務めていた石原である。彼は一九三五年四月に、郷里の山形県鶴岡市で開かれた講演会で、次のように述べた。

広田弘毅外相が昨年、ソ連極東と満洲国の間に非武装地帯を設置したいと提案したというが、ソ連側がそれを断った。これは軍事上から見れば当然だ。しかし最近になって、ソ連がこの案に急に賛成するようになったり、中東鉄道の売却に応じたのは、ソ連がそうせざるを得なかったからである。なぜなら、ドイツではヒトラーが台頭し、ベルサイユ条約を破棄するに及んで、ソ連としては日独と二正面で戦うことができないためだ。「日露の関係が緩和いたしましたのは、実はヒットラー君のおかげであります。我が広田外相は内心ひそかに彼に感謝して居るでありませう」（石原 1935: 11）。

ここでいうベルサイユ条約の破棄とは、第一次世界大戦の講和条約として結ばれたベルサイユ条約の軍備制限条項を、一九三五年三月一六日にドイツが一方的に破棄したことを指している。それは、ヒトラーが軍事大国再建に向けて打った最初の一手だった。石原は、日独に挟撃されるのを、ソ連が何よりも恐れていることを感じ取っていたのである。

### 石原、陸軍中央へ

その石原が、一九三五年八月に参謀本部作戦課長に就任し、陸軍の中央で力を振るう時が来た。

一九三二年八月に関東軍を離れてから、石原は詳しいソ連の軍事情報に接していなかった。そのため、「初めて陸軍中央部に入りまして非常に驚いたのは、日本の兵力特に在満兵力の真に不充分なことでありました」と回想している(臼井・稲葉 1964: 303)。

すでに、満洲事変前に石原が立てた対ソ作戦は陳腐なものとなっていた。満洲事変前には、ソ連との開戦から数カ月後に予定されていた第一次会戦に、石原は日本軍優位で臨むことを目指していた。しかし、満洲事変後のシベリア鉄道の輸送力増強によって、ソ連軍が優位なまま第一次会戦に臨む危険にさらされていることを、作戦課の部下の指摘によって知る(秦 2012: 238)。

そこで石原は、大急ぎで対ソ戦略を練り直す。一九三五年九月に、杉山元《はじめ》参謀次長に宛てたメモで、石原が軍部の「本務」としたのが、「対蘇国防の確立」であった。

石原は、ソ連軍の兵力増加とシベリア鉄道の輸送能力の向上で、有事の際には、ソ連側よりも多い兵力を集めるのが難しくなったことを指摘する。そのため、満洲の兵力を倍増させることを急ぐように提案している。

しかし、それだけではソ連に対抗できないと考えていた。石原は、日本が満洲国の「北満」経営に成功することで、「露国の極東攻勢を断念せしむること」を記している。具体的には、倍加した兵力を「北満」に貼り付け、軍人たちは「北満」に「定着」し、後進の教育にも当たることが掲げられた。最終的に、「北満」を日本の「内地」並みの生活水準にすることが目指されている。

一九三五年末の「現下国策の重点」で、「軍部としては先つ国家を強制し其全能力を発揮して航空機産業を飛躍的に発展」させるとまとめた(加藤 2015: 279)。ここに至って、ようやく日本はソ連との航空兵力の格差を埋めようとする努力を始めた。

## 海軍との意見対立

石原は、一九三五年一二月から、海軍側と国防国策に関する折衝を開始した。海軍内にも、日本が英米と衝突するよりも、後顧の憂いであるソ連の脅威を取り除いてから「南進」しても遅くはないと考える軍人たちがいた。しかし、海軍中央の見解は「北守南進」で、意見の溝は埋まらなかった。海軍の仮想敵は、あくまでアメリカを筆頭とし、次いでイギリス、オランダに絞られていた。

結局、石原が中心となって改定された一九三六年国防方針は、アメリカとソ連の両方を主敵とする折衷案となってしまう。ただし、一カ国の敵との短期決戦を目指した割には、その具体的な作戦計画がないことから、この国防方針は結局、海軍に有利に設定されたのだと評価されている(黒野 1999: 201)。

しかし石原は、専らソ連を主敵とする作戦計画の立案に余念がなかった。国防方針が昭和天皇によって認可された一九三六年六月に、石原は参謀本部に戦争指導課(第二課)を新設して、自らその課長に就任した。

石原が率いるこの部署は、対ソ戦争を主眼においた具体的な作戦の立案を本格化させる。同年七月二九日付の「戦争準備計画方針」は、もっぱらソ連に目を向けたもので、「空軍の飛躍的発展」を目指すだけでなく、「満洲国の急速なる開発」によって、次の戦争において必要な軍需品を、すべて大陸で生産できることを目指していた。翌年一月の文書で参謀本部は、飛行機と兵器産業を満洲国に移すことを提唱しているが、これは石原の意向に沿うものだろう。

なお「戦争準備計画方針」では、「新時代を指導すべき政治団体を結成」することが提唱されているのが目をひく。この年、二・二六事件を鎮圧する側に回った石原だが、ソ連と対決する総力戦体制の構築に、政治改革が必要なことを感じていた。

## 石原構想の挫折

以上の諸提言をまとめ、一九三六年八月に策定された「対ソ戦争指導計画大綱」は、石原の対ソ作戦構想の集大成といえる。

この大綱では、「ソ国のみを敵とすることに全幅の努力を払う」と記されている。また米英の介入を防ぐために、日中戦争を回避することを主張していた。日中戦争がやむを得ないとしても、極力勃発を遅らせて、対ソ戦のあとにしなければならない。石原としては、敵はあくまでソ連に限定されなければならなかった。

また大綱は、開戦と同時に「世界を瞠目せしむるに足る軍事的成功を収むる」ことを目指した。短期決戦で勝利したら、北サハリンを占領し、石油資源を確保する。またモンゴル人民共和国をソ連から「離反」させ、最終的には内外モンゴルを統一した「大蒙古」を建設することも掲げられている。持久戦は資源の乏しい日本に不利なことを悟ったのだろう。石原は決してアメリカを無視していたわけではないが、ソ連を仮想敵の筆頭として譲らなかった。

陸軍による対ソ戦準備の本格化は、アメリカを仮想敵の筆頭とする海軍の反発を買い、両者の調整の結果、一九三六年八月七日の五相会議(首相、外相、陸相、海相、蔵相)は、陸軍の対ソ戦準備のための軍拡を承認するとともに、海軍に対しても、アメリカを仮想敵とする軍拡を認めた(坂野 2004: 72-74)。

結果として、日本の国防計画は、世界有数の陸軍国ソ連と、世界最大の海軍国アメリカを同時に仮想敵とする、日本の国力を無視したものになってしまった。

## 満洲国の経済発展が必要

石原のソ連重視の戦略は、あれも、これも、という陸海軍上層部の意向により、すでに一九三六年には後退を余儀なくされていた。かろうじてその構想が実ったのが、同年一〇月に陸軍によって策定された、「満洲産業開発五カ年計画」である。これは、大陸での戦争に必要な兵器や軍需品を、満洲で生産することを目指すものだった（川田 2011: 134）。

満洲の経済発展も、対ソ戦略の一環である。退役後に石原は、こう書いている。

ソ聯の企図してゐることは、日本が軍隊を満洲国へ送るには、朝鮮海峡を通過しなければならないから、沿海州から飛行機や潜水艦を以てこれを妨害しやうといふのである。だからして私は、日本陸軍兵力の重点を満洲国に置かなければならないと主張する。即ち、バイカル湖以東のソ聯兵力と少くとも同等以上のものを満洲国及び朝鮮などの大陸に常置し、且つその補給に必要な生産力を大陸に保持することが絶体に必要である。軍の食糧品も武器弾薬も満洲国でつくるのである。これが満洲国の経済建設の目標でなければならない（石原 1976: 144）。

その上で石原は、ソ連への戦備強化をこのように訴えた。「ソ連が極東に飛行機三千機を持って来たならば、我々は満洲国に五千機を、戦車を一万台持って来たならば、それ以上の戦車をもって対抗しなければならない」（石原 1976: 147）。

五カ年計画の策定と同時に石原は、対ソ戦備の充実に向けて、少なくとも、その戦備が整う一九四一年までの平和維持の方針を打ち出した。石原は日中戦争の勃発する一カ月ほど前に、外務省の幹部会でこう言いきったという。「わが国防上最も関心を持たなければならぬのは、ソ連への護《まも》りである。中国に兵を用いるなどは以ての外だ。自分の目の玉の黒い中《うち》は中国に一兵も出さぬ」（石射 2015: 268）。

## 日中戦争の勃発と石原

石原の対ソ作戦構想を崩壊させたのが、日中戦争である。戦争の勃発に当たり、参謀本部第一部長に昇進していた石原の憂慮は、ソ連にあった。日中戦争に気を取られている間に、ソ連と対峙する北方がおろそかになっては、彼の構想は破綻する。そのため、日中戦争へ精鋭を送り出すことを渋った。昭和天皇は当時のことを、こう回想する。

当時上海の我《わが》陸軍兵力は甚だ手薄であった。ソ連を抑えて兵力を上海に割くことを嫌っていたのだ。湯浅〔倉平《くらへい》〕内大臣から聞いたところに依ると、石原は当初陸軍が上海に二ケ師団しか出さぬのは政府が止めたからだと云った相だが、その実石原が止めて居たのだ相だ。二ケ師の兵力では上海は悲惨な目に遭うと思ったので、私は盛《さかん》に兵力の増加を督促したが、石原はやはりソ連を怖れて満足な兵力を送らぬ（寺崎・ミラー 1995: 44）。

こうして見ると、昭和天皇と石原の間には懸隔があったように思われるかもしれないが、開戦当初、日中戦争の拡大に反対していたのは共通する。七月三〇日に近衛首相と会見した際に石原は、「永定河東方地区平定後の軍事行動取り止め」を図ろうと語っている。

その翌日、参謀総長に伴われて参内した石原は、北平〔北京〕南西の保定までが進軍の限度であり、そこに至るまでに、「速《すみ》やかに外交交渉による撤兵の機会を得ることが急務である」と奏上している（宮内庁 2016: 385）。この際に石原は、「対蘇支作戦に関して現在の北支事変が今以上に進んでも益々不利なることを申し上げたる」（高松宮宣仁親王 1995: 514）。日中戦争に足を取られると、ソ連との戦争はますます困難になることを、石原は各所で説いて回った。

ソ連が万一南下してきた場合を考えると、石原にとって泥沼化する日中戦争は不本意なものであった。当時を回想して、石原は一九三九年秋にこう述べている。

「個人としては〔日中戦争の〕不拡大を以て進みましたが、其決心に重大なる関係を持つものは対「ソ」戦の見透しでありました。即ち長期戦争となり「ソ」連がやって来る時は目下の日本では之に対する準備がないのであります」（臼井・稲葉 1964: 305-306）。

しかし、日中戦争は石原の部下たちの拡大方針もあり、上海から南京、そして武漢へと中国全土に飛び火してゆく。

## 楽観的な関東軍

一方、東條英機関東軍参謀長は、対ソ戦略をめぐって石原と正反対の立場にあった。盧溝橋事件直前の六月一〇日に東條は、「南京政府に一撃を加え」るよう、参謀本部に電報を送っている。これは「対ソ作戦準備」のためであり、ソ連と対峙するにあたって、「我が背後の脅威を除去」するためだった(半藤ほか 2012: 105)。

さらに、日中戦争勃発直前にアムール河で起きた国境紛争(乾岔子島《カンチャーズ》事件)を、関東軍は武力と外交で有利に解決した。そこで自信をつけた東條には、ソ連軽視の姿勢がうかがえる。武部六蔵関東局総長は、乾岔子島事件のさなかに東條が「自信ある」様子で話したことを記録している。

「ソ満国境の越境問題は相当に騒がしいけれども、戦争の原因にはならぬと東條参謀長の談しである。尤も我方の軍備が充分であると云ふ事をソ側で認識して居る間は戦争は起らぬと同氏は明言して居る」(田浦ほか 1999: 206)。

こうした意見の支配する関東軍は、日中戦勃発を歓迎した。支那駐屯軍参謀長だった橋本群《ぐん》によれば、盧溝橋事件直後に関東軍から次のような意見を送られてきたという。

「乾岔子島事件の経験から「ソ」連は今戦をやる意志はない。当分の間は大丈夫だ。其の間に支那を片付けたらどうだ」(臼井・稲葉 1964: 325)。

事件後の七月一〇日ころに、やはり中国に一撃を加えるべきだという意見書を持って、今村均《ひとし》関東軍参謀副長が参謀本部にやって来る。今村の見た参謀本部では、「石原部長の不拡大主義に同意している部下は、河辺虎四郎大佐以下一、二名のみで、他は殆んど全員、部長の意図を奉じようとしていない」有様だった(秦 2012: 252)。

しかし、日中戦争の全面化に伴い、関東軍もようやくソ連参戦に対する危機感を強めた。一九三七年八月二一日にソ連が中国と不可侵条約を締結したことで、ソ連に対する陸軍の警戒心は一段と引き上げられる(防衛庁防衛研修所戦史室 1969: 310)。

満洲事変では中立を保って、日本を刺激しないように努めたソ連だが、日中戦争においては憚ることなく中国を支援した。日中戦争の開始後、ソ連は三回にわたって中国に長期信用を供与した。さらに中国に飛行機一六〇〇機、大砲一六〇〇門などを売却した。また三九年二月までに軍事専門家を三六六六人も派遣している(富田 1996: 84)。

ソ連の対中軍事援助の動機について、四〇年末に軍事顧問団長兼駐在武官として重慶へ赴くヴァシリー・チュイコフに、スターリンはこう語ったという。

「蔣介石が中共に反対して日本と和平を結ぶ可能性すら残っている。おそらく今後英米の蔣介石に対する援助も次第に増大するであろうが、これにソ連の援助が加われば、蔣介石は日本軍を完全に撃退することは無理だとしても、侵略への抵抗を永びかせることはできるであろう」(平井 1987: 426)。

こうした日本への強気な姿勢には、極東の軍備増強がおおむね完成し、日本の脅威は昔のものになりつつあったことが背景にある。日中戦争開始後の一九三七年一一月に、赤軍参謀本部とヴォロシーロフ陸海軍人民委員がスターリンに提出した、一九三八年から四二年の赤軍の動員計画では、三八年に極東では戦時に一四一万一七〇〇人も動員できる予定で、全国だと六五〇万人を超える兵士を確保できるはずだった(Яковлев 1998: 547)。

### 石原とトゥハチェフスキーの失脚

日本陸軍に話を戻すと、日中戦争拡大に反対していた石原は、部下である参謀本部作戦課長の武藤章とその支持者が、戦争拡大を唱えるのを抑止できなかった。石原は参謀本部での主導権を彼らに奪われてゆく。

昭和天皇と違い、武藤たちはソ連が出てくることはないと楽観していた。なぜなら、一九三七年六月に、トゥハチェフスキー元帥をはじめ、ソ連軍の幹部が大粛清に巻き込まれていたからだと言われる(川田 2014: 201)。

ただ陸軍の中でも、ソ連を研究する軍人たちの見方はそれほど楽観的ではなかった。ソ連駐在武官を務めた甲谷悦雄陸軍大尉は、一九三七年七月の講演会で、次のように述べている。

言ひ難いことではあるけれども二・二六事件の時に軍事参議官が一度にお辞めになったのと同じくらいに、赤軍の頭がずらりとやられたのだと考へる人があるならば、それは誤りであると言ひたい。苟《いやしく》もロシアの大将と名の付く者の数は、凡そ四五十はある。故に今回七、八人の大将がやられたからと云っても、まだ三四十人の大将が頑張って居る(アジア歴史資料センター：B02030915600)。

甲谷が侮れない軍人としてあげたのは、のちに参謀総長として独ソ戦で活躍するボリス・シャポシニコフである。ソ連中枢を襲った赤軍大粛清をどう査定するかで、日本陸軍の判断は一枚岩ではなかった。

なお、甲谷の見解はスターリンの目にも触れている。一九三七年一二月一〇日、エジョフ内務人民委員は、諜報員から手に入れたというこの講演のロシア語訳を、スターリンに送った。スターリンは、「私の文書箱へ」と書き込んでいる(Лубянка 2011: 440-454)。日本陸軍の「大粛清」についての異論も、スターリンは自らの戦略を立てる上で織り込み済みであった。

## 四　ノモンハンへの道

### 石原とソ連の一九三八年度作戦計画

日中戦争不拡大を唱えていた石原は、一九三七年九月に関東軍参謀副長に任命された。参謀本部に居づらくなったための離職だった。一〇月に満洲国の首都、新京に到着した石原は、それでもソ連への警戒を解くことなく、対ソ戦の研究を続ける。

石原は、一九三八年三月に多田駿《はやお》参謀次長に提出した「対ソ国防建策」で、参謀本部の作戦計画を批判している。参謀本部の計画は、満洲の一二個師団と朝鮮の三個師団で、沿海州かアムール州のいずれか一方にしか攻勢をかけられないというものだった。石原に言わせれば「余りに消極的」な作戦だった。

そこで石原が提案するのが、二つの目的を持った作戦である。沿海州の敵の主力撃滅と、ザバイカル軍管区と特別赤旗極東軍を分断することだ。そのためにも、極東に展開するソ連軍と同じ規模の兵力が必要だとして、満洲だけでも一八個師団を配置するように求めた(角田 1967: 225–227)。日中戦争が続く中でも、石原は、ソ連に対抗できるだけの武力を確保することに余念がなかった。

一方、一九三八年三月二四日に、赤軍参謀本部がヴォロシーロフ国防人民委員に提出した、日本の作戦計画の予測は以下のとおりである。

日本軍は中国に一〇から一五個師団を占領のために残しておいて、余力を北満洲に集結させるだろう。この結果、満洲と朝鮮半島、サハリン、カムチャツカ半島には、二七から三三個師団が集結する。戦車は一四〇〇両、飛行機は陸軍だけで一〇〇〇機を数える。ただし、満洲国軍は「二級程度」なので、考慮に入れる必要はない。日本軍の侵攻は、沿海州とブラゴヴェシチェンスクの二正面に向けてなされる。ただし、日本がザバイカル方面に向けて鉄道を敷設しているのには注意を向けなければならない。こうした攻撃を迎え撃つために、ソ連側は極東とザバイカル、モンゴル人民共和国に四〇個師団の配備が求められる。その上で、報告書は次のように記す。「わが軍の航空戦力の優位は、ブラゴヴェシチェンスク、沿海州方面に対してなされる日本軍の攻撃を遅らせる」。そして、四五日の猶予があれば、北満洲への侵攻作戦も可能であるとも揚言している(Яковлев 1998: 568–569)。ソ連軍は、日本に対して軍事的に優位に立っていると自信を深めていた。

注目すべきは、ソ連側が、石原が関東軍参謀副長として立案したソ連侵攻計画を見通していることだ。日本側の動きは見切られていたのに等しい。

## 張鼓峰事件

こうした中で起きた張鼓峰事件は、ソ連側の自信を揺るがすものだった。

事件の概要は以下の通りである。ソ連と満洲国、そして日本の植民地だった朝鮮が国境を接する、張鼓峰の小丘陵地帯の帰属は、かねて日ソ間の懸案であったが、一九三八年七月に、突如ソ連軍が山頂に陣地工事を始める。日本の参謀本部は、ソ連軍に対する威力偵察の目的で武力発動を策した。しかし内閣や宮中では反対が強く、七月二〇日に板垣征四郎陸相は応急動員下令を上奏したものの、昭和天皇は裁可を与えなかった。しかし、国境に集結していた日本の第一九師団は、大本営や朝鮮軍の制止を無視し、七月三〇日に独断でソ連軍を攻撃した。この事件で、日ソ両軍ともに多くの犠牲者が出た。八月四日に、モスクワで日ソ間の交渉が再開され、一一日の停戦協定の調印により、事件は落着した。

戦死者だけを見ると、日本軍は五二六名、ソ連軍は九六〇名で、ソ連軍がやや多い程度に過ぎない。しかし、死傷者に戦病者も含めると、その数は日本軍が九一四名、ソ連側が三二七九名となり、両軍には約三・五倍の開きがあった（笠原 2015: 108）。一般論として、国境紛争では紛争地をどちらが確保したかが、こうした死傷者数よりも重要である。だが犠牲者の多さは、ソ連軍幹部たちに衝撃を与えた。極東のソ連軍幹部たちは責任を取らされ、粛清された。

なお、ソ連側は日本との軍事衝突をヨーロッパとの関連で見ていた。このときモロトフは、張鼓峰事件（ソ連での名称はハサン湖事件）の問題は東京ではなく、他の場所、ヨーロッパのどこか、十中八九はベルリンで解決されていたと述べ、それがドイツと密接に関連していることを強調し、日本軍閥はドイツのファシストの友人たちを支持したいと願っていたにちがいないと述べた（中西 1982: 65）。ソ連が恐れたのは、やはり日本とドイツに挟撃されることだったのがうかがえる。

## ノモンハンの戦役

ノモンハン付近の国境について、日本側はハルハ河を、ソ連側は北方ノモンハン付近をそれぞれ国境と主張し、かねてより係争中であったが、関東軍は一九三九年四月に、隷下の部隊に示した「満ソ国境紛争処理要綱」において、紛争に際してはソ連軍を徹底的に膺懲せよとの方針を決定した。

五月一二日に、ノモンハン付近でハルハ河を越えたモンゴル人民共和国軍と満洲国軍が衝突する事件が起きた。ハイラルにあった第二三師団長の小松原道太郎陸軍中将は、関東軍の先の示達にもとづいて、ただちに部隊を出動させ、モンゴル軍を一時撃退したが、ソ連軍はモンゴル軍に加わって反撃してきた。

報告を受けた関東軍司令部は、ソ連軍撃破の強硬策を決定し、航空部隊によってモンゴル人民共和国の領土に越境して航空基地を爆撃し、七月二日には第二三師団が総攻撃を開始した。しかし関東軍は、ソ連軍の優勢な火力と戦車の反撃を受けて苦戦する。

日中戦争も続く中、事件が日ソ戦争に拡大することを恐れた東京の大本営は不拡大を決め、政府も事件の平和的解決の方針を定めた。しかし、これを無視した関東軍は、七月二三日、攻勢を開始した。この攻勢に失敗しても、関東軍はなお兵力の増強を図り、第三次攻勢を準備した。

ちょうどこのころ、日本海軍は、北樺太の石油利権を守るために、六月末から九月末まで北サハリンの東西両海岸に軍艦を出動させている。ノモンハンの戦役中だったため、海上でも陸上でも日本軍の攻撃が始まるのでは、とソ連側に脅威を与えたようである。

## スターリンの日本批判

こうしたソ連と日本の衝突を歓迎したのが、日中戦争を戦う中国である。しかし、蔣介石には気がかりがあった。ノモンハンの戦役当時、ソ連は英仏の代表団を迎えてモスクワで交渉していたが、果たして英仏ソの条約は結ばれるのか、そして、その条約は東アジアにも適用されるものになるのか。蔣介石は、六月二二日付でスターリンに直接書簡を送った（ゴールドマン 2013: 300）。

一九三九年七月九日の返信は、その問いに答えるとともにスターリンのノモンハンの戦役に対する見方をも伝える。

我々とヨーロッパ諸国との交渉はまだ続いております。交渉が成功裡に終われば、極東においても、平和を愛する国家のブロック結成に向けて、大きな一歩となることでしょう。中国との二年にわたる戦争で、日本は正気を失い、いら立って、イギリスやソ連、モンゴル共和国に攻撃をしかけています。これは日本の弱体化を露呈するものです。このような行動で日本は酬いを受けるでしょう。ソ連からは、日本はすでに手痛いしっぺ返しを受けています。英米も適当な機会をうかがっています。日本が中国から痛烈な一〇〇倍返しをされる日が近いことは、間違いありません。(1)

ここでスターリンが、日本が「正気を失って」、ソ連とモンゴルへ攻撃を仕掛けてきたと記しているのは興味深い。スターリンからすれば、ノモンハンの戦役は日本が自滅に走っているように見えたのだろう。そして手紙では、蔣介石に英仏中ソの同盟形成に期待を持たせた。しかし、それは口先だけだった。八月二三日、ソ連はドイツと独ソ不可侵条約を締結して、中国のみならず世界を驚かせた。

## 石原の信念に変更なし

一方、ソ連軍は八月二〇日から歩兵と戦車の両師団の大兵力を集中した総攻撃を開始し、関東軍は第二三師団を壊滅させる大敗を喫した。

当時、第一六師団（京都）の師団長に転じていた石原は、実際に戦場に立つことはなかった。しかし、参謀本部の作成した「「ノモンハン」事件研究第一委員会研究報告」を熟読し、新たな戦法を編み出すことに没頭していた。

石原は、ソ連軍の強さの秘密はその戦車にあると考えていた。しかし、歩兵の突撃では戦車の待ち構えている敵の前線を突破できない。そこで石原が重要だと考えたのは、「火砲」を持った歩兵が戦車の側まで気づかれないように接近して倒す、近接戦法だった。まず「必要ノ地域ニ必要ノ密度ノ砲弾ヲ発射シ之ニ乗シ歩、戦ヲ前進セシムル」。つまり、十分に砲撃してから歩兵と戦車が突入する。その上で、少数の歩兵部隊が敵の「火点」に「切込」み、奪い取る。「火点」とは、ソ連軍が機関銃や戦車を置く陣地のことだ。しかし、日本軍に「火砲」、現在で言うところの対戦車砲や大砲が足りないことに石原は焦っており、ソ連の「火砲」の生産量を越えるようにするのは「国策中最重要条件」だと、一九四〇年五月に記している。石原は、日本軍の砲撃力が劣るため、「絶対的自信ヲ有スル」日本軍の歩兵を活かそうと苦心していた（角田 1967: 390-391）。

ただ紛争が続発しても、対ソ戦略に絡めて満洲を重視する戦略を石原は変えない。一九四〇年、自らが率いる第一六師団が北満洲に移駐することになると、こう訓示している。

> 蘇聯陸上武力の侵入路は、満洲国よりするもの、外蒙（モンゴル人民共和国）よりするもの、新疆よりするものと大体三つに考へることが出来る。其中最も重要なのは、勿論満洲国よりするものであって、満洲国の防衛、更に該方面より極東蘇領に対する圧迫は、外蒙古・新疆方面をも間接に防衛して居《い》るのである（角田 1967: 407）。

石原の唱える世界最終戦争は、日米決戦に収斂するはずだったが、実際に石原が職業軍人として最後まで取り組んでいたのは、ソ連との国境を挟んだ駆け引きでいかに勝利を収めるかだった。だが石原は、一九四一年三月に東條陸相の意向で予備役に編入され、長年の研究の成果を実地に活かす機会は失われた。

東アジアの焦点は、一九世紀後半が朝鮮半島であったとするなら、二〇世紀前半は日本で言うところの「満蒙」であった。この「満蒙」において、既得権益を保護し、拡充することに日本の大陸政策の主眼があった。石原の満洲事変も、そうした流れの一環に位置付けられる。すなわち、「満蒙」における既得権益の保護と拡充の最終的な解決策が、「満蒙」の領有であった。しかし、それは必然的に「満蒙」に接する二大勢力、中国とロシアの反発を招かずにはおかない。日本陸軍は、中国に対しての武力行使には自信があったものの、ソ連は別格であった。

そこで石原は、満洲国の建国でソ連よりも軍事的に優位に立とうとしたが、結果は逆となる。満洲事変はソ連、とりわけスターリンの危機感を煽り、一九三〇年代半ばには、関東軍のみならず、日本の総力をあげてもソ連に勝利できるかは覚束なくなっていた。

スターリンとソ連にとっては、日本の侵攻を撃退できるだけの軍事力を持つことが、極東における至上命題であった。そのためには、何よりも極東における軍拡が急がれた。要となったのは、航空機と戦車、歩兵の充実である。特に航空機は、攻勢にも防御でも主力をなす兵器だった。一九三〇年代のソ連の航空機配備の充実は、北満洲の平原において、歩兵が衝突する大会戦を想定していた石原の戦略を時代遅れにしてしまった。

ただし、張鼓峰やノモンハンのように、実際に国境付近で衝突すると、日本軍はソ連軍に大きな打撃を与えている。ソ連にとって日本は、やはり侮れない敵であった。こうして、満洲をはさんだ日ソ両国の緊迫したにらみ合いが、一九四五年八月の日ソ開戦まで続くことになる。

＊引用文中の〔　〕は引用者による補注である。なお引用にあたって適宜新字体に改めた。

（1）訳出にあたっては、台北の国史館所蔵の、スターリンの直筆であるロシア語原文も参考にした（館蔵番号 002-020300-00042-030）。以下の文献には、この手紙の中国語訳のみが掲載されている（呂 2014: 108-109）。

## 文献


アジア歴史資料センター（C14030007400）満洲―満洲事変-55（防衛省防衛研究所）。

アジア歴史資料センター（B02030915600）本邦対内啓発関係雑件／講演関係／日本外交協会講演集第二巻（外務省外交史料館）。

石射猪太郎（二〇一五）『外交官の一生』中公文庫。

石原莞爾（一九三五）『非常時と日本の国防』アサヒ印刷所出版部。

石原莞爾（一九七六）「国防論」石原莞爾全集刊行会編『石原莞爾全集』第一巻、石原莞爾全集刊行会。

イーデン（二〇〇〇）『イーデン回顧録Ⅲ　独裁者との出あい 一九三一―一九三五』新装版、南井慶二訳、みすず書房。

稲子恒夫編著（二〇〇七）『ロシアの二〇世紀――年表・資料・分析』東洋書店。

稲葉正夫・小林龍夫・島田俊彦編（一九六五）『現代史資料（一一）続・満洲事変』みすず書房。

稲葉正夫・小林龍夫・島田俊彦・角田順編（一九八八）『太平洋戦争への道　開戦外交史』別巻資料編、朝日新聞社。

臼井勝美・稲葉正夫編（一九六四）『現代史資料（九）日中戦争（二）』みすず書房。

笠原孝太（二〇一五）『日ソ張鼓峯事件史』錦正社。

加藤陽子（二〇一五）「なぜ、日中戦争をとめられなかったのか」ＮＨＫスペシャル取材班編著『日本人はなぜ戦争へと向かったのか――外交・陸軍編』新潮文庫。

川田稔（二〇一一）『昭和陸軍の軌跡』中公新書。

川田稔（二〇一四）『昭和陸軍全史』第二巻、講談社現代新書。

川田稔（二〇一六）『石原莞爾の世界戦略構想』祥伝社新書。

宮内庁（二〇一六）『昭和天皇実録』第七、東京書籍。

黒野耐（一九九九）「昭和十年代初めにおける国防国策の策定」『国際政治』第一二〇号。

小林幸男（一九八七）「対ソ政策の推移と満蒙問題」日本国際政治学会・日本国際政治学会太平洋戦争原因研究部編『太平洋戦争

への道　開戦外交史1　満州事変前夜』新装版、朝日新聞社。

ゴールドマン、スチュアート・D（二〇一三）『ノモンハン一九三九――第二次世界大戦の知られざる始点』山岡由美訳、麻田雅文解説、みすず書房。

島田俊彦・稲葉正夫編（一九六四）『現代史資料（八）　日中戦争（一）』みすず書房。

田浦雅徳・古川隆久・武部健一編（一九九九）『武部六蔵日記』芙蓉書房出版。

高松宮宣仁親王（一九九五）『高松宮日記（二）　昭和八年〜一二年』中央公論社。

種稲秀司（二〇一四）『近代日本外交と「死活的利益」――第二次幣原外交と太平洋戦争への序曲』芙蓉書房出版。

角田順編（一九六七）『石原莞爾資料――国防論策篇』原書房。

寺崎英成・マリコ・テラサキ・ミラー（一九九五）『昭和天皇独白録』文春文庫。

寺山恭輔（二〇一四）「書評Нина Ивановна Дубинина, Дальний Восток Яна Гамарника, Хабаровская Краевая Типография, Хабаровск, 2011. 432 с.」『東北アジア研究』第一八号。

富田武（一九九六）『スターリニズムの統治構造――一九三〇年代ソ連の政策決定と国民統合』岩波書店。

中西治（一九八二）「ソ連　一九三八―三九年のソ連外交――ミュンヘン協定から独ソ不可侵条約へ」『国際政治』第七二号。

秦郁彦（二〇一二）『軍ファシズム運動史』河出書房新社。

林三郎（一九七四）『関東軍と極東ソ連軍――ある対ソ情報参謀の覚書』芙蓉書房。

原田熊雄述（二〇〇七）『西園寺公と政局』第六巻、岩波書店。

半藤一利・保阪正康・井上亮（二〇一二）『「東京裁判」を読む』日経ビジネス人文庫。

坂野潤治（二〇〇四）『昭和史の決定的瞬間』ちくま新書。

平井友義（一九八七）「「第三編　ソ連の動向」補遺」日本国際政治学会・日本国際政治学会太平洋戦争原因研究部編『太平洋戦争への道　開戦外交史4　日中戦争（下）』新装版、朝日新聞社。

防衛庁防衛研修所戦史室編（一九六九）『戦史叢書　関東軍（一）　対ソ戦備・ノモンハン事件』朝雲新聞社。

ローシキナ、A・S、K・E・チェレコフ、Ia・A・シュラートフ（二〇一五）「スターリンの日本像と対日政策」五百旗頭真・下斗米伸夫・A・V・トルクノフ・D・V・ストレリツォフ編『日ロ関係史　パラレル・ヒストリーの挑戦』東京大学出版会。

呂芳上主編（二〇一四）『蔣中正先生年譜長編』第六巻、国史館。

Bone, Jonathan (1999), A la recherche d'un Komsomol perdu: Who Really Built Komsomol'sk-na-Amure, and Why, *Revue des*

*Études Slaves*, vol. 53, no. 1.

Samuelson, Lennart (2000), *Plans for Stalin's War Machine: Tukhachevskii and Military-Economic Planning, 1925–1941*, Basingstoke.

Stalin, J. V. (1955), *Works*, vol. 13, Moscow: Foreign Languages Publishing House.

Горбунов Е. Н. (2010), *Восточный рубеж. ОКДВА против японской армии*. М.

РГАСПИ, Российский государственный архив социально-политической истории. Ф. 558 (И. В. Сталин). 本文中では順にオーピシ／ヂェーラ／リストを記す。

Сахаров А. Н. и В. С. Христофоров отв. ред. (2009), *Халхин-Гол: Исследования, документы, комментарии. К 70-летию начала Второй мировой войны*. М.

Сиполс В. Я. (1980), *Внешняя политика Советского Союза, 1933–1935 гг*. М.

Хаустов В. Н. сост. (2011), *Лубянка: Советская элита на сталинской Голгофе, 1937–1938*. М.

Яковлев А. Н. ред. (1998), *Россия—XX век. Документы. 1941 год*. Кн. 2. М.

# 9　日ソ戦争

井　潤　裕

## はじめに

本章であつかう日ソ戦争とは、一九四五年八月に始まるソ連軍・モンゴル軍と日本軍・満洲国軍による軍事衝突である。この戦争は短期間ながらも深刻な軍事衝突であり、満洲・朝鮮・樺太・千島列島など日本の勢力圏の北半部が広範囲にわたって蹂躙され、現在でもなお正確な実態を把握できないほどの甚大な損害をもたらした。この時に頻発したソ連兵の残虐行為などによって、ソ連へのネガティブ・イメージは決定的なものとなった。それがソ連とスターリンについて論じる際の基調の一つともなった。この惨禍の責任をスターリンに集中させ、そこで思考停止する傾向があった。

一方で、日ソ戦争は、特に日本近現代史においては主体的に扱われるテーマではなかった。この戦争は終戦史として括られる日本の降伏受容プロセスの一部として論じられ、「ソ連の参戦」という導入部のみに焦点が当てられてきた。それは原爆投下と並ぶ「降伏へのトリガー」だったためである。そして、終戦史のクライマックスは昭和天皇による聖断と終戦の詔勅（玉音放送）であり、これ以降に本格化するソ連軍との戦いは、論じられたとしてもごく簡単なものでしかなかった。

しかしながら、和田春樹(1995)は、簡潔にして要を得た論考であり、これ以降にも軍事史の中山隆志や植民地史の加藤聖文などによる注目すべき著作がある。日本側の研究を「大戦中の国際関係全体と戦後処理に関する米、英、ソの構想」の分析が不足した「日本中心史観」であるとした批判があるものの(コーシキン 2005: ii-iii)、ボリス・スラヴィンスキーや長谷川毅による研究は、この批判に十分反駁しうるものであり、本章もまた両者の成果に依拠するところが大きい。また近年でも日ロ共同編集の論文集のなかで、波多野澄雄・加藤聖文・クラフツェヴィチ・キリチェンコらが意欲的な論考を著している。

しかしながら、これらの論説には「ソ連軍の侵略に対して、日本の政府や軍部が最善を尽くしたのか」という検証が不足していた。本来であれば、日ソ戦争に対する敗戦処理の妥当性についてはソ連の侵略の是非とは別個の問題として検討すべき課題である。当時の戦争指導者たちが「ダメージ・コントロール」、すなわち、敗北に際しての損失を最小限に食い止める努力を適切になしえていたのかは、ある意味では戦争の帰結以上に後世に重要な影響を及ぼすものであった。ゆえに、本章ではこうした視角から日ソ戦争を再検討していきたい。

## 一　日本の対ソ戦略の変化

### 日ソ中立条約

一九四一年四月一三日に締結された日ソ中立条約は、以降の日ソ関係における基底条件というべきものである。日ソ両国はこの条約によって、いわゆるノモンハン事件に象徴されるソ満国境での恒常的な日ソの軍事衝突を一旦棚上げにし、ソ連は西方のドイツに対して、日本は米英を主軸とする連合国軍に対して戦力を集中することが可能となった。しかし、この条約をとりまとめた松岡洋右外相には、日独伊の同盟にソ連を加えて四国協商とし、米英へ圧力をかけて対英米戦を回避するという思惑があった(服部 2012: 265–267)。だが、松岡の訪欧時には、ドイツはすでに四〇年一二月一八日の総統指令第二一号によって対ソ開戦を決定し、翌年五月一五日を目途とする対ソ戦の準備を進めていた(服部 2012: 263)。

結果的には日ソ双方は、この条約によって二正面作戦を避け、当面の「敵」との対決に傾注できることとなったが、お互いへの警戒心を緩めるわけにもいかなかった。「相互ニ他方締約国ノ領土ノ保全及不可侵ヲ尊重スベキ(第一条)」関係のまま、ソ満国境地帯に大兵力をはりつけ、「背中合わせ」で対峙を続けることとなった。この大兵力はドイツと戦うソ連には足枷に、日本には対米戦への予備兵力になっていた。

### 関東軍特種演習

六月二二日にドイツ軍はバルバロッサ作戦を発動し、ソ連への攻撃を開始した。独ソ戦の開始を知った松岡は、中立条約よりも三国同盟が優越するとし、ドイツとの共闘(北進論)を主張した。松岡にとってそれは、対米戦を阻止するために必要な手段であった(戸部 2015: 267)。当時の大本営は、南方(仏領インドシナ方面)への進出を図るとともに、「北方武力解決」も是とした「大東亜戦争指導要綱」をすでに策定し、六月二六日に「関東軍特種演習」という秘匿名称による対ソ武力準備を密かに進めていた。

関特演の通称をもつこの計画の動員規模は判然としないが、芳井研一によれば、その規模は「朝鮮二個師団を含む一四個師団基幹で計三五万人」、さらに「各師団を戦時定員(二倍)とした上、二個飛行集団一一〇〇機、それに内地から二個師団」であった。この兵力や戦備を移送するために、内地鉄道輸送能力の三分の一、満鮮鉄道のほぼすべて、海上輸送の約一五〇万トンが動員された(芳井 2011: 42)。

しかしながら、この最も有利な時機でさえも、関東軍が極東ソ連軍を兵力で上回ることはできなかった。ゆえに、ソ連に対する武力発動は、四一年八月上旬までにソ連軍の兵力が配置転換などで半減することを前提としていた。だが、ソ連軍の兵力転換はあくまでも小規模にとどまり、また武器弾薬・軍需物資の不足や、計画の不備も確認されたため、八月九日に「年内の北方進攻の発動は不可能」と判断された(中山 2000: 226)。

これを察知したスターリンは一〇月二六日、極東の部隊を西部戦線に配置転換することを決定した。一一月七日に、転進した極東諸師団は赤の広場を行進、彼らはモスクワ前面における攻防戦でドイツ軍撃退に貢献したのであった(キリチェンコ 2015: 398)。

一九四一年の関特演は、一九四五年のソ連対日参戦と表裏一体をなしている。だが、日ソの戦略構想は対照的であった。関特演には戦略的なグランドデザインが欠如しており、仮にソ連軍を覆滅しえたとしても、「どこまでを／何のために／どのように」占領するのかは不明瞭であった。一方、日ソ戦争には極東地域における安全保障の確立という明確な戦略目標が存在した。スターリンとその幕僚たちは、地政学的な見地から、戦後の東アジアの地図をどのように塗り替えるべきかをよく理解していたのである。

## 「独ソ和平斡旋」と「北方静謐」

ドイツのバルバロッサ作戦は、当初八週間でソ連軍を壊滅させる計画であり、ドイツ軍はミンスクとスモレンスクを陥落させた後、主力の中央軍を南方のウクライナ方面へ向け、キエフ、ハリコフなどを攻略した。さらにタイフーン作戦を発動させ、ふたたび北に転じてレニングラードを包囲し、モスクワに迫った。

こうした欧州におけるドイツの勝利を前提に、一一月に日本は対英米戦の基本構想を策定した。その構想の中心は、日本のイニシャティヴで独ソ和平を実現することで、まずイギリスを屈服させることであった。この構想によって開戦を渋る昭和天皇を説得し、開戦の聖断にこぎつけた。つまり、独ソ和解論が対英米戦に踏みきる大前提だったのだが、一二月五日にソ連軍は反撃を開始し、ドイツ軍の攻勢は頓挫していた。その直後の一二月八日、日本海軍は真珠湾のアメリカ海軍基地を奇襲し、対英米戦争に突入した。

対英米戦の開始により、日本にとって中立条約は「北方静謐」を担保する基盤となった（戸部 2015: 267）。また、中立国であるソ連は連合国側との唯一の公式ルートであり、日本は和戦両様の思惑をこれに託していた（波多野 1984: 49）。この大戦を有利な講和に持ち込む手段として、外交的には独ソ和平を模索するとともに、軍事的にはソ連を東西から挟撃して敗北に追い込み、やはり有利な講和を求めることが期待された（波多野 2015: 297）。

しかし、一九四二年二月ころには「ソ連は簡単に敗北することはない」という判断がなされ、独ソ和平斡旋での講和という目論見は崩れつつあった。日本軍は六月初旬のミッドウェー攻略作戦で敗北、緒戦の勝勢は失われた。同年八月、独ソ戦では最大の激戦となったスターリングラード攻防戦がはじまった。ドイツ軍は一時は市街の九割を占拠したものの、ソ連軍に逆包囲され、翌年二月二日に降伏した（山本 2015: 90–91）。

日本は一九四三年三月に策定された「帝国を中心とする世界戦争終末方策」でも独ソ和平の促進を基本方針としていた。だが、この時期には「天皇自身が東西の戦況を冷静に分析した結果、ドイツの戦況（単独講和）を気にしながら、さらに日本の戦況をも憂い、米軍との決戦をおこなって、できれば一撃を与えて早期終戦を望んでいた」（山本 2015: 94）。また、四月に外相に就任した重光葵は「対ソ態度」の基本を「飽迄《あくまで》日ソ戦を回避し、進んで両国国交の好転を図る」こととし、そのために日ソ間で「懸案となっている諸問題を逐次解決していくことが先決」と考えていた（林 1958: 202–203）。

ドイツ軍は四三年七月のクルスクの戦いでも敗北したが、大本営はまだ、独ソ和平の仲介による終戦に期待を寄せていたため、同年九月、重光葵外相が佐藤尚武駐ソ大使を通じてソ連外務人民委員ヴャチェスラフ・モロトフに独ソ間調停の可能性を打診した。しかし、モロトフは「現情勢下においてはその可能性は絶無である」とこれを拒否した。

この頃から独ソ和平論に代わり、ソ連に英米との講和の仲介を求めようとするソ連仲介論に期待が寄せられはじめた(山本 2015: 113)。ドイツの勝利を前提とした構想は頓挫したが、日本政府は方針転換を可能とするチャンネルをソ連以外に持っていなかった。

一九四四年七月一八日には、サイパン島失陥の責任を問われた東條英機内閣が総辞職、小磯國昭が新たな首班に指名された。七月二四日にはフィリピンでの対米決戦をめざした捷号作戦準備が発令された。そしてソ連の対日参戦も現実の懸案になりつつあった。

重光外相はソ連と英米の関係について「戦争継続中は其の連繫は強固と認めらるるも、三者の利害は根本にして相容れない」と述べ、戦後世界の再編をめぐる三者の利害対立を根拠に、まだ独ソ和平仲介の期待を捨ててはいなかった。しかしながら、こうした独ソ和平構想は独ソ双方から理解を得られなかった(波多野 2015: 301)。

一九四四年九月六日に作成された「対「ソ」施策要綱」でも、「対ソ友好関係を増進し、「ソ」と米英を離間」させることが強調された。そのためにはソ連に代償を与える必要があると重光は考えていた。独ソ和平論という皮算用からはじまった戦時対ソ外交は、ドイツの劣勢が明らかになるなかで、北樺太の石油利権や漁業権などで譲歩をしても、ソ連との中立関係「北方静謐」を維持しておくべきという段階まで方針が後退していた。だが、これも相手側であるソ連の政略・戦略を洞察してのものではなかった。

## 二　テヘラン・ヤルタ・ポツダム――戦後の東アジアをめぐる暗闘

### テヘラン会談

日本の終戦構想である独ソ和平論やソ連仲介論が、ほぼ国内の事情から生起していたこととは対照的に、連合国側は協議を繰り返して政戦両略のすり合わせをはかっていた。まず、一九四三年一一月二八日、ルーズベルト・チャーチル・スターリンの三首脳がテヘランで一堂に会し、この大戦をどのように終局に導くべきかを話し合い、アメリカがヨーロッパ第二戦線を開く見返りとして、ドイツ敗戦後にソ連が対日戦争に参加することを約束した（長谷川 2011a: 50）。一九四四年一〇月、スターリンはアヴェレル・ハリマン駐ソ・アメリカ大使との会見において「なぜ日本と戦わなければならないのか、ロシア人に明確な目的を与えなければならない」と述べ、対日参戦に対して代償が必要だと述べた。アメリカ統合参謀本部も、ソ連の早期参戦を希望していた。

一二月、ルーズベルトは原子爆弾製造についての報告を受けた。原爆は、日本を降伏を追い込む新たな切り札であった。その研究状況についてては、スターリンも諜報活動で把握しており、「原爆を開発する以前に、ソ連は参戦しなければならないことをスターリンはよく理解していた」（長谷川 2011a: 88）。

## ヤルタ会談

一九四五年二月四日から、英米ソの首脳は、ソ連クリミア自治共和国のヤルタにおいてふたたび会談の機会をもった。テヘランでの会談は終局までの道筋を定めたものであったが、ヤルタで話し合われたのは、戦後世界のありかたであり、ポーランド問題、ドイツ・中央および東ヨーロッパ諸国における利害調整、国際連合の設立などが話し合われた。

極東に関しては、ドイツ降伏後におけるソ連の対日参戦の条件について、改めて米ソの密談がなされた。二月一一日にスターリンが参戦条件を口頭で提案し、ルーズベルトはたった一五分の会談でこれを承諾した（長谷川 2011a: 67）。両国は極東に関する秘密議定書（ヤルタ協定）に調印した。この合意を受け、ソ連参謀本部は、「いかに戦争を開始し、遂行するかについての詳細な計画を立案する作業」に着手した（長谷川 2011a: 73–74）。その具体的な条件は以下の通りであった。(1)外モンゴルの現状の維持。(2)一九〇四年の日本の背信的攻撃によって侵害された、ロシアに帰属する諸権利を回復すること。すなわち、(a)南サハリン(樺太)とそれに隣接するすべての諸島をソ連へ返還すること。(b)大連の商業港を、ソ連の特権的利益を保障するとともに、国際管理下におくこと、そしてソ連の海軍基地用に旅順港の租借権を回復すること。(c)中東鉄道と、大連へと至る南満洲鉄道を、ソ連の特権的利益を保障するとともに、ソ中合弁会社設立という方法で共同利用する。その際、中国は満洲における完全な主権を維持するものとする。(3)ソ連にクリル諸島(千島列島)を引き渡すこと(クラフツェヴィチ 2015: 350)。

ここでは、大連という外洋への出口とそこに至る陸路には固執しても、後に主戦場となった満洲の領有権には一度も言及していないことに改めて注目すべきである。ソ連の目的は、東アジアにおける戦略上の要地の確保にあった。

### ポツダム会談

一九四五年七月にベルリンのポツダムで行われた三度目の首脳会談は、ヤルタとは明らかに異なる状況で行われた。まず、アメリカのルーズベルト大統領が四月一三日に急逝し、後任にトルーマンが就任していた。トルーマンには偉大なルーズベルトの後を継ぐことへの戸惑いや、スターリンやチャーチルとの外交戦の先頭に立つことへの心理的重圧があった。加えて、周囲では新任の大統領への影響力をめぐって、「中国グループ」と称される対日強硬派と知日派(穏健派)との路線対立が高まっていた。「ワシントンの最高レベルにおいてアメリカの戦争目的に関する明確な一致がなかった」のである(ビックス 2005: 176-177)。

さらに、原子爆弾という新たな切り札の登場が、事態を一層複雑なものにしていた。米英の政治指導者たちにとっては、参戦に条件を突きつけるソ連よりも、原子爆弾の方が切り札としては魅力的であったし、この強力な兵器を誇示することで、戦後世界における軍事的優越を確保できるという期待もあった。少なくとも、ソ連の軍事力が対日戦争における唯一の決定打ではなくなっていた。しかし、スターリンとしては「ドイツとの戦争でもっとも大きな犠牲を払った国家の元首として、ヨーロッパで手に入れた獲得物の正当性を何とか米英の首脳に認めさせたかった」し、中立条約を破棄して参戦するために、英・米が参戦要請してくれることを期待していた（長谷川 2011a: 273）。

米ソいずれの陣営も、終戦後の東アジアを見すえたうえで、日本の降伏を理想的な時機と状況で迎えることを望んでいた。そのため、降伏後の日本がいかなる処遇を受けるのかは流動的であった。アメリカはエリートたちの路線対立によって、その態度は幾分迷走気味であったし、ソ連は中立条約という、やや高いハードルをクリアする必要があった。

この会談後に発表された有名なポツダム宣言は、当初、「われわれが、現在の天皇制を維持し、立憲君主政体を消滅させようとしていないことを示」すことで、日本が降伏を受け入れる可能性を増大させるために作成された（スラヴィンスキー 1999: 431）。ゆえに、その第一二条の草案では「かかる政府が決して再び侵略を志向しないことが全世界に示されるならば、現皇室下での立憲体制を維持しうる」こととされていた。これは日本政府が唯一の譲れない条件と考えていた「国体護持」、皇統および政治体制の維持を保証するものであった。しかし、この草案第一二条は、国務長官ジェームズ・バーンズなど対日強硬派の意見によって、上記の文言が削除された（長谷川 2011a: 309）。

七月一六日、アラゴモード空軍基地近郊で最初の原子爆弾の爆発実験がおこなわれた。その結果は夕刻、トルーマンに電報で伝わった。チャーチルは日記に「われわれはもはやロシアを必要としない」と記した（スラヴィンスキー 1999: 442）。

七月一七、一八日におこなわれた米ソ首脳の会談において、トルーマンはスターリンの望むもの（対日参戦の正式要請）を与えようとしなかった。トルーマンは、一八日の会談ではすでにアラゴモードでの実験の詳細をつかんでいた。「トルーマンの頭のなかで原爆と無条件降伏とが密接なつながりを持つようになり」（長谷川 2011a: 296）、彼は原爆を利用して「ソ連が参戦する前に日本に勝つこと」や、「ソ連ばかりでなく全世界に「米国の力」を示すこと」を考えはじめていた(スラヴィンスキー 1999: 447)。

七月二四日、トルーマンとバーンズは草案第一二条の文言を削除したポツダム宣言の最終案を承認し、これを中国政府に送った(長谷川 2011a: 342)。これを知った陸軍長官ヘンリー・スティムソンはトルーマンに対し、削除箇所の復活を歎願したが、トルーマンはこれを拒否した。それは原爆の使用を正当化することがトルーマンの目的であったと長谷川毅は推測している。日本にこれを拒否させ、原爆の投下を已むを得ないものとするために、あえて厳しい最後通牒としたのであった(長谷川 2011a: 326-332)。

七月二六日の朝、米英中の三国の連名でポツダム宣言が発表された。スターリンは、ポツダム宣言への署名を請われるのは自明のことだと思いこんでいたが、記者発表の直前まで、スターリンにもモロトフにも通知されなかった(長谷川 2011a: 332)。スターリンは会議のホスト役だったにもかかわらず、対日参戦の要請ももらえず、ポツダム宣言の発表でもトルーマンとチャーチルに出し抜かれた。スターリンとしては、体面を傷つけられた怒りもあったろう。だが、こうした処遇に加え、中立条約破棄の後ろ盾を求めて果たせなかったことで、英米はもはやソ連軍を必要としていないという不愉快な現実を洞察せざるをえなかった。

## 三　日本政府の降伏受容プロセス

### 中立条約不延長とドイツの降伏

さて、ひとまず日本に視点を移し、一九四四年末まで話を戻そう。日本はフィリピンでの決戦にも敗れ、敗戦はまぬがれがたい状況にあった。だが、昭和天皇はまだ降伏ではなく「一撃和平」(敵に一撃を与え、それを機に講和に持ち込むこと)を志向していた。

また、一九四五年三月一七日の「日「ソ」問題を中心とする帝国今後の外交施策に関する観察」では、外相の「東郷自身もソ連の争奪が「外交上に於ける関ヶ原」とみていた」(吉見 2013: 326)。佐藤駐ソ大使は中立条約に代わる「議定書案」を用意し、大幅な譲歩をしてもソ連との関係維持が必要だと主張していた(波多野 2015: 303)。

四月一日、米軍が沖縄本島に上陸し、戦局は切迫の度を強めた。四月五日、ソ連外務人民委員モロトフは佐藤駐ソ大使に、日ソ中立条約の履行意志がないことを通告した。四月七日には、小磯國昭内閣が総辞職し、鈴木貫太郎内閣が成立した。五月七日にドイツが降伏、日本は単独で連合国軍と交戦する状態となった。翌八日、トルーマンは「対日降伏勧告声明」を発表、日本の軍隊の無条件降伏を改めて求めた。これに対し、日本は翌九日に「帝国政府声明」を出して徹底抗戦を主張した。

五月一一、一二、一四日と、最高戦争指導会議構成員会議が開かれ、改めて対ソ問題が協議された。ここでは「ソ連の参戦防止」「ソ連の友好的態度の誘致」を目的とした対ソ工作を進める方向で意見の一致をみた。一方で「ソ連への和平斡旋の依頼」は見送られた。ソ連の「欲求」はポーツマス条約の破棄が「主眼」であるとみなし、南樺太の返還、漁業権の解消、津軽海峡の解放、北満諸鉄道の譲渡などが代償として検討された(波多野 2015: 305; 稲田 1958: 46)。

### 六月の「聖断」

六月六日には、「強硬意見一辺倒」の河辺虎四郎参謀次長が最高戦争指導会議において本土決戦計画(決号作戦)を説明し、御前会議において「今後採るべき戦争指導の基本大綱」を裁可し、本土決戦構想が国策として確認された。しかしながら、この基本大綱の真意は、国体護持に戦争目的を絞り、これを達成させて戦争を終結させる目論見であったという指摘がある(吉見 2013: 154)。現実には「陸軍においてでさえも諦めムードが広がり、天皇の「聖断」を待つような状態」であった(山本 2015: 170)。

六月一一日、梅津美治郎参謀総長は昭和天皇に対し、大陸に温存されているはずの関東軍の実情を説明し「もう戦力がない」「往年のすばらしい関東軍も支那総軍もない」ことを奏上した。これは「あくまで「一撃和平論」に固執した昭和天皇に対して「一撃」を断念させるためにおこなった工作」であった(吉見 2013: 161)。

六月一四日に過度の心労で倒れた天皇は「一撃」を断念し、「この病床において本土決戦不能を確信し、国体護持のためにあらゆるものを犠牲にする決意を固め」(吉見 2013: 165)、ソ連を仲介とした和平交渉をめざすことに方針を転じた。病床より回復した天皇は、二二日に最高戦争指導会議構成員会議を召集し、「戦争の終結について」「速かに具体的研究を遂げ実現に努力せむことを望む」と述べた(稲田 1958: 50)。このソ連仲介による終戦工作の国策化が、終戦における最初の「聖断」であった(山本 2015: 172)。

## 「最後の綱」としてのソ連――和平仲介交渉の破綻

この聖断以降、ポツダム会談で連合国側の対日方針が定められた七月まで、日本はソ連を仲介とした和平交渉に最後の望みを託していた。吉見直人などが指摘するように、この時期の対ソ交渉は昭和天皇自身が主導していた(吉見 2013: 247)。ただ、外務省による働きかけは「聖断」以前からはじまっていた。六月一日、東郷茂徳外相は佐藤駐ソ大使に対し、モロトフ外務人民委員と会見して日ソ関係の改善に努めよと訓令した。このとき、佐藤は「日本に対して好ましい態度を期待するのは間違っている」と東郷に反論し、「ソ連が日本に対して軍事行動を起こせばそれで万事休すであるから、その前に国体護持を唯一の条件として戦争を終結させよ」と上申した。

同時に、東郷はソ連による和平仲介を打診すべく、広田弘毅元首相をヤコフ・マリク駐日ソ連大使と会談させ、ソ連の意向を「サウンドする」ことを要請した。広田との会談でマリクは日本側の具体案を要求したが、広田はこれには答えず、さらに「戦争終結のためソ連の斡旋を求めるとの要請をしなかった」(長谷川 2011a: 213)。そのため「東郷は広田・マリク会談に見切りをつけ」、モスクワでの直接交渉に期待を移した(波多野 2015: 307)。二八日、東郷は佐藤に「モロトフから中立条約遵守の言質をとること」を訓令した(長谷川 2011a: 227)。

七月七日、昭和天皇は鈴木貫太郎首相を宮中に参内させ、「親書をもって〔ソ連へ〕特使派遣のこと」をただした(長谷川 2011a: 250)。近衛文麿元首相が特使に選ばれ、一二日に東郷外相は佐藤駐ソ大使に緊急電報を送り、親書を携えた特使派遣についてソ連政府へ伝達する旨を命じた。この訓電はソ連政府への伝達という形をとっていたが、その真意は解読されることを前提とした「昭和天皇から米英へのメッセージであった」(吉見 2013: 248)。この訓電の真意は、まず天皇自身が対外的に戦争終結を希望していること、そして唯一の障害は無条件降伏の要求であることが英米に伝わることであった。だが、この天皇自身のメッセージにもソ連はもとより、英米も態度を保留した。

七月一九日、アメリカによる日本向け宣伝放送であったザカリアス放送が「日本には破滅か大西洋憲章の受諾による和平かの二つの選択がある」旨の声明を明らかにするなか、翌二〇日の最高戦争指導会議構成員会議は「近衛特使の任務は戦争終結の斡旋をスターリンに依頼する」という方針を決定した。だが、ソ連に供する代償や和平条件については重臣たちの意見は分かれ、決定には至らなかった(波多野 2015: 307)。

モスクワでソ連の空気にふれている佐藤駐ソ大使は東郷外相に対し、「皇室の維持のみを条件に降伏すべし」と焦慮に満ちた返電を出したが、東郷は「特使派遣は天皇の命令によるもの」だとし、「和平の条件を示すことは国内政治の状況から不可能」だと応じた。東郷は「近衛を白紙のままモスクワに派遣させ」、現地での折衝に期待をかける考えであった(長谷川 2011a: 304)。二五日、佐藤は正式にソ連政府に対して戦争終結の斡旋を要請した。外務人民委員代理ソロモン・ロゾフスキーは、これは「書面にして欲しい」と要求したが、これはスターリンの意を受けた時間稼ぎであった(長谷川 2011a: 306)。

翌二六日、英米中の三国が連名でポツダム宣言を発表した。そこにソ連の名がなかったことは日本政府を戸惑わせた。直ちに召集された最高戦争指導会議では、この宣言を慎重に取扱い、拒否の意志表示はしないこと、終戦についてはソ連との交渉の結果を見た上で検討するという方針に決した。二八日、東郷は佐藤に対し、ポツダム宣言への態度表明は〔特使派遣に対する〕ソ連の回答を待って行う」旨を訓電したが（スラヴィンスキー 1999: 463）、佐藤は「特使派遣は受け入れられず、日本と協定する可能性は皆無」とし、東郷の訓電に真っ向から反論した（波多野 2015: 151）。しかし、東郷は天皇の大権について国際的な保障を求めていた昭和天皇の意に沿って事態を処理しようとしており、八月七日の佐藤への最後の訓電でも、東郷はなお、ソ連側の態度を見きわめるように指示していた（ビックス 2005: 187）。纐纈厚はこの和平交渉について、「ソ連にとっては全く関心の対象ではなかった」と断じ、「日本政府と天皇は、そのソ連を相手に貴重な時間を、ただ国体護持のために浪費し続けた」と批判している（纐纈 2006: 125）。

## 四　日ソ戦争

### 原爆投下と宣戦布告

スターリンはポツダム会談以降、日本攻撃の準備をさらに急がせた。アレクサンドル・ワシレフスキー元帥を八月一日付で極東ソ連軍最高司令官に任命し、翌日には極東軍の中に三つの方面軍（第一極東方面軍・第二極東方面軍・ザバイカル方面軍）が創設された（長谷川 2011b: 9）。最終的にはスターリンは攻撃開始の日時を四八時間くり上げて八月九日の零時に設定することを命じた（長谷川 2011b: 40）。

八月六日、広島に最初の原子爆弾が投下された。その一報を聞いて歓喜したトルーマンは、「彼とバーンズが立案した「時刻表」通りに物事が進んでいったことに喜んだ」（長谷川 2011b: 21）。トルーマンは、あとは日本降伏の報を待つことだけだと考えていたが、その思惑ははずれ、日本政府は「このような逼迫した事態においても、ソ連の仲介によって戦争の終結を求めようとするこれまでの政策を踏襲したのである」(長谷川 2011b: 29)。確かに「広島への原爆投下が東郷、天皇、木戸〔内大臣〕に戦争終結を急がねばならないと確信させたのは明らか」ではあったが、「依然としてソ連の斡旋によって戦争を終結させるという政策を継続した」(長谷川 2011b: 36)。

そのおかげで、スターリンは日本が降伏する直前で戦争に参加することができた。八月八日、モロトフ外務人民委員は佐藤尚武駐ソ大使を呼び出し、「連合国にたいする義務を忠実に果たすためにソ連政府はポツダム宣言に参加した」ことを表明した(長谷川 2011b: 46)。

なお、ソ連は対日参戦をしなくても望むものを手に入れられた、とする「無名の師」論は今も根強いが、筆者はこれに与しない。ソ連の対日参戦の目的は、極東地域における防衛上の要地を確保することと、戦後の東アジアに対する発言権を確保することにあった。英米がソ連の対日参戦を必要としなくなっていた状況では、この目的を達成するためには参戦の事実が決定的に重要だった。スターリンが「東アジア、特に中国、朝鮮半島への米軍の進駐を阻止すること」を重視していたことからも(コーシキン 2005: iii)、参戦して関東軍を制圧し、この地域をソ連が確保することが必要だったのである。

### 両軍の軍備状況

一九四一年における対ソ作戦発動は断念されたものの、関東軍はその兵力を維持していた。一九四二年八月末における関東軍は、兵員約六五万名・戦車六七五両・装甲車一五五両・飛行機七五〇機を数えていた(中山 2000: 233-234)。だが、戦況の悪化によってその戦力維持も難しくなり、一九四四年二月には、関東軍からの兵力抽出がはじまった。同年七月までに一〇個師団・二個飛行士団が南方戦線へ送られ、ソ連参戦の時点では、関特演までに編制された精鋭師団はすべて関東軍を離れ、「昭和二〇年三月ごろには、関東軍戦力は全く払底の状態に」なっていた（草地 1967: 86–87）。

一九四五年二月二四日には住民の保護と待避のために「関東軍在満居留民処理計画」が策定され、五月以降にその実施が協議された。だが、国境地帯の空白化がソ連を刺激することをおそれた大本営はこれを許可しなかった（加藤 2015: 315）。

五月三〇日に大本営が命じた新たな対ソ作戦準備では、「南満及び朝鮮の要域を確保して持久を策」することが任務とされた（中山 2000: 241）。つまり、満洲国の防衛を放棄し、朝鮮半島を死守すべく方針転換したのであった。それは、ソ連軍の侵攻と同時に、関東軍の主力は速やかに朝鮮との国境付近まで撤退することを意味した。しかも「関東軍の作戦方針は」「広大な西正面（対ザバイカル方面）に配置する兵力がなく」「実質的には開放されているのと同じであった」（中山 2000: 243）。

七月七日、激減した兵力を補充するため、満洲の在郷軍人約四〇万人のうち、二五万人が「根こそぎ動員」された。これによって、師団八個、混成旅団七個、戦車旅砲兵連隊五個その他が新しく編制されることになった（林 1974: 250）。その結果、「外面上は師団二四・兵員七〇万・砲約一〇〇〇門・戦車および飛行機各二〇〇」という兵力となった。ただし、新設部隊は訓練も装備も不十分で、以前の師団に換算して八個師団半程度の戦力だと評価されていた（中山 2000: 243）。この弱体化がソ連侵攻の呼び水となることをおそれた関東軍は、「「兵力転用企図秘匿要領」なども作製して、その戦力の抽出転用を極力秘匿し、張り子の虎を装った」（草地 1967: 73）。

対する極東ソ連軍の兵力だが、五月のドイツ降伏後、兵力増強はさらに加速し、六月三日ソ連国家防衛委員会決定により、西部から東部へ配置換えの六七〇個部隊九四六梯団が移送された（キリチェンコ 2015: 399–400）。こうした兵力増強でソ連軍の兵力は兵員約一七四万人・火砲約三万門・戦車約五三〇〇両・航空機約五二〇〇機となっていた

（加藤 2009: 149）。

ソ連軍の参戦時機について、大本営は「初秋ころ、あるいは、米軍の本土上陸作戦と呼応して」参戦してくると予測していた。というのも、「政治的には、最小の犠牲をもって最大の戦果が獲得できるよう、米軍の対日本本土攻撃の進展ぶりをにらんで、その好機の捕捉につとめるであろう」と考えたためである（林 1974: 248）。また、関東軍の情勢判断は、防衛準備が整う冬までは「来て欲しくないという希望的観測」があり、「忌憚なくいって大本営よりやや甘かった」と草地は述懐している（草地 1967: 94-95）。

### 満洲での戦闘

八月九日〇時、東部ソ満国境において攻撃が開始された。東部正面では関東軍隷下の第一方面軍（一〇個師団、独立混成旅団一、国境守備隊一、機動旅団一）に対し、ソ連第一極東方面軍（メレツコフ元帥）と第二極東方面軍（プルカエフ大将）が攻撃を加えてきた。その兵力は三五個師団、一七個戦車機械化旅団基幹であった（中山 2000: 251）。

大本営は「全面的対ソ作戦の発動準備」を命令した。関東軍も満洲国防衛令を発令、当初の計画通り満鮮国境での長期持久戦体制へと移行した。だが、大本営はポツダム宣言受諾問題にかかりきりで、ソ連への対応にまで手がまわらなかった。そして、「一週間で降伏とは思ってもみなかった」関東軍は、「作戦第一主義」の建前から、「居留民保護を直接目的とする作戦は行なわ」ず、当初の作戦計画に従って、満鮮国境まで「居留民よりも速やかに後退し」た（草地 1967: 178）。

ソ連側の戦史はこうした状況を以下のように記した。「気象的、気候的および地理的条件にともなうあらゆる困難にかかわらず、三方面軍が、関東軍を大敗北させ、一六（一七の中）の要塞地帯を占領し、各方面で満州内部深く五〇〇ないし四〇〇キロメートル進入するのに、わずか六日しかかからなかった」（マリノフスキー 1968: 170）。極東ソ連軍の中でも際立ったのがザバイカル方面軍であった。例えば、アンドレイ・クラフチェンコ大将の指揮する第六親衛戦車軍は作戦最初の三日間で戦闘なしに四五〇キロ前進し、輸送機が燃料を補給できなかったためにようやく停止した。（キリチェンコ 2015: 401）。だがそれは、前述のように、関東軍はこの方面に戦力を配置していなかったためであった。マリノフスキーは「日本軍司令部は最初の二、三日からすでに統制を失い、完全に狼狽し、八月一五日までどの方面でも大きな抵抗を示さなかった」と記す一方で、「いくつかの要塞地帯と拠点において」、具体的には「ハイラル、索倫、富錦、佳木斯、綏芬河、東寧、牡丹江では激戦が行なわれた」としている（マリノフスキー 1968: 171）。主力が撤退する中で、こうした第一線部隊の決死奮闘は高く評価すべきと指摘されている（中山 2000: 285）。

一三日午前には、満洲国国務総理の張景恵が関東軍総司令部を訪れ、新京を無防備都市にしてもらいたいと懇望した。これに対して総参謀長の秦彦三郎中将は、総司令官の不在を口実にこれを断った。また、一四日午前までに、関東軍総司令部は、（満鮮国境付近の）通化への移動を完了した（草地 1967: 138）。八月一五日の段階では、関東軍の主力はいまだソ連軍とは交戦しておらず、したがって無傷のままで残っていた（林 1974: 276）。

一方、ソ連が参戦した時点でも、中ソの合意は形成されていなかった。蔣介石は七月中旬以降、東北接収の具体的な準備に取りかかってはいたが、国府軍が自力で東北に進駐して接収を完了させる力はなかった。「ソ連軍との関係をどのように取り決めるかがきわめて重要な問題となっていた」（加藤 2009: 144）。だが、参戦後の中ソ交渉は急速に進展した。中国側が交渉の妥結を急いだからである。八月一四日、モスクワで「中ソ友好同盟条約」が調印された。「ソ連軍の撤退時期は、ソ連側が最後まで反対したため、議事録に、スターリンが日本降伏後三週間以内に撤退を開始すると声明したこと、撤退完了時期は最大三カ月で十分と述べたこと、以上の二点が記されただけにとどまった」（加藤 2009: 145）。

## バーンズ回答と終戦の詔勅

原爆とソ連参戦により日本は未曽有の危機に陥っていたが、「鈴木内閣と最高戦争指導会議は、皇位ともっとも重要な天皇の大権の将来が絶対的に保障されない限り、戦争終結を決定することはできなかった」。一方で、「天皇は国務と統帥を統一できるのは自分だけであるということも知っていた」(ビックス 2005: 188, 196)。

九日午後一一時五〇分、御前会議において「共同宣言に挙げられたる条件中には天皇の国家統治の大権を変更せんとする要求を包含し居らざること」という唯一の条件の下にポツダム宣言を受諾するとした「聖断」が下った。翌一〇日、東郷外相は宣戦布告を読み上げた駐日ソ連大使マリクに対し、「日本政府が皇室の安泰の重要性を強調して、天皇の大権が侵されないことを条件にポツダム宣言を受諾する決定をしたことをマリクに告げたうえで、日本政府の正式の受諾声明の英訳を手渡し、ソ連政府がこの声明を連合国に速やかに伝達することを依頼した」(長谷川 2011b: 103–104)。

アメリカ政府は日本側の回答を受け、ホワイトハウスで会議を開いた。会議では「受諾を受け入れるべき」という意見が多数を占めたが、トルーマンは「無条件降伏にこだわった」。バーンズに日本への回答案の作成を命じた。その回答は、第四項で「日本の究極的な政体は日本国民の自由に表明された意思によって定められる」こととした。このとき、アメリカはソ連とは話し合わずにことを進めた(長谷川 2011b: 110–116)。

修正されたバーンズ回答を受けた日本政府は、八月一三日午前九時、最高戦争指導会議を開いて対応を協議した。表現の曖昧な第四項に対し、「本当にポツダム宣言を受諾して大丈夫なのかと陸軍を中心に紛糾」した(山本 2015: 179)。だが、最終的には八月一四日朝にはじまった御前会議で、最後の聖断が下され、ポツダム宣言の受諾を決定した。そして八月一五日正午、玉音放送として知られる終戦の詔勅がラジオで流された。

昭和天皇に批判的なビックスは、こうした経緯を以下のように批判している。「天皇は動揺しながらも、連合国との直接交渉を望むよりは、戦争継続を望んだ。最終的な危機が完全に身辺におよぶようになったとき、残された唯一の選択は交渉なき降伏だった。そのときでさえ、なお原爆が投下され、ソ連が参戦するまで、天皇は事態の引き延ばしを続けたのである」(ビックス 2005: 202)。長谷川毅も「あきらかに、バーンズ回答とそれにたいする日本の受諾の遅延は、ソ連が自国の支配下に置く領土を拡大していくのに絶好の機会を与えた」と述べている(長谷川 2011b: 150)。

## 五　日ソ戦争の帰結

### 満洲における戦闘の終焉

ポツダム宣言の受諾が通告されたとき、「確かにソ連軍は満州平野の中央まで侵攻していた」が、「まだハルビン、長春、吉林、奉天(現・瀋陽)に到達するには程遠い状態であった」。そして「八月一五日から一七日の三日間は、これらの都市に到達するという目的を達成するうえで、ソ連の軍事展開のなかでももっとも重要な時であった」(長谷川 2011b: 178–181)。

ワシレフスキー元帥は「天皇の声明はたんに無条件降伏の一般的な宣言であり、日本軍が軍事行動を停止する命令ではないから」「日本軍にたいする攻撃作戦を継続する」ことを命じた。さらに「天皇によって日本軍に軍事行動を停止し、武器を置くことが命令され、この命令が実行されたときにのみ、日本軍は降伏したとみなされる」と言明した(長谷川 2011b: 176)。

ソ連軍の攻撃続行を受け、八月一六日の夜中に、関東軍では幕僚会議が開かれた。会議では徹底抗戦論が圧倒的多数を占め、即時停戦論は皆無に近かったが、秦総参謀長と山田乙三総司令官が「天皇の命令に従う」とし、方針が定まった(草地 1967: 146–151)。

山田総司令官は、早速、新京のラジオを通じて、ワシレフスキー極東ソ連軍総司令官に対して、戦闘行動停止を申し入れた。さらに翌一七日、秦総参謀長をハルビンに派遣し、同地のソ連総領事館を介して、極東ソ連軍総司令官との停戦交渉を正式に申し入れさせた(林 1974: 275)。また同日深夜、満洲国最後の重臣会議が大栗子で開かれ、皇帝溥儀は自身の退位と満洲国の解散を承認し、満洲国は一三年余の短い歴史を閉じた。溥儀は日本への亡命を希望したが、一九日に奉天飛行場を離陸する寸前に、空輸によって進出したソ連軍部隊に捕らえられてチタに連れ去られた(中山 2000: 260)。

一八日、イワーノフ極東ソ連軍総参謀長は、「日本軍が実際に投降し、武装解除するまでは、日本からのいかなる休戦交渉の提案があってもこれに応じない」ように命じた。実際、この命令に従って、休戦交渉を提案するために白旗を掲げてソ連側にやってきた日本軍の使者を処刑した例が多くあった(長谷川 2011b: 181)。

八月一九日、ジャリコーヴォにおいて秦総参謀長とワシレフスキー司令官の会見がおこなわれたが、「実際にはソ連側の一方的な要求が伝えられただけで、関東軍の要望が受け入れられる余地はなかった」(加藤 2015: 317)。日本側の戦史では、こうしたソ連軍司令官との会見を「停戦交渉」、その結果成立した合意を「停戦協定」と表現するのが通例である。しかし、実際の「交渉」は無条件降伏を前提とした速やかな武装解除の実施要件の伝達に過ぎず、停戦協定とは降伏への同意あるいは文書への署名でしかなかった。それは、すでにポツダム宣言を受諾した日本の軍隊に対する要求として不条理なものではなかったが、日本軍諸将の矜持を踏みにじるものであった。

一方で、ソ連軍は粛々と占領地域を拡大していった。朝鮮北部における「軍需物資の搬出と焼却の防止、および工業その他の重要施設の破壊防止」のため、ソ連軍司令部は「八月一八日にはオテチン(漁大津)港へ、二一日には元山港に海軍陸戦隊を上陸させ、二四日には平壌と咸興に空中降下部隊を派遣した」(マリノフスキー 1968: 218–219)。日本が降伏文書に調印した九月二日までに、ソ連軍はこれらのほぼ全域を管理下に置くことに成功した。ソ連軍は日本軍将兵四万一一九九人を捕虜にとり、そのほか六〇万人超の将兵の降伏を受け入れた（キリチェンコ 2015: 404）。

## マニラ会談

終戦の詔勅以降もソ連軍との交戦は続いていたが、このとき大本営が懸念していたのは、国家と軍の行く末ばかりではなかった。特に高級将校たちは、降伏文書への調印者として汚名を残すことを避け、米軍の本土への進駐を少しでも遅らせようと必死であった。

八月一六日朝、アメリカは日本政府に向け、正式な降伏条件受理のため最高司令官まで使者を派遣するよう要請した。だが、「その任務は屈辱的なものであり、〔自決も辞さない覚悟で〕固辞する者が続出した」ため、随員の人選は難航した（江藤 1995: 62）。一七日、降伏条項への署名が任務に含まれないことを確認したうえで、河辺虎四郎参謀次長に全権が委任され、海軍からは横山一郎少将が首席随員となった。

河辺らは一九日一八時にマニラ飛行場に到着、会見が行われた。日本側は国内が混乱状態にあり、「気持ちの整理のために」一〇日の猶予を求めた。米軍側はやや譲歩して五日間の余裕を与え、二八日に先遣隊、三〇日に司令官が進駐すること、降伏文書への調印は八月三一日とすることを通告した。しかしながら、台風の接近により厚木飛行場が使用不能になり、調印は九月二日に延期された。この順延を、横山一郎は「戦争中一度も吹かなかった神風がやっと吹いた」と評し、喜びを隠さなかった。

このマニラ会談は、全権の資格を帯びた日本軍中枢と、連合国軍総司令部との、唯一の直接交渉であったが、この席上で「北方での戦闘終結」は議論されなかった。彼らは降伏という事態に動揺しているとはいえ、北方での友軍の苦闘を重視していなかった。彼らの関心は、自らの去就に直結する本土進駐や降伏文書への調印に向けられていた。

## 樺太・北千島における戦闘

八月一五日にマッカーサー元帥の名で出された一般命令第一号により、各地域における日本軍の降伏を受け入れるべき対象が定められた。だが、この命令ではクリル諸島には言及されていなかった。スターリンはソ連軍の担当地域に南サハリン・クリル諸島・北海道の北半分が含まれることを要求する修正を提案したが、北海道に関してはトルーマンが断固として拒否する姿勢を示した。スターリンは広大な満洲の支配権には興味を示さなかった反面、日露戦争の復讐を口実にして、南サハリンや(日露戦争とは無関係な)クリル諸島を要求した。これらは外洋航路の確保という意味で重要な戦略要地であった。「ソ連の対日参戦は、何より地政学的戦略的見地に導かれたもの」であり、「スターリンが参戦のために連合国に要求したすべてのことは、とにかく北東アジアにおけるソ連の安全保障強化の構想に合致していた」という指摘がある(クラフツェヴィチ 2015: 374)。

ソ連軍は樺太では想定外の苦戦を強いられた。八月一二日にソ連軍は樺太国境付近の古屯に進出し、西海岸の国境安別にも上陸を開始した。一三日には島民の緊急疎開がはじまり、一四日に国民義勇隊への動員が発令された。終戦の詔勅が出た一五日に古屯が陥落したものの、満洲と同様に、樺太でも恵須取・真岡・豊原といった主要市街地にソ連軍は進出できないでいた。

樺太におけるソ連軍の侵攻作戦は、むしろ一六日の恵須取・塔路への上陸から本格化した。二〇日には真岡への艦砲射撃とともに上陸作戦が決行され、市街地の半分以上が炎上するとともに、豊原へと続く要路である熊笹峠で激戦が展開した。二一日には落合が、二二日には豊原が空襲された。

ソ連軍にとって最大の誤算は、北千島であった。ここは一九三九年から要塞化が進められ、一九四五年八月の時点でも二万三〇〇〇名の兵力を有していた。八月一五日早朝、ソ連軍総司令部は北千島への強襲攻撃を決断し、カムチャツカ防衛区軍に現有兵力(約九〇〇〇)での攻撃命令を下した。同地の日本軍守備隊は、その強襲上陸を察知し、当初予定していた無抵抗の方針を急遽覆して水際での迎撃を決意した。双方ともに将兵の戦意が高く、一八日は激戦が展開された。しかし、日本側には大陸令第一三八二号（即時戦闘停止に関する命令）によって一八日一六時という停戦刻限を与えられており、ソ連軍はこれに乗じて島の要地を占領した（井澗 2011: 48–49）。

占守島での停戦交渉は翌一九日夕刻に行われた。ソ連軍の要求はここでも停戦即武装解除であり、日本側はソ連軍の提示した降伏に一旦は同意したものの、後に堤不夾貴司令官がこれを拒否した。それは第五方面軍（北海道・樺太・千島の部隊を統括する上級司令部）の指示によるものであった。第五方面軍は大本営より「局地停戦交渉」を認められていたが、この局地という文言から、「政府間での交渉が存在し、最終的にはこの交渉により事態を収拾するべき」と方面軍は考えていた。また、樺太・千島におけるソ連軍の作戦行動を「現地部隊による暴走行為」と誤解しており、安易に武装解除に応じるべきではないと判断していた（井澗 2011: 50–55）。だが、実際にはソ連との交渉は現地以外には存在せず、上述のように、北方諸部隊に大本営は関心を持っていなかった。こうした混乱により、樺太と千島での戦闘終結は遅れ（樺太は二二日、北千島は二三日）、この間、特に樺太では多くの民間人が戦闘に巻き込まれて命を落としていた。

## おわりに

日ソ戦争における両国を比較した場合、まず戦争を遂行する上での構想に大きな懸隔があったことを指摘しなければならない。ソ連軍の攻撃は、日本の敗北という好機を利用して、極東地域における自らの安全保障体制を確立しようとしたものであった。この侵略的軍事行動に対し、日本は有効な対抗策をほぼ講じられなかった。結実するはずもないソ連との講和斡旋に時日を費やし、彼らの攻撃準備に時を与えた。無条件降伏が寸前に迫っていたにもかかわらず、それを知らされなかった関東軍は当初の計画に則って満洲国の防衛を放棄し、ソ連軍の攻勢に全力で対処しなかった。終戦の詔勅以後の大本営も、降伏プロセスに忙殺され、米軍の本土進駐を目前に控え、ソ連の攻勢への関心を保てなかった。そのため、ソ連軍との苦闘を続ける関東軍と第五方面軍に対する命令や指示も適切さを欠き、特に「局地停戦交渉」という誤解の余地がありすぎる指示で混乱を助長していた。

その失策の背景には、敗戦を終戦と換言したように、降伏を受容しがたい心情があった。ゆえに、四五年五月以降は敗北が必至となり、すでに降伏プロセスの加速が必要な時期にもかかわらず、守るべきものが何かを明確にできぬままで、事態の先延ばしをはかった。その結果、降伏の成立までに、目標を達成せんとするソ連の強引な攻勢に時間的猶予を与え、いたずらに損失を拡大していた。かくして千載一遇の機会を活用したスターリンは、東アジアでの安全保障における優位を首尾よく手にした。日ソ戦争に関しては、その狡猾さを批判するだけでなく、結果的にその成功に加勢した日本側の過失を直視していくことで、今後もより有意義な歴史的教訓をつかむべきであろう。

## 文　献

井澗裕(二〇一一)「占守島・一九四五年八月」『境界研究』第二号。

稲田正次(一九五八)「終戦と天皇、重臣、政府及び軍部の演じた役割」日本外交学会編『太平洋戦争終結論』東京大学出版会。

江藤淳編(一九九五)『占領史録(上)』講談社学術文庫。

加藤聖文(二〇〇九)『「大日本帝国」崩壊——東アジアの一九四五年』中央公論新社。

加藤聖文(二〇一五)「ソ連の満洲進攻と日本人引揚」五百旗頭真・下斗米伸夫・A・V・トルクノフ・D・V・ストレリツォフ編『日ロ関係史　パラレル・ヒストリーの挑戦』東京大学出版会。

キリチェンコ、A・A(二〇一五)「一九四五年の満洲電撃戦と日本人捕虜」前掲五百旗頭ほか編『日ロ関係史』。

草地貞吾(一九六七)『その日、関東軍は——元関東軍参謀作戦班長の証言』宮川書房。

クラフツェヴィチ、A・I(二〇一五)「ヤルタ会談前後のソ米関係と日本」前掲五百旗頭ほか編『日ロ関係史』。

源田孝（二〇一二）「関特演とはなんだったのか」『歴史読本』編集部編『関東軍全史』新人物往来社文庫。

纐纈厚（二〇〇六）『「聖断」虚構と昭和天皇』新日本出版社。

コーシキン、アナトリー（二〇〇五）『大国の攻防――世界大戦における日ソ戦』佐藤利郎訳、大阪経済法科大学出版部。

スラヴィンスキー、ボリス（一九九九）『日ソ戦争への道――ノモンハンから千島占領まで』加藤幸廣訳、共同通信社。

戸部良一（二〇一五）「日本の対ソ政策――日ソ不侵略条約問題を中心として」前掲五百旗頭ほか編『日ロ関係史』。

中山隆志（二〇〇〇）『関東軍』講談社選書メチエ。

長谷川毅（二〇一一ａ）『暗闘――スターリン、トルーマンと日本降伏（上）』中公文庫。

長谷川毅（二〇一一ｂ）『暗闘――スターリン、トルーマンと日本降伏（下）』中公文庫。

波多野澄雄（一九八四）「日本の戦争計画におけるソ連要因（一九四一―一九四五）」『新防衛論集』第一二巻第二号。

波多野澄雄（二〇一五）「日ソ関係の展開――対米開戦から日ソ戦争まで」前掲五百旗頭ほか編『日ロ関係史』。

服部聡（二〇一二）『松岡外交――日米開戦をめぐる国内要因と国際関係』千倉書房。

林三郎（一九七四）『関東軍と極東ソ連軍――ある対ソ情報参謀の覚書』芙蓉書房。

林茂（一九五八）「対ソ工作の展開」日本外交学会編『太平洋戦争終結論』東京大学出版会。

ビックス、ハーバート（二〇〇五）『昭和天皇（下）』吉田裕監修、岡部牧夫・川島高峰・永井均訳、講談社学術文庫。

マリノフスキー、エル・ヤ（一九六八）『関東軍壊滅す――ソ連極東軍の戦略秘録』石黒寛訳、徳間書店。

山本智之（二〇一五）『「聖断」の終戦史』ＮＨＫ出版新書。

芳井研一（二〇一一）「関特演の実像」『環東アジア研究センター年報』（新潟大学）第六号。

吉見直人（二〇一三）『終戦史――なぜ決断できなかったのか』ＮＨＫ出版。

和田春樹（一九九五）「日ソ戦争」原暉之・外川継男編『講座　スラブの世界⑧　スラブと日本』弘文堂。

コラム……ｄ

# シベリア抑留と研究の現在

富田　武

**抑留とは何であったか**　シベリア抑留は、一九四五年八月九日のソ連による対日参戦の結果拘束された日本軍捕虜および文民抑留者約六〇万人がソ連各地ならびにモンゴルに移送され（八月二三日国家防衛委員会決定）、一年余りから一一年余りの間強制労働に就かされたことをいう。ソ連は参戦の日にポツダム宣言に加入したが、将兵の「武装解除後の家庭復帰」規定に反して長期にわたり抑留した点、捕虜の処遇においてジュネーヴ条約（一九二九年）にいう人権尊重を顧みず、非人道的に扱った点で、国際法に違反したことは明らかである。

ソ連が日本軍捕虜等を抑留したのは、すでに抑留していたドイツ軍および同盟国軍捕虜等と同じく、第二次世界大戦で二〇〇〇万人を超える死者を出していたため、戦後復興の労働力として使役したかったからである。ソ連はこれを「人的賠償」と位置づけたが、それは連合国の指導理念である大西洋憲章の「無賠償・無併合」原則に対する違反でもあった。しかし、アメリカ、イギリスがドイツ、日本との戦争を早く終わらせるためにソ連による領土取得と「人的賠償」を容認したことも事実である。

ここではソ連による日本軍捕虜等の処遇を簡潔に指摘する。収容所の住環境、衛生状態が劣悪で、給食も貧相なものにすぎないのに、慣れない重労働を強いられ、俗に言う「三重苦」（寒さ、飢え、重労働）にあえいだこと、最初の冬に死者約六万人の八割が死亡したこと、遺体はほとんど打ち捨てられ、埋葬地も多数が不明になり、未だ多くの遺骨が帰還していないこと、である。

シベリア抑留の悲劇性はこれにとどまらない。初期は旧軍の階級制度が維持され、上官の特権と暴力が横行したこと、やがて反軍闘争により階級制度が解体されると、ソ連の政治教育を受けた「民主運動」アクチヴが「反動分子」吊し上げに躍起となったこと、つまり日本人捕虜同士の争いがあった点である。さらに、パンの一切れをめぐる生存競争が捕虜を、他人を蹴落としてでも自分だけ生き残ろうとする「餓鬼道」に陥れたこと、これが戦場で、収容所で自分が生き残ったという「負い目」とないまぜになって、帰国後もトラウマとなって捕虜を苦しめ続けた点である。

**実態解明はなぜ遅れたか**　シベリア抑留の実態は帰還した体験者が語り、書くことによって、少しずつ明らかになりつつあったが、折からの米ソ冷戦が解明を妨げた。「民主運動」アクチヴがスターリンとソ連を賞賛し、抑留に感謝さえ表明する一方、旧将校・下士官が収容所「地獄」を呪い、スターリンとソ連を憎悪するイデオロギー対立である。

米国主導の戦後日本再建コースが進むと、当時の日本共産党の武装闘争と分裂により、同党寄りの主張は影を潜めた。

しかし、両派の争いは一九七九年「全国抑留者補償協議会（全抑協）」結成後も形を変えて再燃した。一九五六年の日ソ共同宣言で相互に放棄した請求権に含まれる日本人捕虜の労働に対する賃金支払いを日本政府に肩代わりさせようとする社会党・共産党系と、これに反対する自民党系との対立である（全抑協も分裂）。若槻泰雄による最初の研究書『シベリア捕虜収容所』（七九年）は、厚生省文書と帰還者からの聴き取り、回想記に依存したもので、反ソ色が濃厚なうえ、叙述の多くを「民主運動」非難に費やしていた。

ようやくソ連でペレストロイカと「歴史の見直し」が始まり、外国人捕虜に対する非人道的な扱いがスターリンによる自国民に対する政治的弾圧に続いて取り上げられた。衝撃的だったのは、東洋学研究所のキリチェンコが一九九〇年六月に『文藝春秋』誌で、対日参戦も抑留も「非は我がソ連にあり」と公然と認めたことである。ソ連崩壊後のロシアでは公文書がかなり機密解除され、カルポフ、クズネツォフ、カタソノワらによる学術書が次々と公刊された。

だが残念ながら、右キリチェンコ論文や同じ月の初の日ソ抑留シンポジウムにもかかわらず、日本人の研究はこれに続かなかった。ゴルバチョフによる死者名簿の持参（九一年）、エリツィンによる抑留「謝罪」（九三年）があっても、である。全抑協両団体の対立が続いて学者が躊躇したことが大きいが、長いこと機密のベールに包まれたソ連史および日ソ関係史の公文書に基づく検討から着手し、しかる後に抑留研究に進むという手順の問題もあった。

二〇〇七年の抑留体験者、村山常雄による抑留死亡者名簿の作成は、研究者も頭が下がる仕事であり、根本的な反省を迫る出来事だった。二〇一〇年「シベリア強制抑留者に係る特別措置法」成立半年後にようやく、抑留体験者と遺族家族、ジャーナリスト、研究者からなる「シベリア抑留研究会」が発足した。二〇一三年、長勢了治『シベリア抑留全史』、富田武『シベリア抑留者たちの戦後』が刊行され、日本人による研究の到達点を示すものとなった。

**抑留研究の現状と課題**　抑留研究は当初の主としてソ連抑留、軍人軍属中心の研究から、南樺太、北朝鮮、旅順大連地区の民間人抑留の研究、ドイツ軍等のソ連捕虜との比較研究、さらには帰還後の運動および生活の研究、方法として公文書中心からオーラル・ヒストリーや絵画・音楽・文学等を素材とする研究へと広がりつつある。「被害者」日本人をテーマとするものから、「加害者」性を問う日本軍朝鮮人・台湾人兵士の抑留研究、さらには日本人による最大のソ連体験、異文化接触としての抑留の考察（勤勉な日本人、「民族差別のない」ソ連等の発見）に進みつつあることも指摘したい。

# 10　ソ連による東欧「解放」と「人民民主主義」

吉岡　潤

## はじめに

第二次世界大戦後、世界はソ連とアメリカとがそれぞれの陣営を形成して対峙する冷戦の時代を迎えた。その構図が固まっていく過程は、それまでソ連とモンゴルの二国にしか存在しなかった社会主義という体制、ひいては文明が、ソ連の外へと大きく拡張していく過程でもあった。社会主義という体制が、またソ連という文明が拡張する第一波として位置づけうるのが、東欧諸国である。東欧諸国では、第二次世界大戦終結前後から約四五年間、ソ連の影響下で社会主義体制が続くことになる。これを四五年間しかもたなかったと見るか、それとも四五年間ももったと見るか、その評価は、ソ連という文明の生命力の評価とも重なるだろう。本章では、ソ連の影響力がソ連という一国を越えてどのように広がっていったのか、東欧諸国が冷戦構造下のいわゆる「ソ連・東欧圏」に包摂されていく過程を見る。

第二次世界大戦を経て、東欧諸国では「人民民主主義」を標榜し、社会主義への移行を進める政権が成立した。そこではソ連型の社会主義がそのまま踏襲されたわけではなく、政治的には複数政党制、経済的には私企業や個人農の活動余地を残す混合経済が特徴とされた。人民民主主義という用語は、当初は「新しいタイプの民主主義」などと並んで新政権の特徴を表すことばの一つだったが、やがてソ連とは異なる経路で社会主義への到達を可能にする体制という、積極的な意味を付与されるようになる。しかし、東欧諸国でスターリン主義的な統治体制が確立した一九四八年前後を境として、人民民主主義はソヴィエト体制と並ぶプロレタリア独裁の一形態であるとの定式化がなされ、ソ連型社会主義への実質的な同化を促す理論的位置づけを与えられるに至った。

このような曲折を経た人民民主主義理解であるが、「社会主義への多様な道」が高らかに唱道されていた一九四八年の転換以前のあり方は、かつて日本でもスターリン主義へと「歪まない」社会主義の可能性を持った体制と肯定的に評価され、戦後社会主義体制をとった国それぞれの独自性が強調された(百瀬 1979; 藤田 1979; 南塚 1990)。これは、スターリン主義への移行をいわば質的転換と捉え、それ以前のあり方に独自の価値を見出そうとした立場である。一方で、一九九〇年代以降、体制転換後の史料公開を受け、各国の社会主義化の過程で共産党がソ連の助力を得ながら国民を抑圧していた実態の解明が進むと、一九四八年の変化についても、戦後政権が発足以来備えていた暴力的性質を全面的にあらわにした、いわば量的なものと捉える傾向が支配的となった。

また、本章が見る時期は、冷戦の起源という観点から着目されてきた時期でもある。アメリカをはじめとする西側において、いかにして冷戦が始まり、いかにして東欧諸国がソ連・東欧圏へと包摂されたのかとの問いに、攻撃的なソ連が見せた地政学的・イデオロギー的膨張主義傾向に原因を帰したのが正統主義学派である。これに対し、アメリカ資本主義の帝国主義的傾向に冷戦の起源を求め、ソ連・東欧圏の形成をソ連の防御的反応とみなしたのが修正主義学派であった。一九七〇年代以降、各国で史料公開が進み、冷戦初期の実態により接近しうるようになると、冷戦開始の責任論に終始した従来の研究状況を批判するポスト修正主義学派が研究をリードするようになる。ポスト修正主義学派は、第二世界大戦終結に際して生じた力の真空を前に、いわゆる安全保障のジレンマ状況に陥った米ソの角逐として冷戦が始まる過程を読み解いた(Gaddis 1972; Lundestad 1978; Mastny 1979; Rothschild 1993)。

人民民主主義論にせよ、冷戦起源論にせよ、議論を分かつのは、結果として成立するソ連・東欧圏という秩序を、ソ連が第二次世界大戦中もしくはそれ以前から意図していたのかどうか、その青写真の有無をめぐる評価である。すなわち、正統主義学派はソ連による東欧支配と共産化という青写真を想定し、したがって人民民主主義に固有の価値は認めない。それに対して、修正主義学派とポスト修正主義学派は青写真の存在には否定的である。特にポスト修正主義学派は、ソ連は第二次世界大戦中から戦後初期にかけては「東欧」としての一体的把握をしていたわけではなく、安全保障要求の度合いに応じた各国個別の政策追求をしていたと見る。ソ連・東欧圏の形成は、ソ連が各時点で直面した目前の状況への対応を積み重ねた結果だというのである。その場合、ソ連・東欧圏に包摂されるそれぞれの国にとっては、独自性の余地を残していたそれ以前の時期には固有の価値があるということになる。

ソ連崩壊後の史料公開を受けて進展した諸研究は、ポスト修正主義学派の見解をある程度追認することとなった(Zubok and Pleshakov 1996; Mastny 1996; Gori and Pons 1996; Naimark and Gibianskii 1997)。一方で、スターリンの世界観が政策形成に与えた影響の解明も進み、イデオロギー的要因の大きさを再評価する、正統主義学派の議論にいわば先祖返りする傾向も強まっているように見うけられる(Gaddis 1997; Gellately 2013)。

では、実際の過程とはどのようなものだったのか。本章では第二次世界大戦中から戦後初期にかけてのソ連・東欧圏の形成過程を改めて跡づけ、その形成のされ方が東欧諸国にとって、ひいてはソ連にとっていかなる意味を持つことになったのか論じてみたい。本章が示そうとする結論をあらかじめ述べておくならば、次のようになる。すなわち、修正主義学派やポスト修正主義学派が主張したのとは異なり、ソ連は戦後秩序に関する「青写真」を持っていた。ただし、その青写真は正統主義学派が想定したようなものではなく、しかもそれは実現しなかった、というものである。その場合、ソ連・東欧圏の成立は、第二次世界大戦中にソ連が抱いた構想が実現しなかった結果だということになるだろう。

以下ではまず、ソ連が戦時中に描いていた青写真がどのようなものだったのか、検討する。それは「国民戦線」戦略と名づけうる、必ずしも東欧地域に範囲を限らない、より包括的で普遍的な戦後秩序構想だった。東欧はこの構想を実現させるための最初の実験場となるのだが、やがて構想は行き詰ることになる。その過程をたどった後に、結果としてソ連・東欧圏の形成へとたどり着く様子を描いてみたい。

## 一　ソ連の戦後構想と国民戦線戦略

### ソ連の安全保障観

スターリン時代のソ連は、ソ連を取り巻く国際環境に加え、指導者スターリンの個性も相まって、ひときわ安全保障に敏感な国家となっていた。スターリンが指導する外交は、集団安全保障体制への積極的姿勢を見せた時期、独ソ不可侵条約により世界大戦の局外に立った時期、独ソ戦の勃発に伴い英米と戦時大同盟を組んだ時期、アメリカと対峙した戦後の冷戦期と、対外関係における仮想敵や提携相手を目まぐるしく変えていったが、世界においてソ連がもっとも安全な位置を占めるべく最適と思われる選択をするという点では一貫していたと言える。ソ連がどのような国を好ましい提携相手として捉え、どうなれば敵対したのか。それを読み解く鍵概念となるのが、「領土」と「勢力圏」である。

国際協調が破綻し開戦の危機が迫る一九三九年から独ソ戦が勃発する一九四一年にかけての時期は、ソ連とナチス・ドイツの提携という、ある種例外的な異常事態と解釈されがちであるが、実は領土と勢力圏を軸とするソ連の安全保障観を分析するのに示唆的な時期である。まず、生々しい国家理性的発想の発露として、一九三九年八月二三日締結の独ソ不可侵条約に付帯された秘密議定書には、具体的地名を挙げて独ソ両国の勢力範囲が設定された。このときソ連の勢力範囲として設定された地域は、大戦勃発後のポーランド、リトアニア方面の詳細に関する再設定を経て、その大部分が一九四〇年八月までにソ連の領土となる。安全保障のための領土獲得と、領土を安全に保つための勢力圏の設定というソ連の発想に、このとき理解を示したのがナチス・ドイツだったのである。

一九四一年六月二二日に勃発した独ソ戦により、ソ連はそれまでの政策の転換を余儀なくされ、英米との戦時同盟関係の構築へと向かうが、領土と勢力圏の確保は変わらずソ連外交の軸であり続けた。そのことは、例えば一九四一年一二月にモスクワを訪問したイギリス外相のアンソニー・イーデンとスターリンとの会談記録に顕著に見て取れる。このとき、ソ連にとってきわめて不利な戦況だったにもかかわらず、スターリンは獲得領土の承認をイーデンに迫った。また、ソ連がルーマニアなどに、イギリスがオランダやベルギーなどに軍事基地を置くことへの相互承認を持ちかけるという場面もあった(Ржешевский 1994)。スターリンは勢力圏設定の交渉相手として、今度はイギリスを選んだとも見ることができる。実際、イギリス首相のチャーチルとは、約三年後の一九四四年一〇月に、バルカン半島の勢力範囲の設定をめぐり「百分率協定」と通称される密約を交わすことになる。

## ソ連の政策転換と国民戦線戦略

独ソ戦勃発後の政策転換においてソ連が念頭においていたのは、独ソ戦以前に獲得した領土を確保すること、ソ連に敵対する地域連携を阻止すること、共産主義者の活動を活発化させることの三点に要約できる。

まず、対外関係の再構築を図り、ドイツを共通の敵とする反ファシズム連合の形成が目指された。ソ連は英米との連携強化はもとより、ドイツによって占領された国々との関係構築にも取り組む姿勢を見せた。それまでイギリス帝国主義の手先と位置づけていたチェコスロヴァキア亡命政府の大統領エドヴァルト・ベネシュとの関係構築を示唆したり(Коминтерн 1998: 94)、ポーランドの国家再興を支持する発言をするようになったこと(Dokumenty, VII 1973: 221)が例として挙げられる。後者の動きは、一九四一年七月三〇日にロンドンで締結された協定による、ポーランド亡命政府との外交関係樹立に結実する。

また、反ファシズム連合の形成に各国の共産主義者を積極的に関わらせることも構想された。独ソ戦勃発と同じ日に、コミンテルン執行委員会のゲオルギ・ディミトロフは、開戦後の新しい状況下での共産主義者の任務について発言している。ディミトロフはファシズムに対抗するための国民解放闘争の組織を訴えたが、注目すべきは、資本主義の転覆や世界革命を呼びかけはしないとした点である。また、国民解放闘争の側に立つプチ・ブルジョアジー、インテリゲンツィア、農民を排除すべきではないと訴えた(Коминтерн 1998: 94-95)。

ディミトロフによって表明された国民解放闘争への結集の呼びかけは、ソ連外務人民委員のヴャチェスラフ・モロトフとの協議を経て、七月七日付の各国共産主義者への指示において「国民戦線(национальный фронт)」として定式化された。そこでは、統一された国民戦線の組織、そのためのファシスト・ドイツとの戦いに参加するすべての勢力との接触が指示されていた。国民戦線は民主主義と独立の擁護を掲げ、共産主義者は国民戦線におけるヘゲモニーにこだわってはならないとまでされていたことは強調しておいてよい(Коминтерн 1998: 114)。

国民戦線は、同じくディミトロフによって定式化されたかつての人民戦線(народный фронт)との連続性を意識しつつ、ナショナリズムの積極的側面を評価すること、農地改革や混合経済の導入など、より穏健な社会改革を提示すること、プロレタリア独裁を否定し議会制や複数政党制といった「ブルジョア民主主義」を尊重することを内容としていた。コミンテルンとソ連はこうした幅広い連携を通じて共産党の影響力を強化し、同時に西側の警戒心を解こうとする、野心と協調の同時追求をしようとしていたのである(Mark 2001)。

### ソ連の戦後構想

国民戦線戦略を含むソ連の戦後構想が文書として現れるようになるのは、スターリングラードの戦いを契機に戦局がソ連に有利に逆転する一九四三年以降のことである。同年九月以降、外務人民委員部内に複数の委員会が設置され、戦後構想が練られていった。これらのうち、もっとも包括的かつ網羅的に戦後構想を描いたのが、一九四四年一月一一日にモロトフに上申された前駐英大使イヴァン・マイスキーの覚書である(Советский фактор 1999: 23–48)。この中でマイスキーは、ソ連の最優先課題は平和の構築であると主張した。戦後復興に少なくとも一〇年、ましてやヨーロッパの社会主義化には三〇年から五〇年かかるとするマイスキーは、その間、他国にソ連攻撃の意図を持たせないよう、ソ連が強さを獲得することが重要だと考えた。また、同時に、経済と安全保障の両面から英米との関係安定化も訴えている。ここには、他国を制圧したり、英米と事を構えてまで革命を広げたり共産化を強行したりしようという展望は見当たらない。

その他、マイスキーの構想では、領土問題では獲得領土の確保を前提に、さらに日本からの領土獲得が展望されている。安全保障問題ではフィンランドやルーマニア、トルコの海峡地帯に軍事基地を設置することが求められていた。具体的なヨーロッパ地域構想としては、ドイツを徹底的に弱体化させること、フランスの軍事大国としての復活を阻止すること、強力なチェコスロヴァキアを望むがポーランドは縮小させることなど、各国別に具体的かつ詳細な計画が立てられている。さらに、各国に人民戦線に基づく政府[1]が樹立されることが望ましいとされ、場合によっては圧力をかけてでも実現すべきとしていた。マイスキーはそうした圧力が必要な国としてドイツ、イタリア、日本、ハンガリー、ルーマニア、フィンランド、ブルガリア、ポーランド、ユーゴスラヴィア、ギリシア、アルバニアを挙げた。興味深いのは、圧力の行使に際して英米との合意を前提としていた点である。共産党を通じたソ連の影響力拡大という野心的構想の実現には、英米との協調が不可欠だとしていたのだ。国民戦線戦略は、野心と協調との交点に位置する、ソ連の戦後構想の要であった[2]。

## 二　国民戦線戦略の展開と行き詰まり

### 国民戦線戦略とポーランド

前節でみたように、国民戦線戦略はソ連の戦後構想の要であった。国民戦線政府は、ソ連に隣接した国々に限らず、フランスやイタリアなど西欧諸国にも、あるいはヨーロッパ外にも適用しうるものとされ、そして適用するのが望ましいとされていた。そうした中、赤軍がまず東欧を解放するという軍事的展開により、東欧が国民戦線戦略の最初の実践の場となった。

ソ連にとって、国民戦線戦略のモデルケースとでもいうべき事例を提供したのがチェコスロヴァキアである。チェコスロヴァキア亡命政府大統領のベネシュは、反ソ姿勢を強めるポーランド亡命政府と対照的に、ソ連との建設的な関係の構築を模索していた。ベネシュは一九四三年一二月一一日にモスクワを訪れてスターリンと会談し、翌一二日に「ソ連・チェコスロヴァキア友好相互援助戦時協力条約」に調印した。この条約は戦中戦後の相互援助と内政不干渉を謳い、締結相手国を仮想敵とする同盟・連合への不参加を約束していた(林 1992: 143-144)。

ソ連にしてみれば、ベネシュという人物は、ソ連に友好的な政府を代表する、「対話可能な」非共産主義者のモデルであった。こうした人物と共産党員とがともに入閣し、連立政権を形成することこそが、国民戦線政府を実現することに他ならなかった。実際に、終戦直前の一九四五年四月にベネシュ率いるチェコスロヴァキア亡命政府が帰国を果たし、共産党を含む「国民戦線政府」を樹立することになる。

チェコスロヴァキアが国民戦線戦略のモデルケースだったとすれば、ポーランドは国民戦線戦略の最初のテストケースだった。それも、ソ連にとってきわめて難度の高いテストであった。チェコスロヴァキアでは共産党は戦前から合法政党として政界で存在感を示していたのに対して、ポーランドでは共産党は国民から孤立した非合法政党にとどまり、共産党を含む連立政権を形成する条件を著しく欠いていた。また、第二次世界大戦の緒戦でソ連は独ソ不可侵条約を背景にポーランドに侵攻し、その東部領をソ連領土に加えていた。ポーランド人からすれば、ドイツと戦っている背後を急襲し領土を奪ったソ連はドイツと同等の占領者であり、共産主義者はそのソ連の手先なのであった。

独ソ戦の勃発は、このソ連がポーランドと同じくドイツを敵国とする側に立つという、複雑な状況を生むことになる。前述の通り、コミンテルンは各国の共産主義者に国民戦線の形成を指示し、それはポーランドの共産主義者も例外ではなかった。一九四二年初頭以降、新たに「ポーランド労働者党」として結集し始めた共産主義者[3]は、コミンテルンの指示のもと、「裏切り者・敗北主義者なき国民戦線」の構築を提唱していた(PPR 1984: 51-55; 広瀬 1993: 86-88)。また、革命の主張を極力抑え、「共産党」の名称まで避けたものの[4]、右のような事情を抱えるポーランドでは、共産主義者がコミンテルンの指示通りに活動できる余地は他のどの国よりも少なかったと言える。

実際、ポーランド労働者党の国民戦線樹立のための活動は困難をきわめ、労働者党は孤立状況を打開できなかった。この状況下で、一九四四年一月一日、ポーランド国内の共産主義者は「ポーランド国民の事実上の政治代表機関」を名乗る組織「全国国民評議会」を立ち上げる。これは、「幅広い国民戦線」の構築を事実上放棄し、戦線の幅を狭めてでも権力機関の発足に踏み切る行為だったが、モスクワの同意を得ない独断行動だった。スターリンは、このポーランド国内で立ち上がった組織の基盤の狭さを批判した。

確かにスターリンは慎重だった。赤軍がいよいよポーランドに迫ろうという中にあっても、スターリンは英米の了解を得るべく、ぎりぎりまでポーランド戦後政権に関する選択の幅を持とうとしていた。例えばスターリンは、一九四三年一二月の前述のベネシュとの会談で、断交状態にあった亡命政府内の「対話可能な」ポーランド人について探りを入れているし(Mastny 1972: 376-380)、翌年四月には、共産主義者ではないが亡命政府とも一定の距離をおく米国在住のポーランド人社会主義経済学者オスカル・ランゲとの接触を試み、共産主義者を含む連立政権樹立の可能性を探っている。この場合、ポーランド亡命政府首相のスタニスワフ・ミコワイチクが亡命政府を離脱し、新連立政権に合流するというシナリオが描かれた（Восточная Европа 1997: 25; 吉岡 2005: 4-5）。ソ連はミコワイチクとの合意形成に関心を示し、五月から六月にかけて亡命政府と秘密交渉を行ったが、結局領土問題で譲らない亡命政府に見切りをつけ、交渉を打ち切った。赤軍がポーランドに向けて大攻勢を開始したのは、その直後のことである。

七月に入り、スターリンは、戦後国境線として要求するカーゾン線に赤軍が迫るという状況下、カーゾン線以西の解放地域にポーランド人による行政機関を設立する決断を下す。そして七月二一日、モスクワにて、臨時執行機関としての「ポーランド国民解放委員会」が共産主義者を実質的な中核として樹立された。一方で、スターリンがポーランド人側の要求を退けて臨時政府を名乗らせず、また共産主義者を委員会構成の一五人中四人に抑えたことは、スターリンが英米への印象を気遣い、なおも国民戦線戦略に沿った交渉の余地を残そうとしていたことを示している。

こうして、戦後ポーランドの政権は、赤軍が作り出した有利な軍事情勢のもと、実質的に共産主義者が中枢を占めながらも、国民戦線戦略が求める連立政権としての体裁をもって成立した。共産党を含む連立政権の樹立がもっとも困難だったポーランドが、ソ連の国民戦線戦略の最初の実験場になったのは皮肉なことであった。

### 国民戦線戦略の展開と行き詰まり

一九四四年後半から一九四五年五月の終戦までに、ソ連はポーランド、ルーマニア、ハンガリー、ブルガリア、チェコスロヴァキア、ドイツ、オーストリアに軍を進め、国民戦線戦略に基づいて戦後体制を築き始める。その展開は一様ではなく、国による相違があった。

ではこのとき、ソ連はこれらの地域を、ひいてはヨーロッパをどのように見ていたのか。旧枢軸国か否か、隣接国か否か、大国か否かなど様々な分類基準がある中、ソ連はヨーロッパを安全保障観に基づく戦略的な重要性で分類していたとする観測がある。それによると、第一が西欧・ギリシアからなる非共産地域、第二がドイツ東部・ポーランド・ルーマニア・ブルガリアからなる戦略的重要地域、そして第三が残りのユーゴスラヴィア・オーストリア・ハンガリー・チェコスロヴァキア・フィンランドなどからなる中間地域となる(Gati 1994: 177)。第一の国々はソ連から地理的にも遠い西欧諸国で、ソ連にとって地政学上の重要性はなく、いわば手出しできないと見なしていた地域である。ここにギリシアが含まれていることは、一九四四年一〇月にチャーチルと交わした「百分率協定」のことを考えれば納得がいく。第二の戦略的に重要とされた国々は、戦後初期においてソ連が賠償取り立て先として最重要視していたドイツおよびドイツへの直接経路上に位置するポーランドと、かねがねソ連が基地設置を要求していた黒海沿岸諸国である。

この戦略的重要性を基準とした分類に、国民戦線戦略の実際を重ね合わせてみると興味深い事実が得られる。つまり、第三の中間地域では比較的連立が機能し、共産党による力の支配があからさまには展開していないのである(羽場 2016: 40-45)。チェコスロヴァキアでは前述のようにソ連との了解に基づいて国民戦線政府が樹立され、駐留した赤軍も一九四五年内に撤退した。また翌年五月の総選挙では共産党が第一党の地位を占め、大統領がベネシュ、首相が共産党のクレメント・ゴットヴァルトという、国民戦線戦略のモデルケース的存在となった。ハンガリーでは、一九四五年一一月に行われた総選挙で、共産党は単独過半数を獲得した独立小農業者党に得票率で四〇%もの差を開けられるという結果を許していた。

これに対して、第二の戦略的重要地域では、いずれも共産党による力の支配が顕著であり、早い段階で連立が機能不全に陥っていく。前述の形で成立したポーランド戦後政権では、政権内でヘゲモニーを握る労働者党が警察や治安機関、軍を掌握し、ソ連の助力のもと反対派のみならず、連立与党であっても自立志向を見せるや弾圧を加えていった(吉岡 2005)。またポーランド側からソ連に駐留部隊の撤退延期を要請までしている(НКВД 1994: 292)。

一九四四年八月に親独政権を倒すクーデタで「国民民主ブロック」政府が成立していたルーマニアでは、ソ連の占領管理下であっても王政の存続が許されるなどしていたが、翌年三月になるとソ連が親西欧派政権の退陣を強要し、あからさまな圧力の下、共産党主導の「連立」政権へと改編された(上垣 1995: 22-39)。ブルガリアでも同様に、一九四四年九月のクーデタで左派諸党派からなる「祖国戦線」が政権を掌握していたが、翌年八月になると祖国戦線内の対立が激化し、一一月には労働者党(共産党)主導の「連立」政府に改編された。

このようにポーランド、ルーマニア、ブルガリアの三国では、連立を機能させるはずの複数政党制が早い段階で形骸化し、選挙もいわゆる干渉選挙により共産党もしくは共産党主導の与党ブロックが「圧勝」するという、共通した権力強化過程をたどった。こうした連立の形骸化と共産党への権力集中は、次節で述べる事情からソ連にとっての戦略的重要性が増したハンガリーなど、中間地域にも波及していくことになる。

国民戦線戦略においては、各国の個性と固有の歴史的背景が重視され、政治的にも経済的にも、また思想的にも多様性が是認された。そして、そうしたあり方は「人民民主主義」と称揚されもしていた。しかし、ポーランドのように、共産党を含む連携が成立する条件が整わない状態で国民戦線戦略が実行され、さらにソ連がその国を戦略的に重視していると、多くの場合共産党支配が強化されて連立は形骸化し、国民戦線戦略は行き詰まりを見せることになる。ソ連にとって戦後初期とは、戦時大同盟を前提とする第二次世界大戦期の行動様式から、米英との対立を前提とする冷戦期の行動様式への転換が迫られる中、国民戦線戦略が行き詰まりながらも踏み込むべき代替戦略が未だにはっきりとしない、もどかしい時期だったと言うことができよう。

戦後初期に各国で共産党の支配力が強化された過程は、ソ連・東欧圏の成立過程の一局面であることには違いないが、それは実のところ、国民戦線戦略という一つの秩序構想が崩壊していく過程であった。では、冷戦下のソ連・東欧圏という秩序が実際に出来上がるにはどのような形成のベクトルが働いたのか、次節以降で検討したい。

## 三　ソ連による東欧経済の掌握

### 戦後初期ソ連にとってのドイツ

前節では、戦後初期の東欧諸国で見られた共産党の支配力強化を、ソ連の大戦中の秩序構想の行き詰まりが現象化したものと捉えてみた。ソ連は、戦後の現実を第二次世界大戦期の大同盟的思考回路で理解し行動指針を立てることの困難さを実感するようになったに違いない。では、ソ連は冷戦的思考回路にいつ、どのようにして到達したのか。その転換を説明する一つの鍵として、ソ連を取り巻く経済状況を見てみたい。

ソ連は第二次世界大戦を著しい経済的疲弊とともに終えた。ソ連は戦後の復興に向けてアメリカ経済に期待を寄せたようである。例えば一九四四年二月に、ソ連は二五年間一〇億ドルの信用供与をアメリカに打診した。このときは一六年目以降に年利〇・五％で返済を開始するという条件がソ連に有利すぎるとして交渉は具体化しなかったが(FRUS, 1944: 1041–1042)、この時点ではアメリカにもソ連との関係を深めることに対する積極的意見が存在していた(Paterson 1973: 36–37)。翌一九四五年一月にも、ソ連は三〇年間六〇億ドルの信用供与を、一〇年目以降に年利二・五％で返済し始めるという条件で改めて要請したが(FRUS, 1945: 942–943)、このときはすでに、東欧でのソ連の振る舞いに反発を強めたアメリカ議会が対ソ支援に消極的になっていた。さらに同年八月にもソ連は一〇億ドル規模の信用供与を要請したものの(FRUS, 1945: 1034–1036)、ヤルタとポツダムの両会談を経て東欧の情勢が固まりつつあったこの時期、アメリカ側はこの要請に対し明確に否定的となり、やがてソ連に対しヤルタ合意の履行などの政治的条件をつきつけるようになった(Paterson 1973: 49)。

これらの逸話は、ソ連が一九四五年八月に至ってもなお、戦時大同盟の思考回路を保ち続けていたことを窺わせる。ここで今一度、前述のマイスキー覚書を想起したい。そこでは、領土を通じてであれ、勢力圏を通じてであれ、ソ連の安全保障の実現には英米との協調、すなわち大同盟の維持が必要との認識が示されていた。東欧で共産党権力を強化させつつ、同時にアメリカに協力を要請することは、ソ連としては特に矛盾した行動ではなかったのではなかろうか。

しかし、アメリカがソ連への経済援助を拒否するようになったことで、ソ連のアメリカ経済への期待は消失することになる。戦後復興を何よりも重要視していたソ連にとって、残された手段は敗戦国ドイツからの賠償取り立てと、共産党を通じて影響力を行使できるようになった東欧諸国の経済的利用だった。特にドイツからの賠償へのソ連のこだわりは、ポツダム会談以降の外相会議で再三対立の火種となり、米ソの離間を促した(岩田 1992)。そしてその離間が両国を冷戦的思考回路へと向かわせ、さらに離間を促進することになる。

## 東欧経済の従属化

戦後復興の観点から、ソ連が影響下に置いた東欧諸国の経済をも掌握する必要に迫られたことは、国民戦線戦略の展開にも少なからぬ影響を与えた。ここでは敗戦国としてソ連の占領管理下に入ったハンガリーと、戦勝国扱いながらソ連に従属を強いられたポーランドを例に、ソ連が東欧諸国の経済を従属化させていった過程を見てみたい。

ハンガリー経済は、おもに赤軍による徴発、賠償の取り立て、旧ドイツ資産の接収、ソ連との二国間通商協定を通じて搾取された(Borhi 2002)。まず、赤軍がハンガリーに進駐する過程で工場施設などが解体されソ連へと搬出された。終戦後は、ソ連は賠償の形でハンガリー経済を利用できた。ソ連はハンガリーの意に反して鉱工業中心の賠償取り立てをし、現地の経済状態に関係なく恣意的な価格設定をするなど、最大限の利益を得ようとした。ソ連はまた、ポツダム会談で獲得した、占領国・地域に存在するドイツ資産への請求権を拡大解釈することで、ハンガリーの基幹産業施設を接収していった。

さらにソ連は、ハンガリーとの二国間で数次にわたって通商協定を結ぶことでソ連に有利な経済関係へと誘導し、ハンガリー経済におけるソ連の占有率を政策的に高めていった。特に資源をソ連に依存させるような項目を含む通商協定が結ばれた。こうして一九四六年にはハンガリーが輸入した鉄鉱石、コークス、木炭などに占めるソ連産の割合が飛躍的に高まった。また、鉱工業や輸送部門を中心にハンガリーとソ連とが五〇％ずつの折半所有をする合弁企業をつくり、講和条約締結後にハンガリーが主権を回復してからもソ連がハンガリー経済に介入しうる条件を整えた。

前節で見たように、ハンガリーでは自由選挙が行われ、共産党が第一党の地位を占めない連立政権が成立していたが、ソ連は戦後復興への経済利用という観点から従来の戦略的分類を改めたのであろう。ポーランドやルーマニアと同様に、ハンガリーでも共産党権力の強化と連立の形骸化が進行することになる。経済的従属が政治的従属を必然としたのだった。

次にポーランド経済のソ連従属化の過程を見てみよう。ソ連は、ポーランドの地を解放するとただちに行政権をポーランド側に引き渡し、占領という印象を与えることを避けようとした。しかし、戦時の最高権力は赤軍最高司令官、すなわちスターリンが行使するとされ、恣意的に設定できる「作戦区域」での司法権もソ連側に留保されていた。

こうした状況で、終戦前から終戦直後にかけてポーランドとソ連との経済関係において争点化したのは、ドイツ資産の搬出問題であった。ソ連はベルリンへの進軍の過程で、戦後にポーランドへ割譲されることになるドイツ領を含むポーランド領から、ドイツ人の資産を精力的に搬出し、ポーランド側から主権の侵害だとして度重なる抗議を受けた。この問題に一応の決着をつけたのが、一九四五年八月一六日に締結された協定である。この協定において、ソ連はポーランド領内の旧ドイツ資産に関する請求権を放棄し、ドイツから得た賠償の一五％をポーランドに供給することになったが、その引き換えとして、ドイツの占領が続く間はポーランドが石炭を廉価でソ連に供給することが決まった(Dokumenty, VIII 1974: 582-583)。

ハンガリーとは異なり戦勝国扱いだったポーランドとソ連が結ぶ通商協定は、主権国家どうしの協定という外見を取りつつも、実質的には不平等な内容だった。先に挙げた石炭廉売の取り決めの他に、ソ連とドイツのソ連占領区との間の輸送運賃や郵便料金、航空運賃の免除規定などが例として挙げられる。ソ連はポーランド経済をドイツの占領・賠償政策と連結させる形で位置づけていたと言える。いずれにせよ、ポーランドには、ソ連の安全を脅かす可能性のない政権が望まれただけでなく、ソ連の経済政策の円滑運用を妨げない政権が望まれるようにもなっていた。ハンガリーでは経済的従属化が共産党支配の強化と政治的従属化をもたらしたのだとすれば、ポーランドではすでに進行していた政治的従属化が経済的従属化を加速化したと言えよう(5)。

以上、ハンガリーとポーランドの経済がソ連と結びつけられていく過程を見たが、同様の過程はルーマニアやブルガリアでも観察しうる(Bartoszewicz 1999: 292-304)。こうして、ソ連が戦時中に描いた政治秩序構想としての国民戦線戦略が行き詰まりを見せた一九四六年には、他方で、ソ連・東欧経済圏と言いうるものが姿を見せ始めていた。ただしこれは戦時中にソ連が描いた大同盟を前提とした国民戦線戦略の延長線上にあるのではなく、大同盟が崩壊し冷戦的秩序へと向かい始めた戦後の新たな状況への対応として浮上する姿なのであった。

この一九四六年の時点では、後にソ連・東欧圏へと組み込まれるチェコスロヴァキアへはソ連の統制は及んでいない。チェコスロヴァキアは相対的に高い経済水準を保ち、東欧経済の掌握に舵を切ったソ連にとって潜在的利用価値の高い国だったが、チェコスロヴァキア経済に占めるソ連の割合は一割にも満たなかった。政治的にも強力な非共産党政治勢力が健在だったという点で、行き詰った国民戦線戦略からの離脱をもがき始めたソ連にとって、チェコスロヴァキアは今や厄介な存在となりつつあった。このチェコスロヴァキアをいかにソ連に従属させ、最終的にソ連・東欧圏の成立に至ったのか、次節で検討する。

## 四　ソ連・東欧圏の成立

### マーシャル・プランとソ連

戦時大同盟の思考回路をいち早く冷戦的思考回路へと移行させたのは、イギリスのチャーチルだった。一九四六年三月五日、前年夏の総選挙の結果首相の座を譲っていたチャーチルは、私人として訪問していたアメリカのミズーリ州フルトンで行った演説で、ヨーロッパが「鉄のカーテン」によって二分されているとの踏み込んだ認識を示した。ソ連の行動への疑念を膨らませていたアメリカも、駐ソ公使ジョージ・ケナンの助言もあり、冷戦的思考回路へと移行していった。一九四七年三月一二日に公表されたトルーマン・ドクトリンはいわばその移行宣言である。アメリカ大統領トルーマンは、対トルコ・ギリシア援助への予算の承認を議会に求めるにあたって、自由主義対全体主義という二元論的構図で世界を切り取り、自由主義世界を守るために全体主義のソ連を封じ込める必要性を訴えた(紀平 1996: 240–242)。

この封じ込め政策を象徴するものとして、マーシャル・プランが挙げられる。これは、アメリカ国務長官のジョージ・マーシャルが一九四七年六月五日に発表したヨーロッパ復興援助案である。健全な経済なくして政治的安定も恒久平和もありえないと考えるアメリカは、ヨーロッパを経済的に援助することで、戦争によって疲弊した西欧が内部崩壊することを防止し、もってソ連の膨張を封じ込めることを狙ったのだった。アメリカはヨーロッパ諸国で協議して作成した全体としての復興案を受けて援助する方針をとり、ソ連・東欧を含む各国に参加を呼びかけた。これに対し、英仏両国はヨーロッパ諸国で復興案作成の会議を招集することにし、その準備会合を英仏ソ三カ国外相で開くことにした。

ソ連指導部内は、マーシャル・プランをどのように受け止めるべきか、揺れていた。一方の極には、マーシャル・プランの目的は反ソ陣営としての西欧ブロックの形成であるとの評価があった。もう一方の極には、大戦中の武器貸与法のようなものとして期待を寄せる向きが存在した。また、その中間に、アメリカの狙いは余剰生産物の処理であり、政治的な見返りの要求を警戒しつつこれを利用しうるとの見方もあった(Parrish and Narinsky 1994: 13-22)。大同盟的思考回路も冷戦的思考回路も混在し、前者を未だ捨て切れず、後者にも未だ踏み切れていないソ連の姿がそこにあった。

結局ソ連は、六月二七日からパリで開かれた英仏ソ外相会議に、一〇〇人を超す代表団を派遣し、情報収集にあたった。会議では英仏がアメリカの意向を受け、独伊を含むヨーロッパ全体の共同援助計画作成を主張した。また、各国が個別に援助を要請する方式を否定し、共同計画作成のために各国の資源状況を調査する必要性も提起した。ソ連は、自国の経済状況を明らかにしなければならないことや、ソ連経済と結びつけることに成功しつつあった東欧諸国との経済関係が振り出しに戻ること、また何より、共同計画にドイツを含めることが、ソ連の復興に不可欠だった賠償の否定に通じることを強く警戒していた。そして、以上の懸念を裏書きするような合意が、すでに米英仏間で事前になされていたことを諜報経由で把握したソ連は、七月三日に、英仏提案の包括的な共同経済計画がヨーロッパを二つの国家グループに分裂させるだろうとの警告を発し、交渉を打ち切った(Parrish and Narinsky 1994: 22-26)。こうしてソ連はマーシャル・プランの受け入れを拒否することになった。

英仏は経済計画作成会議を七月一二日から開催するとして、東欧諸国を含む二二カ国を招聘した。当初、ポーランドやチェコスロヴァキアはマーシャル・プランの受け入れに興味を示した。ポーランド経済がソ連と結びつく変化が起こったことは前節で述べたが、一方で一九四七年の時点でも資本主義諸国との貿易が社会主義諸国とのそれを比率で上回っていた。チェコスロヴァキアに至っては、貿易構造に占める西側諸国の比率がソ連と比べて圧倒的に高く、同国がマーシャル・プランの受け入れに傾くのは自然なことであった。

共産党が与党となっている東欧諸国がこれにどう対応すべきかをめぐり、ソ連は迷走する。七月五日、ソ連は一旦各国に会議への参加とアメリカ案への反対表明を指示しようとした。特にユーゴスラヴィアに対しては、満場一致の承認を妨げ、他国を引き連れて退場するという「任務」が与えられようとしていた。ところが翌六日になると、返答の保留が指示され、翌七日には各国に対し出席を拒否すべき旨指示が出て、ようやくソ連の意向が固まった。この間、チェコスロヴァキア政府は七月七日に会議への参加を政府決定していた。しかし、ソ連はそれを許さなかった。七月九日、スターリンはチェコスロヴァキア代表団をモスクワに呼びつけ、共産党のゴットヴァルト首相を通じて圧力をかけ、マーシャル・プランへの参加拒否を強要した(Советский фактор 1999: 462-465)。参加への意欲を示していたポーランドやハンガリーも、自主的にソ連の意向に添い、参加を断念した。

アメリカが放ったマーシャル・プランという揺さぶりは、ソ連が掌握したと考えていた東欧諸国に思いのほか遠心力が働いていることを明るみに出した。これを目の当たりにしたソ連は、マーシャル・プランに参加しなかった(させなかった)東欧諸国を陣営として固め、統制を強化する方向へと舵を切っていく。

### コミンフォルムと東欧のブロック化

一九四七年九月末、ソ連・東欧・仏伊共産党の連絡組織としてコミンフォルム(共産党・労働者党情報局)が結成された。ソ連は、一九四三年五月にコミンテルンを解散させていたが、その後もソ連共産党中央委員会内に国際情報部(後に対外政策部と改称)という、各国共産党への指示・助言を含む連絡を担うコミンテルン的任務の継承部署を設置していた。また、一九四六年六月にはスターリンがユーゴスラヴィアのチトーとの会談で、国際的共産党組織の必要性を示唆している(Bartoszewicz 1999: 245–246)。コミンテルンの後継組織を作る構想をスターリンが終始持ち続けていたかどうかについては議論の余地があるが、(6)潜在的にあった構想が、マーシャル・プランなどアメリカ側からの攻勢を直接の契機として形をなしたと言える(Гибианский 1993)。

コミンフォルムの創設会議は一九四七年九月二二日から二七日にかけて、ポーランド南部の保養地シュクラルスカ・ポレンバで開催され、ソ連、ポーランド、チェコスロヴァキア、ハンガリー、ルーマニア、ブルガリア、ユーゴスラヴィア、フランス、イタリアの共産党・労働者党代表が参加した。ソ連共産党の対外政策部により準備された会議では、第二次世界大戦における戦時同盟関係が変化し、「帝国主義的反民主主義陣営」対「反帝国主義的民主主義陣営」の構図が現れたとの認識が示された(Cominform 1994: 88, 89)。これは、アメリカのトルーマン・ドクトリンに対応する、世界を二元論的に切り取る冷戦的思考回路にソ連が到達したことを意味する。また、ソ連共産党のアンドレイ・ジダーノフは、「アメリカ帝国主義に対する抵抗の戦線は、ドイツ帝国主義に対するそれと同じではない」と発言し、共産党の連携相手はソ連と協力する左派のみであると言明した(Cominform 1994: 352, 353)。これは他ならぬ、国民戦線戦略の放棄宣言であった。

これ以降、コミンフォルムを通じて東欧諸国のソ連型社会主義への移行が進められていく。その過程で、東欧で唯一国民戦線に基づく連立政権が機能し続けていたチェコスロヴァキアの、ソ連への従属化が進行した。一九四七年一二月、マーシャル・プランの受け入れ拒否を強要されたチェコスロヴァキアはソ連と通商協定を結び、チェコスロヴァキアが輸入する原料の約四〇％をソ連からの供給に頼る貿易構造への転換が強いられた(Bartoszewicz 1999: 326–327)。翌一九四八年には、いわゆる二月クーデタにより連立政権が崩壊し、形式的には連立の体裁を保つものの共産党が主導する新政権が発足した。続く五月、形骸化した「国民戦線」が統一候補者名簿方式による総選挙において「圧勝」し、経済的にも政治的にも異彩を放っていたチェコスロヴァキアの「東欧化」が急速に進行した。

一九四八年には、チェコスロヴァキアの東欧化とならび、東欧各国で共産党・労働者党と社会党・社会民主党との社共合同が敢行された(7)。これにより各国で事実上の一党体制が成立し、また政策面でも党の運営面でもスターリン主義化が進行した。さらに同年六月には、ユーゴスラヴィアのチトーとブルガリアのディミトロフの間で進められたバルカン連邦構想をめぐってチトーがスターリンと対立し、ユーゴスラヴィアがコミンフォルムから追放されるという事態が生じた。これは、ソ連に対する独自性が封殺された例であり、「社会主義への多様な道」といった考え方が否定されることを意味した。

多様性の肯定の表現だった「人民民主主義」という用語は、冷戦的思考回路を身につけたソ連の意向を酌んだディミトロフによって、ソ連型社会主義と事実上同定されるプロレタリア独裁の一形態という意味へと変容させられていく。こうしてソ連・東欧圏に政治的・経済的・思想的に組み込まれた東欧諸国は、ソ連の衛星国家群へと姿を変えたのであった。

## おわりに

以上見たように、ソ連・東欧圏の形成は、ソ連の原初的な構想が直線的に実現する過程ではなかった。第二次世界大戦中に描いた国民戦線戦略という構想において、ソ連は隣接する諸国一帯を「東欧」という形で一律に把握をしていたわけでもなかった。ソ連・東欧圏は、ソ連が描いた青写真が実現しなかった結果として現れた秩序なのである。人民民主議論や冷戦起源論において着目されたソ連・東欧圏の形成過程は、実際には、国民戦線戦略という秩序構想を崩壊させるベクトルと、国民戦線構想の行き詰まりや対米関係など国際環境の変化を受けて東欧各国で共産党支配が強化され、かつソ連への経済的従属化が進むという、秩序を生み出していくベクトルとが交差・交錯する複雑なものであった。

では、ソ連が戦後に掌握した地域を「東欧」として把握し始め、ソ連・東欧圏の形成へと向かう不可逆点はどの時点にあったのか。ソ連の「東欧政策」と一括して呼べるものが登場するのは、マーシャル・プランへの対応以降、コミンフォルムが結成される一九四七年七月から九月にかけてだったと言えよう。それ以前、すなわち一九四七年の前半から、東欧諸国で共産党の他党派に対する攻勢と弾圧が激化し始めていたのは確かである。例えば、ポーランドでは一月の総選挙で労働者党を中心とする「民主ブロック」が干渉選挙の末に「圧勝」し、労働者党の政敵だったポーランド農民党の活動は事実上停止に追い込まれた。ハンガリーでも、独立小農業者党への圧力が五月に連立政府首相のナジ・フェレンツにまで及び、ナジは亡命を余儀なくされた。またブルガリアでは、六月に農民同盟のニコラ・ペトコフが逮捕・処刑され、党は解散させられた。さらにルーマニアでも、七月、共産党と対立していた民族農民党の党首ユリウ・マニウが反国家的陰謀のかどで終身禁固となり、やはり党は解体された。

これらの政局にソ連が無縁でなかったのはもちろんである。しかし、そこには冷戦的な「東欧」の論理というよりは、なおも個別の論理が働いていた。ポーランドの場合、ソ連がポーランドの共産主義者に政権の引き締めを指示したというよりは、国内の論理で政治が展開していった帰結だと解釈しうるし(吉岡 2005)、ハンガリー、ブルガリア、ルーマニアの他政党弾圧も、一九四七年二月一〇日のパリ講和条約調印の結果、連合国管理委員会を通じての影響力行使ができなくなったソ連がとった、各国別の対応策だったと言える。

いずれにしてもマーシャル・プランをめぐる対応を機に、それまで相対的に自由を享受してきたチェコスロヴァキアにもソ連の統制が及ぶようになる。そしてコミンフォルムが創設され、各国のソ連型社会主義への移行を促す「東欧政策」が姿をあらわすようになるのである。これに伴って、戦前の国際共産主義運動のようなソ連への盲従が要求される時代が訪れる。ユーゴスラヴィアの例が示したように、たとえ共産党一党体制に基づく社会主義建設の方向に自発的に進んでいたとしても、もはや自律的であること自体が許されない、そのような流れが各国の共産党を飲みこんでいくのである。あたかもそれは、第二次世界大戦時の抵抗活動と国民戦線戦略の展開により共産党に付着した、いわばナショナリズムの「垢」を洗い流そうとするものであった。ソ連・東欧圏は、第二次世界大戦の民族主義的な洗礼を浴びた東欧各国の共産党の、ソ連への再従属化をもって最終的に形をなすのである。

以降、共産党が各国で社会を従属させながら、自らはソ連に従属するという従属の二重構造がソ連・東欧圏を特徴づけることとなる。一九五六年のポーランドにおける政権交代やハンガリー事件、一九六八年のプラハの春など、ソ連・東欧圏を動揺させた諸事件は、この二重構造に働いた遠心力の現れでもあった。「非スターリン化」を掲げた共産党の内部改革の側面を有するこれらの事件に際しては、社会主義が直接否定されることはなかった。社会主義を導入した戦後政権以前ではなく、戦後政権樹立以降スターリン主義化以前の時期が一つの回帰点として意識されたことは、社会主義体制が四五年間ももったことの一要因に数えうるだろう。東欧諸国で戦後初期に国民戦線戦略が追求されたことは、ソ連・東欧圏の生成と存続、さらには動揺の過程において、少なからぬ意味を持っているのである。

(1)　国民戦線の考えは、前述の通り、提唱者(ディミトロフ)という点でも内容の点でも、コミンテルンが定式化した人民戦線との連続性を有する。共産党を含む連立政権を樹立するという国民戦線戦略においては、反ファシズムのための階級的連帯を説く人民戦線も、「反ファシズム民族解放闘争」のための連帯を説く国民戦線も、互換性をもって使われていたと考えてよかろう。

(2)　マイスキー覚書でどの程度ソ連外交の方向性を代表させうるのかについては、議論の余地があろう。しかし、当時のスターリンやモロトフの部下たちは、上層部の意向をある程度酌みながらこうした上申書を作成したと思われる。その後の政策の展開から見ても、この覚書はスターリンの思惑も含め、当時のソ連外交の構想と重なっている部分が大きいと判断しうる。

(3)　ポーランド共産党は、一九三八年にスパイ容疑をかけられコミンテルンによって解散させられた。独ソ戦の勃発によりポーランドの独立回復を支持する立場に転換したソ連は、ポーランド国内の共産主義運動を再建する方針を打ち出した。そしてコミンテルンが中心となり、戦前の粛清を免れた元ポーランド共産党活動家を選抜、政治訓練を施した上でポーランド国内に派遣し、一九四二年一月にポーランド労働者党を結成した。

（4）共産党を称さなかったのは、国民戦線戦略を推進する上での考慮も理由としてありうるが、コミンテルンがポーランド共産党を解党した際に共産党の再建工作を禁じていたからでもある。

（5）ポーランド経済のソ連への従属化の問題を検討する上で、一九四六年夏に連合国救済復興機関（UNRRA）の活動停止が決定し、それ以降のポーランドへの食糧援助をソ連が担ったことも忘れてはならない。

（6）一九四五年四月の時点では、スターリンは同じくチトーに国際的共産党組織再結成の話題を振られても特に反応していない（Bartoszewicz 1999: 245）。

（7）各国の社共合同成立は以下の通り（カッコ内は合同後の政党名）。二月ルーマニア（労働者党）、六月ハンガリー（勤労者党）、チェコスロヴァキア（共産党）、八月ブルガリア（共産党）、一二月ポーランド（統一労働者党）。

## 文　献

岩田賢司（一九九二）「ソ連のヨーロッパ政策――対独コンテキストから冷戦コンテキストへ」石井修編『一九四〇年代ヨーロッパの政治と冷戦』ミネルヴァ書房。

上垣彰（一九九五）『ルーマニア経済体制の研究　一九四四―一九八九』東京大学出版会。

紀平英作（一九九六）『パクス・アメリカーナへの道――胎動する戦後世界秩序』山川出版社。

羽場久美子（二〇一六）『ヨーロッパの分断と統合　拡大EUのナショナリズムと境界線――包摂か排除か』中央公論新社。

林忠行（一九九二）「チェコスロヴァキア亡命政権の形成と政策――E・ベネシュの認識と行動を中心に」前掲石井編『一九四〇年代ヨーロッパの政治と冷戦』。

広瀬佳一（一九九三）『ポーランドをめぐる政治力学――冷戦への序章　一九三九―一九四五』勁草書房。

藤田勇（一九七九）「人民民主主義構想の成立過程をめぐって」東京大学社会科学研究所編『ファシズム期の国家と社会5　ヨーロッパの法体制』東京大学出版会。

南塚信吾（一九九〇）「人民民主主義の可能性と限界――東欧改革の原点によせて」『歴史評論』第四八四号。

百瀬宏（一九七九）「「ソ連・東欧圏」の形成と人民民主主義論の変遷――ひとつの覚書」『歴史学研究』第四六五号。

吉岡潤（二〇〇五）「戦後初期ポーランドにおける複数政党制と労働者党のヘゲモニー（一九四四―四七年）」『スラヴ研究』第五

二号。

Bartoszewicz, Henryk (1999), *Polityka Związku Sowieckiego wobec państw Europy Środkowo-Wschodniej w latach 1944–1948*, Warszawa.

Borhi, László (2002), Soviet Economic Imperialism and the Sovietization of Hungary, in Antonio Varsori and Elena Calandri eds., *The Failure of Peace in Europe, 1943–48*, Basingstoke.

Cominform (1994), *The Cominform: Minutes of the Three Conferences 1947/1948/1949*, ed. by Giuliano Procacci, Milano.

Dokumenty, VII (1973), *Dokumenty i materiały do historii stosunków polsko-radzieckich*, tom VII, styczeń 1939–grudzień 1943, Warszawa.

Dokumenty, VIII (1974), *Dokumenty i materiały do historii stosunków polsko-radzieckich*, tom VIII, styczeń 1944–grudzień 1945, Warszawa.

FRUS, 1944 (1966), *Foreign Relations of the United States: Diplomatic Papers, 1944*, vol. IV, Europe, Washington D. C.

FRUS, 1945 (1967), *Foreign Relations of the United States: Diplomatic Papers, 1945*, vol. V, Europe, Washington D. C.

Gaddis, John Lewis (1972), *The United States and the Origins of the Cold War, 1941–1947*, New York.

Gaddis, John Lewis (1997), *We Now Know: Rethinking Cold War History*, New York.（赤木完爾・齊藤祐介訳『歴史としての冷戦――力と平和の追求』慶應義塾大学出版会、二〇〇四年）

Gati, Charles (1994), Hegemony and Repression in the Eastern Alliance, in Melvyn P. Leffler and David S. Painter eds., *Origins of the Cold War: An International History*, London and New York.

Gellately, Robert (2013), *Stalin's Curse: Battling for Communism in War and Cold War*, Oxford.

Gori, Francesca and Slvio Pons eds. (1996), *The Soviet Union and Europe in the Cold War, 1943–53*, Basingstoke.

Lundestad, Geir (1978), *The American Non-Policy towards Eastern Europe 1943–1947: Universalism in an Area Not of Essential Interest to the United States*, Oslo.

Mark, Eduard (2001), Revolution by Degrees: Stalin's National-Front Strategy for Europe, 1941–1947, Cold War International History Project, Working Paper no. 31, Washington, D. C.

Mastny, Vojtech (1972), The Beneš-Stalin-Molotov Conversations in December 1943: New Documents, *Jahrbücher für Geschichte Osteuropas*, 20 (3), neue folge.

Mastny, Vojtech (1979), *Russia's Road to the Cold War: Diplomacy, Warfare, and the Politics of Communism, 1941–1945*, New York.

Mastny, Vojtech (1996), *The Cold War and Soviet Insecurity: The Stalin Years*, New York.(秋野豊・広瀬佳一訳『冷戦とは何だったのか——戦後政治史とスターリン』柏書房、二〇〇〇年)

Naimark, Norman and Leonid Gibianskii eds. (1997), *The Establishment of Communist Regimes in Eastern Europe, 1944–1949*, Boulder, CO.

Parrish, Scott D. and Mikhail M. Narinsky (1994), New Evidence on the Soviet Rejection of the Marshall Plan, 1947: Two Reports, Cold War International History Project, Working Paper no. 9. Washington, D. C.

Paterson, Thomas G. (1973), *Soviet-American Confrontation: Postwar Reconstruction and the Origins of the Cold War*, Baltimore and London.

PPR (1984), *Polska Paria Robotnicza. Dokumenty programowe 1942–1948*, Warszawa.

Rothschild, Joseph (1993), *Return to Diversity: A Political History of East Central Europe since World War II*, 2nd ed., New York and Oxford.(羽場久浘子・水谷驍訳『現代東欧史——多様性への回帰』共同通信社、一九九九年)

Zubok, Vladislav and Constantine Pleshakov (1996), *Inside the Kremlin's Cold War: From Stalin to Khrushchev*, Cambridge, MA.

Восточная Европа (1997), *Восточная Европа в документах российских архивов 1944–1953 гг.* Т. 1. 1944–1948 гг. М.—Новосибирск.

Гибианский Л. Я. (1993), Как возник Коминформ. По новым архивным материалам, *Новая и новейшая история*. № 4.

Коминтерн (1998), *Коминтерн и вторая мировая война*. ч. II. После 22 июня 1941 г. М.

НКВД (1994), *НКВД и польское подполье 1944–1945 (По «Особым папкам» И. В. Сталина)*. М.

Ржешевский О. А. (1994), Визит А. Идена в Москву в декабре 1941 г. Переговоры с И. В. Сталиным и В. М. Молотовым, *Новая и новейшая история*. № 2, 3.

Советский фактор (1999), *Советский фактор в Восточной Европе 1944–1953*. Т. 1. 1944–1948. Документы. М.

コラム……e

# 東ドイツ――ソ連と西ドイツの間での選択

熊野直樹

東ドイツ(東独)は米ソ冷戦によって成立し、ソ連主導の下、スターリニズムが移植された「全体主義国家」といわれる。東独の「スターリニズム体制」は民主化運動によって打倒され、自由選挙を経て東独は西ドイツ(西独)と再統一したとされる。ソ連主導から西側統合へと至る東独の歴史は、ドイツの西欧化の歴史の一環として描かれる。しかし東独ではソ連と西独の間でソ連モデルでも西欧モデルでもない別の選択も志向されていた。

一九四九年の東独成立の過程において、ソ連占領後すぐにスターリニズムが移植されたわけではない。むしろソ連は占領地区へのソ連モデルの適用を拒否し、人民戦線戦術の継承を支持していた。さらに当初ドイツ共産党は、ソ連モデルとは別に社会主義への「ドイツの特殊な道」を模索していた。しかもソ連占領地区でキリスト教民主同盟のヤーコプ・カイザーは、東西の懸け橋としての統一された中立ドイツを志向していた。しかし米ソ冷戦によって社会主義への「ドイツの特殊な道」とカイザーの中立ドイツの選択は消失した。西独が西側統合を選択して成立すると、複数政党制を始めとした人民民主主義国家として東独が成立した。しかも当時ソ連は統一された中立ドイツの建国を志向していた。そのソ連の選択は一九五二年に「スターリン通牒」として西側に提案されることになる。

「スターリン通牒」の主たる内容は、自由選挙による東西ドイツの統一、統一ドイツの軍事的中立化、平和条約の締結であった。西独の西ヨーロッパ防衛共同体加入の阻止がスターリンの直接的な目的であったとされる。結局「スターリン通牒」は西側によって拒否され、西独は防衛共同体条約に調印した。その一方で「スターリン通牒」は、東独政府に不安を抱かせた。というのは、ソ連がドイツ統一のためには東独を放棄する用意があることを公然と認めたからである。しかし「スターリン通牒」が拒否された結果、ソ連はそれまで抑制していた東独の社会主義路線を容認した。東独政府もより積極的にスターリニズム的なソ連モデルを導入した。その際、スターリンに対する個人崇拝が東独社会全体において展開された。東独がソ連モデルにならった重工業中心の国家建設に邁進するなか、国民生活は逼迫し、西側逃亡が増大した。

一九五三年にスターリンが死去するや、ソ連のドイツ問題責任者ベリヤは東独に対して社会主義の建設の撤回を求めた。統一された中立ドイツの建国という展望を危うくするというのがその理由であった。その間東独政府が労働者のノルマを引き上げたことによって、民衆の抗議運動である「六月一七日事件」が勃発した。この抗議運動は全体として、現存の社会主義でも西側の資本主義でもない、新しい「民主的統一ドイツ」を志向していた。この事件はソ連の軍事介入によって鎮圧された。さらにベリヤが失脚すると東独政府は再度、社会主義の計画的建設を決定した。一九五五年にはソ連は東独の主権を承認した。こうして東独政府はソ連主導の下、「西独に追いつき追い越せ」という目標を掲げ、強硬な社会主義路線へと突き進むことになる。一九六一年にベルリンの壁が建設されると、統一された中立ドイツという選択はもはや不可能となった。ソ連東独大使であったピョートル・アブラシモフは、当時の東独を人造の小人「ホムンクルス」になぞらえている。その間東独は「新経済システム」を導入し、経済成長率平均五％を達成し、「黄金の六〇年代」を築いた。やがてヴァルター・ウルブリヒトはソ連が東独を指導するとの要求を拒否し、ソ連からの自立を志向し始める。その際彼は、社会主義ドイツを将来の統一ドイツとして構想していたのであった。

しかし、こうしたウルブリヒトのソ連からの自立志向を彼の後任のエーリヒ・ホーネッカーは明確に拒否し、ソ連に再び従った。さらに彼は、統一ドイツという将来構想をも一切拒否した。彼は西独に対抗するために国力以上の消費政策を実行した。しかし、一九八〇年代に入ると東独の経済・財政の破綻が明らかになった。ソ連でペレストロイカが始まるなか、ホーネッカーはソ連のペレストロイカを一貫して拒否し、旧来のスターリニズム的なソ連モデルに固執した。彼にとってペレストロイカへの追随は西独の政治的価値観への接近を意味し、経済的・財政的に西独に依存する現況では東独が西独へ吸収される虞があった。こうした状況において一九八九年秋に民主化運動が勃発した。

当初、民主化運動は「新しい、民主的な社会主義」を掲げ、ソ連でも西独でもない社会主義への「ドイツの特殊な道」を志向していた。ベルリンの壁が崩壊すると、東独市民は西独との統一を志向することになる。民主化運動は、西独並みの物質的な生活の充足という東独市民の欲求を満たす具体的なプランを提示できなかった。一九九〇年の自由選挙においてそうしたプランを提示できたのは、西独との早期統一を唱える「ドイツのための連合」であった。こうして東独市民は社会主義への「ドイツの特殊な道」ではなく、西独への併合を選択した。彼らは西独の政治的価値観ではなく、豊かさを選択したのであった。

ヴェーバー、H（一九九一）『ドイツ民主共和国史』斎藤哲・星乃治彦訳、日本経済評論社。
成瀬治ほか編（一九九七）『ドイツ史3』山川出版社。
星乃治彦（一九九四）『社会主義国における民衆の歴史』法律文化社。
Scholtyseck, J. (2003), *Die Aussenpolitik der DDR*, München.

# 索　引

## あ 行

愛国主義　28, 95, 102, 113, 179, 182-186, 199, 200, 204
アインシュタイン, アルベルト(Einstein, Albert)　189
アヴェルバフ, レオポリド(Авербах, Леопольд Леонидович)　124
アジェミャン, ホレン(Аджемян, Хорен Григорьевич)　106, 107, 110, 114
新しい人間　2, 3, 122-124, 126, 128, 130, 131
医師団事件　178
石原莞爾　233-237, 242-252, 255-257
板垣征四郎　253
一国社会主義　6, 11, 42, 43, 55, 188
イーデン, アンソニー(Eden, Robert Anthony)　242, 293
イリミンスキー, ニコライ(Ильминский, Николай Иванович)　105
ヴィシンスキー, アンドレイ(Вышинский, Андрей Януарьевич)　153, 154
上からの革命　5, 6, 9, 85
ヴォイチンスキー, グリゴーリー(Войтинский, Григорий Наумович)　209
ヴォズネセンスキー, ニコライ(Вознесенский, Николай Алексеевич)　176, 193
ヴォロシーロフ, クリメント(Ворошилов, Климент Ефремович)　21, 22, 93, 238-241, 250, 252
梅津美治郎　272
ウラル・シベリア方式　6, 86
ウルブリヒト, ヴァルター(Ulbricht, Walter)　316
エジョフ, ニコライ(Ежов, Николай Иванович)　21, 149, 151-153, 155, 166, 168, 169, 251
エマージング・エコノミー　54
エム・テ・エス(機械・トラクター・ステーション)　70, 71, 78
エレンブルグ, イリヤ(Эренбург, Илья Григорьевич)　198
王明　211, 215, 216, 218-220
オスマン帝国　27, 95, 99, 100, 101, 104-106, 108-112, 114
オブローモフ主義　186
オルジョニキッゼ, グリゴーリー(Орджоникидзе, Григорий Константинович)　9, 21, 22, 238

## か 行

外延的成長　51-55, 58
階級闘争激化論　136
回想(録)　20, 23, 29, 117, 118, 124, 137, 140, 141, 179-181, 229, 244, 248, 288
カガノーヴィチ, ラーザリ(Каганович, Лазарь Моисеевич)　21, 110, 137, 238
何方　227
ガマルニク, ヤン(Гамарник, Ян Борисович)　237, 238
カーメネフ, レフ(Каменев, Лев Борисович)　43, 150, 151, 153, 154
河上肇　209
河辺虎四郎　249, 271, 282
乾岔子島事件　249
関東軍　234, 236, 237, 241, 244, 249, 251, 252, 254, 255, 257, 263, 272, 275-278, 280, 281, 285
　——特殊演習(関特演)　263, 264, 275
飢餓／飢饉　14, 17, 69, 77, 85, 87, 133, 134, 136, 139, 141, 199
技術革新　41, 50, 55-57
技術伝播　50, 55-57
義務納入制　70, 71, 87
『共産党宣言』　222
強制／矯正労働(→グラーグも見よ)　15, 63, 64, 124, 126, 127, 287
　——収容所(ラーゲリ)　3, 5, 11-13, 15,

## さ 行

## た 行

## な 行



## は 行

ファヂェーエフ, アレクサンドル(Фадеев, Александр Александрович)　130, 198
フェドレンコ, ニコライ(Федоренко, Николай Трофимович)　229
フェリドマン＝ドーマーの成長モデル　48, 49
武器貸与法　55, 306
不均衡成長路線　48
プーチン, ウラジーミル(Путин, Владимир Владимирович)　31, 203, 204
ブハーリン, ニコライ(Бухарин, Николай Иванович)　9, 136, 168, 186, 187
フメリニツキー, ボフダン(Хмельницкий, Богдан Михайлович)　96, 102, 110-112, 114
ブラート(コネ)　4, 141-143
フーリガン　132, 136
ブリュッヘル, ヴァシリー(Блюхер, Василий Константинович)　238
ブルガーニン, ニコライ(Булганин, Николай Александрович)　21
フルシチョフ, ニキータ(Хрущев, Никита Сергеевич)　21, 114
フルトン演説　29, 181, 189, 198
プレオブラジェンスキー, エヴゲーニー(Преображенский, Евгений Алексеевич)　40, 41, 43, 44, 49, 59
ブレジネフ, レオニード(Брежнев, Леонид Ильич)　129-131
プロコーフィエフ, ゲオルギー(Прокофьев, Георгий Евгеньевич)　153
プロレタリア文化大革命　228
文化革命　117, 118
ベク, サイド(Саид бек)　104
ベネシュ(Beneš, Edvard)　293, 296, 297, 299
ベリヤ, ラヴレンチー(Берия, Лаврентий Павлович)　21, 64, 169, 315, 316
ベリンスキー, ヴィッサリオン(Белинский, Виссарион Григорьевич)　28, 184-188, 190, 196, 198, 199
ポクロフスキー, ミハイル(Покровский, Михаил Николаевич)　186
ポツダム(──宣言／会談)　266, 268-270, 272, 274, 275, 277, 279-281, 287, 301-303
北方静謐　264-266
ホーネッカー, エーリヒ(Honecker, Erich)　316
「ボリシェヴィキ化の十二カ条」　222, 229
ボリシェヴィキ語　18, 19, 123, 124

## ま 行

マイスキー, イヴァン(Майский, Иван Михайлович)　295, 302, 311
マグニトゴルスク　18, 124
マーシャル・プラン　305-308, 310
松岡洋右　262, 263
マッカーサー, ダグラス(MacArthur, Douglas)　283
マニラ会談　282
マリク, ヤコフ(Малик, Яков Александрович)　272, 273, 279
マレンコフ, ゲオルギー(Маленков, Георгий Максимилианович)　21, 106, 109
満洲(──国)　25, 28, 92, 233-238, 240, 242-247, 250-254, 256, 257, 261, 268, 276-278, 280, 281, 283, 285
──事変　92, 233, 234, 236-238, 240, 242, 244, 250, 257
ミコヤン, アナスタス(Микоян, Анастас Иванович)　10, 17, 21, 23
ミングレル事件　178
民主運動(抑留者の──)　287, 288
民族問題人民委員部　104
ムラデリ, ヴァノ(Мурадели, Вано Ильич)　107
毛沢東　208, 211-214, 217-220, 222-229
──選集　225
モスクワ見世物裁判　147, 153, 154, 156
模範定款(農業アルテリ模範定款)　65, 66, 71, 72, 87
──違反　73, 74, 86, 87
モロトフ, ヴャチェスラフ(Молотов, Вячеслав Михайлович)　10, 21-23, 29, 137, 198, 210, 238, 253, 265, 270-273, 275, 294, 295, 311

## や 行

ヤコヴレフ, アレクセイ(Яковлев, Алексей Иванович)　105, 114

ヤゴーダ, ゲンリフ（Ягода, Генрих Григорьевич）　153, 155, 171
山田乙三　280, 281
ヤルタ（――密約／会談）　216, 266-268, 301
ユージン, パーヴェル（Юдин, Павел Фёдорович）　216
輸入代替　54, 56
ヨフチューク, ミハイル（Иовчук, Михаил Трифонович）　185

## ら 行

劉少奇　214, 229
流砂社会　131, 132, 139, 143
李立三　210, 211
ルィコフ, アレクセイ（Рыков, Алексей Иванович）　9, 136, 168
ルーズベルト, フランクリン（Roosevelt, Franklin Delano）　267, 268
冷戦　30, 107, 109, 110, 112, 114, 197, 287, 289, 290, 292, 300-302, 304-306, 308-310, 315
レーニン, ウラジーミル（Ленин, Владимир Ильич）　6, 7, 117, 123, 126, 143, 186, 188, 200, 209, 215, 220-223, 225, 228
レニングラード事件　178, 193
労働組合　18, 20, 148, 149, 157-160
ローゼンベルク, アルフレート（Rosenberg, Alfred Ernst）　103
ロリス＝メリコフ, ミハイル（Лорис-Меликов, Михаил Тариэлович）　106

## わ 行

ワシレフスキー, アレクサンドル（Василевский, Александр Михайлович）　274, 280, 281
割替　70, 79

# 第2巻 関連略年表

**1919年** 3月：コミンテルン(共産主義インターナショナル)創設

**1921年** 7月：中国共産党の結成

**1924年** 4月：スターリン「レーニン主義の基礎について」(スヴェルドロフスク大学での講義)：「一国社会主義論」提起(26年初頭までに定式化)

**1925年** 12月：第14回共産党(以下「党」)大会：「工業化の大会」と呼ばれる

**1927年** 4月：蔣介石による「上海クーデタ」：第一次国共合作の終わり／5月：アルコス事件：英ソ断交／10月：穀物調達危機の顕在化：「非常措置」(強制的な穀物徴発)の発動(28年1月)／11月：トロツキー，ジノヴィエフらからなる合同反対派の敗北(党除名)

**1928年** 3月：シャフトィ事件公表：「ブルジョア専門家」排斥とプロレタリア出自の専門家育成が本格化／7月：党中央委員会総会：ブハーリンら「右派」と「スターリン派」の路線対立の激化，「右派」の敗北(29年4月)；モスクワなど各都市で食糧配給制の導入が進む

**1929年** 2月：トロツキー国外追放(トルコへ)／5月：第5回ソヴィエト大会で第一次五カ年計画の最終承認／11月：スターリン論文「偉大な転換の年」：農業集団化が本格化

**1931年** 2月：スターリン演説「経営責任者の任務について」：先進国に10年で追いつく任務を提示／9月：満洲事変

**1932年** 5月：コルホーズ市場の合法化／12月：国内旅券(パスポート)制の導入決定

**1934年** 1-2月：第17回党大会(「勝利者の大会」)／12月：キーロフ暗殺

**1935年** 1月：パンの配給制終了／7-8月：コミンテルン第7回大会：人民戦線戦術の採用

**1936年** 8月：第一次モスクワ裁判：ジノヴィエフ，カーメネフら銃殺／11-12月：第8回全連邦ソヴィエト大会で新憲法(スターリン憲法)採択

**1937年** 2-3月：党中央委員会総会：大テロルの本格化，ブハーリン，ルィコフの党除名(38年3月処刑)／7月：内務人民委員作戦命令第00447号：「大規模作戦」の開始；日中戦争始まる／9月：第二次国共合作：抗日民族統一戦線

**1938年** 7-8月：張鼓峰事件／9月：『全連邦共産党(ボ)歴史小教程』刊行／11月：人民委員会議・党中央委員会秘密決定：大テロルの終結

**1939年** 5-9月：ノモンハン事件／8月：独ソ不可侵条約及び秘密議定書締結：その後，ポーランドの一部，バルト諸国などがソ連の支配下に／11月：ソ・フィン戦争始まる

**1941年** 4月：日ソ中立条約調印／6月：ドイツ同盟軍がソ連侵攻：独ソ戦の開始／7月：国民戦線戦略の定式化／9月：ドイツ同盟軍がモスクワに迫り，レニングラードを包囲(44年1月まで)／12月：日米開戦

**1942年** 7月：スターリングラード戦の開始：ドイツ同盟軍の敗北(43年2月)

**1943年** 5月：コミンテルン解散／11-12月：テヘラン会談

第2巻　関連略年表

**1944年**　10月：スターリンとチャーチルによる「百分率協定」：東南欧の勢力圏密約
**1945年**　2月：ヤルタ会談／5月：ドイツ降伏：独ソ戦の終結／7月：ポツダム会談：米英中によるポツダム宣言発表／8月：広島(6日)，長崎(9日)に原爆投下，ソ連の対日参戦(9日)，満洲，樺太，千島，朝鮮へ侵攻：シベリア抑留の起源；日本がポツダム宣言受諾(14日)／9月：日本が降伏文書調印(2日)
**1946年**　3月：チャーチルのフルトン(鉄のカーテン)演説
**1947年**　3月：トルーマン・ドクトリン発表／6月：マーシャル・プラン発表／9月：コミンフォルム(共産党・労働者党情報局)創設
**1949年**　1月：コスモポリタニズム批判キャンペーンの開始／10月：中華人民共和国建国／12月：毛沢東訪ソ：スターリンと初会談
**1950年**　2月：中ソ友好同盟相互援助条約調印
**1953年**　3月：スターリン死去
**1956年**　2月：第20回党大会：フルシチョフによる秘密報告＝スターリン批判：中ソ論争の起源

**【執筆者・訳者一覧】**

**上垣　彰**（うえがき・あきら）
西南学院大学経済学部教授．ロシア東欧経済論．

**日臺健雄**（ひだい・たけお）
和光大学経済経営学部准教授．ソ連経済史，現代ロシア政治経済．

**立石洋子**（たていし・ようこ）
成蹊大学法学部助教．ロシア現代史．

**ウェンディ・ゴールドマン**（Goldman, Wendy）
カーネギーメロン大学歴史学部教授．ソ連政治社会史．

**長尾広視**（ながお・ひろし）
在ロシア日本大使館経済部専門調査員．ロシア・旧ソ連諸国地域研究，国際関係論．

**石川禎浩**（いしかわ・よしひろ）
京都大学人文科学研究所教授．中国近現代史．

**麻田雅文**（あさだ・まさふみ）
岩手大学人文社会科学部准教授．東北アジア国際政治史．

**井澗　裕**（いたに・ひろし）
北海道大学スラブ・ユーラシア研究センター研究員．サハリン樺太史，日本近代史．

**吉岡　潤**（よしおか・じゅん）
津田塾大学学芸学部教授．ポーランド現代史．

**新井正紀**（あらい・まさき）
国立公文書館．ロシア近現代史．

**溝口修平**（みぞぐち・しゅうへい）
中京大学国際教養学部准教授．現代ロシア政治，比較政治学．

**富田　武**（とみた・たけし）
成蹊大学名誉教授．ソ連政治史，日ソ関係史．

**熊野直樹**（くまの・なおき）
九州大学大学院法学研究院教授．ドイツ現代政治史，欧亜関係史．

【編集委員】

**松戸清裕**
1967年生．北海学園大学法学部教授．ソ連史．

**浅岡善治**
1972年生．東北大学大学院文学研究科准教授．
ロシア近現代史．

**池田嘉郎**
1971年生．東京大学大学院人文社会系研究科准教授．
ロシア近現代史．

**宇山智彦**
1967年生．北海道大学スラブ・ユーラシア研究センター教授．
中央ユーラシア近現代史．

**中嶋　毅**　＊本巻責任編集
1960年生．首都大学東京大学院人文科学研究科教授．
ロシア近現代史，在外ロシア史．

**松井康浩**　＊本巻責任編集
1960年生．九州大学大学院比較社会文化研究院教授．
政治社会史，国際関係論．

ロシア革命とソ連の世紀 2
スターリニズムという文明　　第2回配本（全5巻）

2017年7月19日　第1刷発行

編　者　松戸《まつど》清裕《きよひろ》　浅岡《あさおか》善治《ぜんじ》　池田《いけだ》嘉郎《よしろう》
　　　　宇山《うやま》智彦《ともひこ》　中嶋《なかしま》　毅《たけし》　松井《まつい》康浩《やすひろ》

発行者　岡本　厚

発行所　株式会社　岩波書店
〒101-8002　東京都千代田区一ツ橋2-5-5
電話案内　03-5210-4000
http://www.iwanami.co.jp/

印刷・三陽社　カバー・半七印刷　製本・牧製本


ISBN 978-4-00-028267-3　　Printed in Japan

スターリニズムの経験
―市民の手紙・日記・回想録から―
松井康浩
岩波現代全書
本体一九〇〇円

資料集 コミンテルンと日本共産党
和田春樹
G・M・アジベーコフ 監修
富田武
和田春樹 編訳
A5判四六六頁
本体一五〇〇〇円

戦間期の日ソ関係 一九一七―一九三七
富田武
A5判四〇四頁
本体六〇〇〇円

ノモンハンの戦い
シーシキン他
田中克彦 編訳
岩波現代文庫
本体一〇〇〇円

わたしのスターリン体験
高杉一郎
岩波現代文庫
本体一一〇〇円

シリーズ中国近現代史 3
革命とナショナリズム 一九二五―一九四五
石川禎浩
岩波新書
本体八二〇円

岩波書店刊
定価は表示価格に消費税が加算されます
2017年7月現在